普通高等教育"十三五"规划教材

战略管理：理论、方法与应用

曾国华　吴雯雯　编著

北 京
冶 金 工 业 出 版 社
2019

内容提要

全书共9章，第1章对企业战略的内涵、一般过程、内容以及理论演进与流派进行梳理；第2章在介绍企业愿景、企业使命的基础上提出战略目标的内涵、内容及制定；第3章从一般环境分析、产业环境、竞争环境、利益相关者等进行外部环境分析；第4章从企业内部资源与能力、核心能力与外包、企业价值链进行内部环境分析，并介绍波士顿矩阵和SWOT等战略环境分析工具；第5章阐述稳定型战略、增长战略、紧缩战略等公司层战略；第6章分析成本领先、差异化、集中化战略等竞争战略及其在不同产业、不同生命周期中的表现；第7章介绍研发战略、生产运营战略、财务战略与人力资源战略等职能战略；第8章介绍战略实施的概念及主要任务、组织结构、企业文化与领导者等战略实施关键因素；第9章介绍战略控制的概念、特征与条件，战略控制的方法。

本书可作为高等院校管理学、经济学以及相关专业学生学习用书，也可作为企业中层管理人员培训教材。

图书在版编目(CIP)数据

战略管理：理论、方法与应用/曾国华，吴雯雯编著. —北京：冶金工业出版社，2019.12
普通高等教育“十三五”规划教材
ISBN 978-7-5024-8363-0

Ⅰ.①战… Ⅱ.①曾… ②吴… Ⅲ.①企业战略—战略管理—高等学校—教材 Ⅳ.①F272.1

中国版本图书馆CIP数据核字（2019）第294882号

出 版 人 陈玉千
地　　址 北京市东城区嵩祝院北巷39号 邮编 100009 电话 (010)64027926
网　　址 www.cnmip.com.cn 电子信箱 yjcbs@cnmip.com.cn
责任编辑 杨盈园 耿亦直 美术编辑 彭子赫 版式设计 禹 蕊
责任校对 李 娜 责任印制 李玉山
ISBN 978-7-5024-8363-0
冶金工业出版社出版发行；各地新华书店经销；三河市双峰印刷装订有限公司印刷
2019年12月第1版，2019年12月第1次印刷
787mm×1092mm 1/16；13印张；315千字；198页
49.00元

冶金工业出版社 投稿电话 (010)64027932 投稿信箱 tougao@cnmip.com.cn
冶金工业出版社营销中心 电话 (010)64044283 传真 (010)64027893
冶金工业出版社天猫旗舰店 yjgycbs.tmall.com

前　言

近年来，一个个“黑天鹅”事件让人惊讶不已，欧洲的难民危机，美国“毁约”“退群”、搞保护主义和民族主义、挑起中美贸易争端……“当前中国处于近代以来最好的发展时期，世界处于百年未有之大变局，两者同步交织、相互激荡”[1]，这是习近平总书记对当今时代形势作出的一个重大战略判断。在百年未有之大变局面前，企业将面临前所未有的生存挑战。能否挨过这一场严冬，迎来春暖花开之时，需要企业经营管理者具有极大的智慧。

战略，就是对未来准确的判断。伟大的企业家最重要的特质便是能化繁为简、把握大趋势，在变局和波动中坚守本心、破茧成蝶。战略思维毫无疑问是当前形势下中国企业家们最为稀缺的能力之一。如何有效提高现有企业家和未来的企业家们的战略思维能力，是教育系统需要积极思考的现实问题。

企业的发展远景是什么？面对的市场在哪里？以何种产品满足顾客的需求？需要打造出什么样的竞争优势，用何种方式获得和运用这些竞争优势？本书对上述问题进行了系统的思考和回答。

全书共9章，在借鉴经典战略管理学基本框架，较为系统地梳理和介绍战略管理学基础理论的同时，着重培养学生的应用和实践能力。该教材具有如下特点：

第一，理论+案例。以案例为主，其中案例占50%以上的篇幅，每个章节以开篇案例作为该章内容的导入，章末案例总结该章知识要点，同时在中间穿插多个案例来帮助读者更全面深入地理解各知识点，即结构组成为开篇案例、理论部分及中间案例、章末案例。

第二，多视角选取素材。案例涉及制造业、互联网、连锁、高端服务业等多个行业。希望可以为广大管理者指引方向，带来启迪，开拓思维，创造价值。

第三，富有时代气息，内容新、观点新、案例新。案例的主要材料来自近3年社会研究与关注的热点。总体编写难度比较大，其中案例典型，耳熟能详，意在亲近读者，切实帮助读者从中受益，基本上可以说是与时俱进。

---

[1] 源自习近平总书记在2018年6月22日至23日在北京召开的中央外事工作会议上的讲话。

本书主要定位三大读者群：第一，高等院校管理专业学生，本书可作为专业人才培养教材。第二，企业中层管理人员，本书可作为企业管理培训教材。第三，对战略管理研究感兴趣的人员，本书可作为开展系统研究的参考。

本书由曾国华、吴雯雯编著，他们承担了从项目策划、拟订大纲及各章节详细的写作思路到内容的审定、提出具体修改意见与执笔修订、定稿等工作。同时，江西理工大学许慧珍、温晓、钟蕊、陈哲、程士弘、常晓溪、温路萍、邹美娟等研究生参与了本书相关章节的编写工作。第 1 章战略管理研究的基本问题由吴雯雯、曾国华编写；第 2 章企业愿景、使命与战略目标由邹美娟、吴雯雯编写；第 3 章外部环境分析由温路萍、曾国华编写；第 4 章内部环境分析由陈哲、曾国华编写；第 5 章公司层战略由钟蕊、吴雯雯编写；第 6 章竞争战略由温晓、曾国华编写；第 7 章职能战略由许慧珍、吴雯雯编写；第 8 章战略实施由程士弘、吴雯雯编写；第 9 章战略控制由邹美娟、常晓溪编写。

特别需要说明的是，本书在编写过程中，学习、借鉴、吸收和参考了国内外众多专家学者的研究成果及大量相关文献资料，引用了一些书籍、报刊、网站的部分数据和资料内容，已尽可能地在参考文献中列出，也有部分资料由于时间紧迫，未能与有关作者一一联系，敬请见谅。在此，对这些成果的作者深表谢意。

限于编写者的学识水平，书中错漏之处在所难免，恳请读者批评指正。

作　者
2019 年 10 月

目　录

1　走进战略管理 ………………………………………………………… 1

1.1　战略的内涵与特征 ………………………………………………… 2

1.1.1　战略的内涵 …………………………………………………… 2

1.1.2　战略的特征 …………………………………………………… 4

1.1.3　战略的构成要素 ……………………………………………… 5

1.2　战略管理内涵 ……………………………………………………… 7

1.2.1　战略管理的含义 ……………………………………………… 7

1.2.2　战略管理一般过程 …………………………………………… 7

1.2.3　战略管理层次 ………………………………………………… 9

1.3　战略管理理论演进与流派 ………………………………………… 12

1.3.1　战略规划学派 ………………………………………………… 12

1.3.2　环境适应学派 ………………………………………………… 13

1.3.3　产业组织理论学派 …………………………………………… 14

1.3.4　资源基础理论学派 …………………………………………… 14

1.4　蓝海战略 …………………………………………………………… 15

1.4.1　蓝海战略的主要内容 ………………………………………… 15

1.4.2　蓝海战略与红海战略的比较 ………………………………… 18

问题思考 ………………………………………………………………… 20

2　战略导航：愿景、使命与目标 ………………………………………… 22

2.1　企业愿景 …………………………………………………………… 24

2.1.1　企业愿景的含义和作用 ……………………………………… 24

2.1.2　企业愿景的构建 ……………………………………………… 26

2.1.3　企业愿景的独特性 …………………………………………… 27

2.2　企业使命 …………………………………………………………… 29

2.2.1　企业使命的含义和作用 ……………………………………… 29

2.2.2　企业使命的内容和构成要素 ………………………………… 30

2.2.3　企业使命的确定 ……………………………………………… 33

2.3　战略目标 …………………………………………………………… 35

2.3.1　战略目标的含义和作用 ……………………………………… 35

2.3.2　战略目标内容和基本要求 …………………………………… 37

2.3.3　战略目标体系 ………………………………………………… 39

2.3.4 战略目标的制定 …… 43
问题思考 …… 48

3 外部环境分析：机会与威胁 …… 49

3.1 一般环境分析 …… 51
3.1.1 政治和法律环境 …… 51
3.1.2 经济环境 …… 53
3.1.3 社会和文化环境 …… 54
3.1.4 技术环境 …… 54
3.2 产业环境分析 …… 55
3.2.1 行业生命周期 …… 55
3.2.2 产业五种竞争力 …… 58
3.2.3 产业关键成功因素分析 …… 62
3.3 竞争环境分析 …… 64
3.3.1 主要竞争对手分析 …… 64
3.3.2 产业内的战略群组 …… 66
3.4 利益相关者分析 …… 69
3.4.1 利益相关者对企业战略的影响 …… 69
3.4.2 利益相关者的研究方法 …… 70
3.5 国家竞争优势（钻石模型）分析 …… 71
3.5.1 生产要素 …… 71
3.5.2 国内需求市场 …… 72
3.5.3 相关和支持产业 …… 72
3.5.4 企业战略、结构和同业竞争 …… 72
3.5.5 机会 …… 73
3.5.6 政府 …… 73
3.6 外部环境评价技术 …… 73
3.6.1 外部因素评价矩阵（EFE） …… 73
3.6.2 竞争态势矩阵（CPM） …… 74
问题思考 …… 77

4 内部环境分析：资源与能力 …… 78

4.1 企业内部资源与能力 …… 79
4.1.1 资源分析 …… 79
4.1.2 能力分析 …… 80
4.2 核心能力与外包 …… 82
4.2.1 企业核心能力的概念 …… 82
4.2.2 核心竞争力的判别标准 …… 83
4.2.3 核心能力分析 …… 83

4.2.4　VRIO 框架 ······ 84
4.2.5　外包 ······ 87
4.3　企业价值链分析 ······ 88
4.3.1　价值链的概念 ······ 88
4.3.2　价值链分析 ······ 89
4.4　波士顿矩阵 ······ 90
4.4.1　波士顿矩阵的基本原理 ······ 90
4.4.2　波士顿矩阵分析步骤 ······ 92
4.4.3　对波士顿矩阵的评价 ······ 93
4.5　IFE 矩阵分析法 ······ 94
4.6　SWOT 分析 ······ 95
4.6.1　优势与劣势分析 ······ 96
4.6.2　机会与威胁分析 ······ 96
4.6.3　SWOT 的四种组合 ······ 96
思考和讨论 ······ 99
问题思考 ······ 99

5　公司层战略：明确价值创造方向 ······ 100

5.1　稳定型战略 ······ 102
5.1.1　稳定型战略基本概述 ······ 102
5.1.2　稳定型战略的类型 ······ 103
5.1.3　稳定型战略的优势和劣势 ······ 103
5.1.4　稳定型战略的适用性 ······ 104
5.2　增长型战略 ······ 106
5.2.1　增长型战略基本概述 ······ 106
5.2.2　集中成长战略 ······ 107
5.2.3　一体化战略 ······ 108
5.2.4　多元化战略 ······ 112
5.3　紧缩型战略 ······ 113
5.3.1　紧缩型战略的类型 ······ 113
5.3.2　紧缩型战略的优势和劣势 ······ 114
5.4　混合型战略 ······ 115
5.4.1　混合型战略基本概述 ······ 115
5.4.2　混合型战略的类型 ······ 115
5.4.3　混合型战略的适用性 ······ 116
5.5　公司战略的选择工具 ······ 116
5.5.1　波士顿矩阵 ······ 117
5.5.2　GE 矩阵 ······ 118
问题思考 ······ 121

6 竞争战略：获取竞争优势 …… 122

6.1 三种基本竞争战略 …… 124
6.1.1 成本领先战略 …… 124
6.1.2 差异化战略 …… 127
6.1.3 集中化战略 …… 131
6.2 处于行业生命周期不同阶段的企业竞争战略 …… 134
6.2.1 新兴行业中的竞争战略 …… 134
6.2.2 成熟行业中的竞争战略 …… 137
6.2.3 衰退行业中的竞争战略 …… 138
问题思考 …… 143

7 职能战略：匹配与选择 …… 144

7.1 研发战略 …… 145
7.1.1 研发战略的含义 …… 146
7.1.2 研发战略的类型 …… 146
7.1.3 研发战略的选择 …… 148
7.2 生产运营战略 …… 150
7.2.1 生产运营战略的内涵 …… 150
7.2.2 生产运营战略的制定程序 …… 151
7.2.3 生产运营模式与战略选择 …… 151
7.3 市场营销战略 …… 152
7.3.1 市场营销战略的含义 …… 153
7.3.2 市场细分战略 …… 153
7.3.3 目标市场战略 …… 154
7.3.4 市场营销组合战略 …… 155
7.4 财务战略 …… 156
7.4.1 财务战略概述 …… 156
7.4.2 筹资战略 …… 156
7.4.3 投资战略 …… 157
7.4.4 资产管理战略 …… 160
7.4.5 利润分配战略 …… 161
7.5 人力资源战略 …… 161
7.5.1 人力资源战略概述 …… 162
7.5.2 人力资源开发战略 …… 162
7.5.3 人才使用战略 …… 162
问题思考 …… 164

8 战略实施：模式与保障 …… 166

8.1 战略实施的概念及主要任务 …… 167

8.1.1 战略实施的概念 …… 167
8.1.2 战略实施的主要任务 …… 167
8.2 组织结构与战略实施 …… 168
8.2.1 组织结构的基本概念 …… 168
8.2.2 组织结构与战略的关系 …… 168
8.2.3 战略与组织结构实施匹配模型 …… 169
8.3 战略实施模式 …… 170
8.3.1 指令型 …… 170
8.3.2 变革型 …… 170
8.3.3 合作型 …… 171
8.3.4 文化型 …… 171
8.3.5 增长型 …… 171
8.4 战略执行与实施工具 …… 172
8.4.1 六西格玛管理 …… 172
8.4.2 平衡计分卡 …… 173
8.4.3 绩效棱柱模型 …… 175
问题思考 …… 176

9 战略控制：维度与方法 …… 177

9.1 战略控制的概述 …… 179
9.1.1 战略控制的概念 …… 179
9.1.2 战略控制的特征 …… 180
9.1.3 实施战略控制的条件 …… 180
9.2 战略控制的方法 …… 181
9.2.1 战略控制方式 …… 181
9.2.2 战略控制过程 …… 183
9.2.3 战略控制的手段 …… 184
9.3 实施进程控制 …… 185
9.3.1 战略实施进程控制的基本类型 …… 185
9.3.2 战略实施进程控制步骤 …… 186
9.4 业绩标准控制 …… 189
9.4.1 战略业绩控制体系 …… 189
9.4.2 战略业绩标准体系 …… 190
问题思考 …… 196

参考文献 …… 197

1 走进战略管理

战略制定者的任务不在于看清企业目前是什么样子，而在于看清企业将来会成为什么样子。

——约翰·W·蒂兹

【本章要点】

(1) 了解战略管理的基本概念；

(2) 理解战略管理的一般过程与内容；

(3) 掌握战略管理层次；

(4) 熟悉战略管理理论演进与流派。

【开章案例】

华为：站在未来看未来

在商业的世界，企业家们都在绞尽脑汁地找寻“蓝海”市场。然而“蓝海”实在稀有，红海却是常有。人们总是害怕看得见的危机，担忧未知的风险，很少有企业家敢于义无反顾地踏入“红海”。但优秀的企业家却能够像摩西一样，用手杖为人们指出一条大道，带领大家奋不顾身地投入战斗，成为终极赢家。华为，就是一个红海战士。

(1) 在“红海”中找到最佳位置。华为在进入终端“红海”时，做的第一件事就是定位高端。为了实现它，华为几乎在一夜之间砍掉了所有的低端产品，然后明确提出对标高端机的两位老大——苹果和三星。接下来要做的，就是摸清路线，知道你的对手在哪里和它们所处的位置。从当时华为所处的环境就可以看到，华为的头顶上有来自苹果、三星两位行业领先者的压力。这两大对手有着精锐的“武器”，高高在上，俯视一切。在华为的左右两边，也还有强劲的对手：一边是代表着互联网“航空”势力的小米、魅族、锤子等品牌手机，它们可能会出其不意地使出妙招，给新入者致命的一击；另一边是代表“地面”势力的 OPPO 和 vivo，它们擅长规模化“战斗”，可能会悄无声息地占领你的地盘。

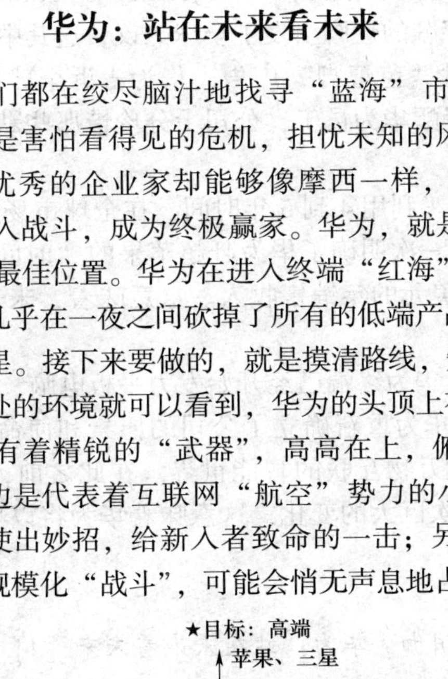

(华为终端转型前所处的行业环境)

除了已有的对手之外，还有一些尚未出现的潜在“敌人”，它们随时有可能发动偷袭。

对于华为来说，不仅受到强者的俯视，而且要承受左右夹击。因此，在既有战局中找到一个合适的位置，就变得非常重要。在“红海”中，对手的位置决定了自己的位置。有可能心里想要站在A点，但受到对手的影响，最终只能选择站到B点。原因只有一个，只有和对手有比较，才会出现“最优位置”。单凭自己的愿望设定出的最佳位置，一定是无效的。

（2）以客户为中心。“波音在设计777时，不是自己先去设计一架飞机，而是把各大航空公司的采购主管纳入产品开发团队，由各采购主管讨论下一代飞机是怎样的，他们有什么需求，需要多少个座位，需要什么设置，并把他们所有的思想全部体现在设计中。这就是产品路标，就是客户需求导向。产品路标不是自己画的，而是来自客户的。”这段话出自任正非的一次内部讲话。

2013年，从P6手机开始，华为踏出了研究消费者的步子。华为从消费者需求出发，通过STP方式对消费者展开了深入了解，最终找到了华为手机的目标消费者群体。团队将积极掌控者和时尚先锋两类人群统称为精英人士，设为华为高端手机Ascend P系列和Mate系列的目标消费者。P6带给了华为可喜的成绩。在P6的整个生命周期内，销售总量达到400万台。

（3）执念是一种信仰。2015年1月22日，在达沃斯论坛上，任正非解读了一条华为的广告。在广告画面中，是一双芭蕾舞者的双脚，一只脚穿着舞鞋光鲜亮丽，十分优雅，另一只脚赤裸着，满是伤痕，两只脚形成了鲜明对比。这则广告的配语是：“我们的人生，痛，并快乐着。”英文版广告语为：“The journey is hard and joyful.”

一时之间，华为没有穿鞋的烂脚引发了全球热议，这其中饱含了华为坚持奋斗、以苦为乐的企业文化精神。通过“芭蕾脚”广告，华为告诉全球，公司是因为坚持付出才获得了今日的成功，同时也提醒华为员工，公司十分珍惜那些默默付出的“烂脚”，这是华为人的光荣与梦想。

（4）站在未来看未来。“利用4到5年时间，在全球市场超过苹果、三星，成为全球第一。”2016年，余承东第一次明确了华为赶超苹果的“时间表”。任正非则提出，终端要实现5年内超越1000亿美元的年销售收入。这意味着，未来5年中，华为终端每年增长幅度需持续超过30%。

随着智能时代的来临，华为终端已经开始发力平板电脑、穿戴设备以及虚拟现实业务等新领域。2017年12月，华为重新确立了公司的愿景和使命：把数字世界带入每个人、每个家庭、每个组织，构建万物互联的智能世界。在此之前，华为的愿景是“丰富人们的沟通和生活”。这又是一次巨大的变化，这意味着华为将以更开放的姿态拥抱创新，拥抱新时代。

（资料来源：芮斌，熊玥伽．华为：站在未来看未来［J］．企业研究，2019（1）．）

1.1 战略的内涵与特征

1.1.1 战略的内涵

战略（strategy）一词最早起源于军事领域。在西方，“strategy”一词源于希腊语

"strategos"，意为军事将领、地方行政长官。后来演变成军事术语，指军事将领指挥军队作战的谋略。在中国，"战略"一词历史久远，春秋时期孙武的《孙子兵法》被认为是中国最早对战略进行全局筹划的著作。

随着社会的进步，科学技术高速发展，竞争日益激烈，战略被赋予了新的含义，在各个领域中都有很广泛的应用。美国战略学家安索夫 1965 年发表的《企业战略论》将"战略"这个军事概念引入了企业领域。安索夫认为，战略是贯穿于企业经营、生产和市场之间的一条"共同经营主线"，决定着企业所从事的或者计划要从事的经营业务的基本性质。企业战略包括 4 个要素，即产品与市场范围、增长向量（发展方向）、竞争优势以及协同作用，这些要素共同决定着企业经营的方向和目标。

随后，众多学者从不同角度对企业战略进行诠释。安德鲁斯认为，企业战略是一种决策模式，决定企业的目标，提出实现目的计划，确定企业应从事的经营业务，明确企业的经济类型与人文组织类型，并决定企业应对员工、顾客和社会做出的经济与非经济的贡献。日本著名的战略家大前研一认为："任何企业战略的构想必须考虑 3 个主要角色：公司自身（corporation）、顾客（customer）、竞争者（competitor）。这'战略 3C'中的每一个都是有着自己的利益和目标的实体，称为'战略三角'，战略家的工作就是在决定成功的关键因素上取得相当于竞争对手的优势，同时把握其战略，使公司的力量能和某一确定市场的需求相适应。"

明茨伯格则以其独特的认识对企业战略的定义进行归纳总结，提出战略是由五种规范的定义阐明的，即计划（plan）、模式（pattern）、定位（position）、观念（perspective）和策略（ploy）。

1.1.1.1 战略是一种计划（plan）

大多数人认为战略是一种计划，是一种有意识的预计的行动程序，一种处理某种局势的方针。根据这个定义，战略应具有两个基本特点：第一，战略是在企业经营活动之前制定的，战略先于行动；第二，战略是有意识、有目的地开发和制定的计划。在企业的管理领域中，战略计划与其他计划不同，它是关于企业长远发展方向和范围的计划，其适用时限长，通常在一年以上。战略确定了企业的发展方向（如巩固目前的地位、开发新产品、拓展新市场或者实施多元化经营等）和范围（如行业、产品或地域等）。战略涉及企业的全局，是一种统一的、综合的、一体化的计划，其目的是实现企业的基本目标。

1.1.1.2 战略是一种模式（pattern）

也有学者认为，战略是一种模式，是一系列行动的模式或行为模式，或是与企业的行为相一致的模式。"一系列行动"是指企业为实现基本目的而进行的竞争、分配资源、建立优势等决策与执行活动。它是独立于计划的，计划是有意图的战略，而模式则是已经实现的战略。事先计划的战略，可能会最后没有执行；而实践中实施了的战略，又可能事先并无具体计划，因此，战略可能是人们行为的结果，而不是人们设计的结果。无论企业是否事先对战略有所考虑，只要有具体的经营行为，就有战略。

1.1.1.3 战略是一种计谋（ploy）

在特定的环境下，战略也是一种计谋，企业将战略作为威胁和战胜竞争对手的一种具体手段。这种威胁通常是由企业发出的一些"市场信号"所组成，通常是有准备的和有意图的。一些市场信号可能见诸行动，而更多的只是恫吓竞争对手的一种手段，未必会实现。例如，当企业知道竞争对手正在制定一项计划来提高市场份额时，企业就可通过发布准备增加投资研发更新、更尖端的产品的信息，达到阻止竞争对手的目的。因此，战略是一种计谋，能对竞争对手构成威胁。

1.1.1.4　战略是一种定位（position）

战略是一个企业在自身环境中所处的位置或在市场中的位置，涉及企业如何协调企业内部资源与外部环境的力量，使得企业的内部条件与外部的环境更加融洽。定位包括相对于其他企业的市场定位，如生产或销售什么类型的产品或服务给特定的部门，以什么样的方式满足客户和市场的需求以及如何分配内部资源以保持企业的竞争优势。企业在活动中既可以考虑与单个竞争对手在面对面的竞争中处于何种位置，也可以考虑在若干个竞争对手面前自己在市场中所处的位置。甚至企业还可以在市场中确立一个特殊的地位，使得对手无法与之竞争。

1.1.1.5　战略是一种观念（perspective）

从这个角度来看，战略是一种抽象的概念，它是战略家们感知世界的一种根深蒂固的认识方式。例如，有的企业是进取的、开拓的，不断创造新技术，开发新市场；而有的企业则一成不变，固守于已建立的市场。这说明企业的经营者对客观世界的不同认识会产生不同的经营效果。战略是一种观念，其实质在于：战略通过个人的期望和行为而形成共享，变成企业共同的期望和行为。因此，研究一个组织的战略，要了解和掌握该组织的期望如何在成员间分享，以及如何在共同一致的基础上采取行动。

不同的管理学派由于研究视角和侧重点的差异，给出的战略定义和阐述不尽相同。了解这些不同的定义，对于我们全面、客观地了解战略的内容和维度有着重要的指导意义。一般认为，企业战略是指企业以未来为基本点，为寻求和维持持久竞争优势而作出的总体性和长远性的重大谋划。它是企业经营思想的体现，是企业制定中长期计划的依据，是一系列战略决策的结果。

1.1.2　战略的特征

战略的特征可以概括为全局性、长远性、竞争性、风险性和纲领性五个方面。

1.1.2.1　全局性

全局性是战略最根本的特征。企业战略是以企业的全局为对象，根据企业总体发展的需要制定企业的总目标，设计企业的总体行为，它追求的是企业的总体效果。虽然，一些决策可能只涉及局部活动，但这些局部活动是作为总体活动的有机组成部分在战略中出现的。所以说，战略是企业发展的蓝图，制约着企业经营管理的一切具体活动。

1.1.2.2　长远性

企业战略是对企业长远发展的一种谋划，通常着眼于未来3~5年乃至更长远的目标。虽然它的制定要以当前情况下企业外部环境和内部条件为出发点，并且对企业当前的生产经营活动有指导、限制作用，但是，这一切也都是为了更长远的发展，是长远发展的起点。企业战略在较长时间内是相对稳定的，除了根据市场变化进行必要的调整外，不会朝令夕改。企业战略的长远性意味着企业关注的是长期利益而不是眼前利益，因此，有时不得不放弃眼前的利益，以满足企业战略的需要。

1.1.2.3 竞争性

竞争是市场经济不可回避的现实，企业战略的目的就是要在激烈的市场竞争中提升自己的实力，赢得市场竞争的胜利。企业战略是关于企业在竞争中如何与竞争对手抗衡的行动方案，同时也是针对来自各方面的许多冲击、压力、威胁和困难，迎接这些挑战的行动方案。在激烈的竞争中，战略帮助企业取得优势地位、战胜对手，从而保证其长期生存和发展。

1.1.2.4 风险性

如前所述，企业战略是对未来的规划，因为环境的变化和未来的不确定性，企业战略必然伴随着风险。一方面，制定战略时，企业应通过深入的市场调研和准确的趋势预测，确立合理的远景目标，科学地调配人、财、物等资源，形成恰当的战略；另一方面，战略实施中，企业应根据环境的变化及时调整和完善战略，进而降低风险，引导企业更好更快地健康发展。

1.1.2.5 纲领性

企业战略规定的是企业总体的发展方向和目标，是原则性和纲领性的规定，是对企业远景发展轨迹的总体谋划，是对企业未来的粗线条设计，而不纠缠于现实的细枝末节。这些概括性的规定通过展开、分解和落实等过程才能变为具体的行动计划。

1.1.3 战略的构成要素

最早对企业战略的构成要素进行概括的学者是美国战略学家安索夫，在《企业战略论》一书中，安索夫把企业战略要素概括为四个方面，即产品与市场范围、增长向量、竞争优势和协同作用。安索夫认为这四种要素可以产生合力，成为企业共同经营的主线。所谓共同经营主线，是指企业目前的产品、市场与未来的产品、市场之间的一种内在联系。这条共同经营的主线贯穿于企业经营与产品和市场之间，决定着企业目前从事的，或者计划要从事的经营业务的基本性质。

1.1.3.1 产品和市场范围

产品和市场范围界定了企业生产经营活动属于什么特定行业和领域。既可以是单一领域，也可以是多个领域。由于很多大企业产品和技术涉及很多方面，经营内容也较广泛，为了清楚地表达企业的经营方向和范围，产品与市场的范围常常需要分行业来描述。企业确定经营范围的方式也可以有多种形式。从产品角度来看，企业可以按照自己产品系列的特点来确定经营范围，如钢铁公司；企业还可以根据产品系列的技术来确定自己的经营范围，如自动化仪表公司。

1.1.3.2 增长向量

增长向量又称成长向量，是指企业计划对其产品和市场范围进行变动的方向，即企业经营行动的方向，见表 1-1。

表 1-1 企业增长向量矩阵

市 场	产 品	
	现有产品	新产品
现有市场	市场渗透	产品开发
新市场	市场开发	多种经营

（1）市场渗透是通过目前的产品与市场份额的增长达到企业成长的目的。

（2）市场开发是为企业产品寻找新的消费群，使产品承担新的使命，以此作为企业成长的方向。

（3）产品开发是创造新的产品，以逐步替代现有产品，从而保持企业成长的态势。

（4）多种经营独具特色，对于企业来讲，它的产品与市场都是新的。换言之，企业步入了一个新的经营领域。

在前三种选择中，共同经营主线是明晰和清楚的，或是开发新的市场营销技能，或是开发新产品和新技术，但是在多种经营中共同经营主线就显得不够清楚了。应该看到，增长向量指出了企业在一个行业里的方向，而且指出了企业计划跨越行业界线的方向，以这种方式描述的共同经营主线是对以产品与市场范围来描述主线的一种补充。

1.1.3.3 竞争优势

竞争优势是指企业通过其资源配置的模式与经营范围的正确决策，形成的与其竞争对手不同的市场竞争地位。它常常表现为企业所拥有的资源与竞争企业相比，在数量上或质量上形成的有利差别。

竞争优势既可以来自企业在产品和市场的地位，也可以来自企业对特殊资源的正确运用。具体来说，竞争优势可来源于3个方面：第一，通过兼并方式，谋求并扩张企业的竞争优势；第二，进行新产品开发并抢在对手之前将产品投放市场；第三，保持或提高竞争对手的进入壁垒，如利用专利和技术壁垒等。

1.1.3.4 协同作用

协同作用是指企业从资源配置和经营范围的决策中所能发现的各类共同努力的效果。即合力大于各分力简单相加之和。在企业管理中，企业总体资源的收益应大于部分资源收益之和，即“1+1>2”。一般来说，企业的协同作用可以分为4类：第一，投资协同。投资协同作用产生于企业内各经营单位联合利用企业的设备。共同的原材料储备、共同研究开发的新产品，以及分享企业专用的工具和专有的技术。第二，生产协同。生产协同作用产生于充分地利用已有的人员和设备，共享由经验曲线形成的优势。第三，销售协同。销售协同作用产生于企业使用共同的销售渠道、销售机构和推销手段来实现产品销售活动。老产品能为新产品引路，新产品又能为老产品开拓市场。第四，管理协同。管理协同的作用不能通过简单的定量公式明确地表示出来，但却是一种相当重要的协调作用。

协同作用是衡量企业新产品与市场项目的一种变量。如果企业的共同经营主线是进攻型的，该项目则应运用企业最重要的要素，如销售网络、技术等；如果企业的共同经营主线是防御型的，该项目则要提供企业所缺少的关键要素。同时，协同作用在选择多种经营战略上也是一个关键的变量，它可以使各种经营形成一种内在的凝聚力。

以上四种战略要素是相辅相成、互不排斥的，共同构成了企业战略的内核。竞争优势是企业获利能力的保证，产品与市场范围明确了企业的获利能力范围，增长向量明确了这种范围扩展的方向，协同作用则是企业获利能力实现的“加速器”。企业在制定战略时，应当从产品、技术以及市场营销等方面的类似性，为企业确定出一条共同经营主线。

1.2 战略管理内涵

1.2.1 战略管理的含义

美国企业家兼学者安索夫在其1976年出版的《从战略计划走向战略管理》一书中最先提出了“战略管理”一词。他认为企业战略管理是把企业的日常业务决策同长期计划决策相结合而形成的一系列经营管理业务。此后，许多战略研究学者与实业家也从不同的角度提出了各种见解。著名战略管理学者格卢克指出，战略管理是制定一种或几种有效的战略，以达到企业目标的一系列决策与行动。管理学者汤普森进一步阐明，战略管理是通过指明企业长远发展方向，建立具体的业绩目标，根据有关的内部条件和外部环境，制定各种战略，进而执行选择的行动计划，以达到业绩目标的过程。斯坦纳在1982年出版的《企业政策与战略》一书中认为，企业战略管理是确定企业使命，根据企业外部环境和内部经营要素确定企业目标，保证目标的正确落实，并使企业使命最终得以实现的一个动态过程。战略管理是一种崭新的管理思想和管理方式。这种管理方式的特点是对企业现在及未来的整体经营活动实行战略性管理，可以说战略管理是现代企业管理发展的高级阶段。全部战略管理活动的重点是制定和实施战略，制定和实施战略的关键在于动态平衡企业外部环境、内部条件和企业目标，以保证实现企业的战略目标。

综上所述，企业战略管理是一个动态管理的过程，它是对企业的生产经营活动实行的总体性管理，是企业制定和实施战略的一系列管理决策与行为，其核心问题是使企业自身条件与环境相适应，求得企业的长期生存与发展。

1.2.2 战略管理一般过程

战略管理是对一个企业的未来发展方向制定决策和实施决策的动态管理过程。一个规范性的、全面的战略管理过程可大体分解为3个阶段：战略分析阶段、战略选择阶段、战略实施及控制阶段。这一过程要求企业研究外部环境和内部环境以找出市场的机遇和挑战，并决定如何利用核心竞争力来获得预期的战略收益。这个战略管理过程可用图1-1来表示。

1.2.2.1 战略分析阶段

战略分析是整个战略管理过程的起点，对企业制定何种战略具有至关重要的作用。战略分析涉及对企业的战略环境进行分析、评价，并预测这些环境未来发展的趋势，以及这些趋势可能对企业造成的影响及影响方向。一般来说，战略分析包括企业外部环境分析和企业内部环境分析两部分。

外部环境分析着眼于企业所处的宏观环境、行业环境、经营环境和竞争环境，如政府法律因素、经济因素、技术因素、社会因素以及企业所处行业的竞争状况等。企业外部环境分析的目的是为了适时地寻找和发现有利于企业发展的机会，以及对企业来说存在的威胁，以便在制定和选择战略中能够利用外部条件所提供的机会且避开对企业存在威胁的因素。本书将在第3章中对此进行深入分析。

内部环境分析集中在资源、企业能力和市场竞争能力方面，它包括企业的有形资源和

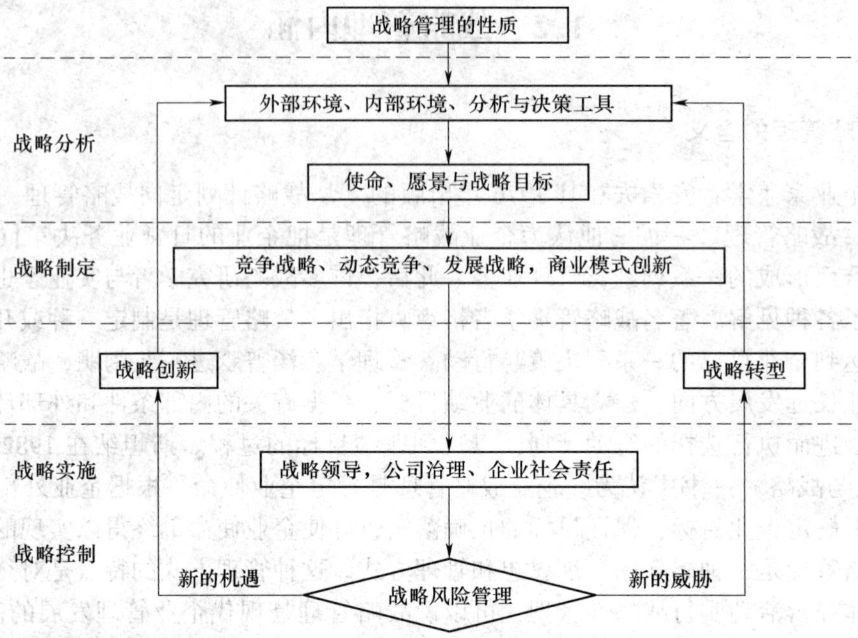

图 1-1 战略管理一般过程

无形资源，包括财务能力、营销能力、生产管理能力、组织效能、企业文化等的企业能力、企业核心竞争能力等。企业内部条件分析的目的是为了发现企业所具备的优势和劣势，以便在制定和选择战略时能扬长避短，有效利用企业自身的各种资源，发挥出企业的核心竞争力。本书将在第 4 章中对此进行深入分析。

1.2.2.2 战略选择阶段

通过战略分析，企业管理者可以清晰地了解其所处的外部环境、行业结构以及企业自身的资源和能力等，进而探寻哪些是有吸引力的机会，这些机会就是公司潜在的战略方向。不过，这些机会必须经过公司战略愿景和业务使命的甄别以进一步明确哪些是真正的战略方向，公司应在明确了战略方向和长期战略目标的基础上进行战略的制定和选择。因此，战略制定是一个理性化的分析过程，是在认真而缜密地进行战略分析后，管理者把公司的战略愿景转化为清晰而可行的战略方案的过程。

战略制定不是制定一种战略方案，而是制定多种战略方案以供选择。提出多个战略方案之后，决策者应根据一定的标准对备选战略进行逐一评估，以决定哪种方案最有助于实现企业的目标。这种标准的确定除了考虑企业整体利益和长远发展外，还取决于决策者对风险、稳定性、发展速度以及投资多元化的态度，包含一定的主观性。战略选择就是公司管理者对可供选择的多种方案进行评估和选择的过程。战略选择不仅要保证所选战略的可行性和可接受性，最重要的是要保证战略对公司具有最佳的适用性。

一般来说，公司会制定不同层次的战略，各个层级的战略以及公司各部门的决策和行动方案要相互支撑，形成协调统一的战略体系。战略方案一般包括两方面：一方面是精心策划的有目的的行动方案；另一方面是对意外情况的反应措施。战略从某种意义上只是一个大的战略计划。而实际实施时，未来的情况是不确定的，会不断出现新的情况，权变的反应措施是十分必要的。由于战略决策的全局性和长期性，尤其是考虑到战略对企业重大而持久的影响，战略的成功与否往往决定了企业经营的成败。因此，战略的制定和选择非常重要，公司决策者要以长远的战略眼光和认真缜密的心思来制定和选择战略。

1.2.2.3 战略实施及控制

战略实施是指如何确保将战略转化为行动实践。企业战略实践表明，一个良好的战略仅仅是战略成功的一部分，只有采取有效措施保证战略的贯彻实施，企业的战略目标才能顺利实现。战略实施是战略管理中最复杂、最耗时的工作。战略实施几乎涵盖了组织中的所有要素，需要动员各级管理者和员工将已制定的战略付诸行动。在战略实施阶段，企业要完成系列的工作，包括调整或构建组织结构，合理地配置资源，制定战略规划、预算和程序，营造有利于战略实施的组织文化等。本书将在第 8 章对此进行深入分析。

在战略的具体化和实施过程中，为了使实施的战略达到预期目的，实现既定的战略目标，必须对战略的实施进行控制。这就是说，应将反馈回来的实际成效与预定的战略目标进行比较，如二者有显著的偏差，就应当采取有效的措施进行纠正。由于分析不周、判断有误，或是环境发生了预想不到的变化，战略实施过程中难免出现偏差，战略管理者需要时刻监控环境的变化，密切关注战略的实施情况，审时度势地对企业战略进行调整。采取的措施包括修订预算、改变政策、组织重建、人事变动、重新设计工作流程、改造公司文化、变革工薪制度等，甚至是调整公司的长期发展方向、重新界定公司的业务。

因此，战略管理是一个循环过程，而不是一次性的工作。要不断监控和评价战略的实施过程，修正原来的分析、制定与实施工作，这是一个循环往复的过程。战略控制包括两项内容，即通过对公司业绩的评估与控制，将实际业绩与期望业绩进行比较，以达到纠正行为和解决问题的目的。战略控制既为战略管理的最后环节，又是战略管理下一轮循环的开始。成功的企业战略永远是组织学习和创新的结果，这要求企业的管理者们不断地对战略的执行情况和进度进行评价，不断寻求新的途径以改善企业战略，并在竞争中胜出。

1.2.3 战略管理层次

为了全面、深入地认识和理解企业战略，有必要对企业战略的层次结构及其相互关系进行了解。企业战略一般分为 3 个层次：公司战略（总体战略）、业务战略（事业部战略或竞争战略）和职能战略。对企业战略进行层次划分的意义在于既保持了企业发展方向和战略的统一性、整体性，使企业资源的调动能最大限度地符合企业长期发展目标的要求，又能适应分权管理的要求，体现较高程度的企业活动的灵活性，使决策更接近于现实，使对资源利用的责任落实到具体的部门、小组和个人。一般来讲，企业战略层次总是力求与企业组织层次相一致，以保证责任与权利的对等。

1.2.3.1 公司战略

公司战略又称总体战略，这是企业总体的、最高层次的战略，是企业最高管理层指导和控制企业行为的最高纲领。公司战略的主要任务是确定企业的业务重组，即决定企业活动涉及的业务范围，确定各类业务活动在企业业务总量中的比重和作用，协调各类业务之间的相互关系以及这些业务在战略期内的发展方向，并且要决定企业的长期经营目标，提出协调各项业务的经营对策，提出企业应建立何种竞争优势以及如何发挥这些优势。公司战略通常要求有远见，有创造性和全局性，诸如业务的选择、资金的筹集和调配、成长发展优先顺序、利润的分配等都属于企业总体战略的范畴。例如华为技术有限公司与清华大学附属中学近日在深圳签署战略合作协议，双方将在教育信息化、智慧校园等领域的智慧化建设方面开展合作，就属于公司层面的战略。

战略管理概述专栏1：

格力多元化战略

一、格力多元化战略发展历程

据中怡康数据显示，自2015年起空调市场销售额同比下降4.7%，空调市场出现萎缩，三大家电巨头的销售收入都出现下降，这对于以空调为主要营业方向的格力来说，是个不好的预兆。实际上，格力电器的行业天花板在2012年就初见端倪，那年，格力的空调业务从过去常常保持30%的增长率下降到了20%以下。在逐渐碰触到空调市场的行业天花板后，格力电器也一直在其他领域不断探索，以求找到适合自身的多元化发展战略途径。

二、格力多元化战略的成功之处

格力自2013年涉足非空调行业领域以来，虽然没有对外正式宣称要转变战略经营方向，但种种迹象表明格力已经在多元化战略上暗自发力。

1. 从相关多元化入手，传承专业品质

20多年来，格力依靠技术创新和产品研发，凭借其单一空调产品叱咤家电市场，格力也因其专业专注的工匠精神被广泛称赞，即使是施行多元化战略，其核心也是专注于技术。除此之外，格力不论是做空调，还是做小家电、冰箱，都很好地保护了格力品牌的专业化标签。

2. 审时度势，多元化布局紧跟时代先机

智能家居广阔的市场前景被各行业巨头纷纷看好，被誉为下一个千亿级别的市场。智能家居将成为未来家电行业的下一个风口。格力把握先机，意图通过做手机，让手机成为连接智能家居的钥匙，从而实现对智能家居的控制，构建智能家居生态布局。

3. 不忘初心，坚持自主创新

格力的多元化产品依靠核心技术与自主创新在消费者中形成良好口碑。而格力秉持不断突破、自主创新的精神也使得格力在电器行业稳坐龙头。近几年来，格力依然秉承“不忘初心，坚持自主创新”的精神，在智能装备、精密制造等领域开展多元化布局，推进智能装备产业园建设，开发智能机器人、智能手机、新能源汽车等项目，拓展其他业务，打破空调为主的营业格局。

1.2.3.2 业务战略

业务战略是在公司战略指导下，经营管理某一特定的“战略经营单位”的战略计划，它是公司战略的子战略，有时也称为竞争战略或事业部战略。它处于战略结构中的第二层次。这种战略涉及的决策问题是在选定的业务范围内或在选定的产品市场区域内，业务部门应在什么样的基础上来进行竞争，以获得超过竞争对手的竞争优势。

与业务战略相联系的另一个概念是战略经营单位（strategic business unit，SBU）指的是按照不同的战略目的组织起来的经营单位，在从事多元化经营的企业内，它一般是指根据业务或地域的不同而实行独立核算的每一个业务部。

1.2.3.3 职能部门战略

职能部门战略是为了贯彻和实施公司战略、事业部战略而在企业特定的领域制定的战略，它存在于职能部门中，如生产、市场营销、财会、研究开发、人事等部门。由职能部门管理人员制定的短期目标和规划，其目的是实现公司和事业部门的战略规划。

公司战略、业务战略和职能战略共同构成企业的战略体系。处理好不同层次战略之间的关系，使战略的制定及其实施形成一股强大的合力和战斗力，是战略管理成功的组织保证。

战略三个层次的关系如图 1-2 所示。

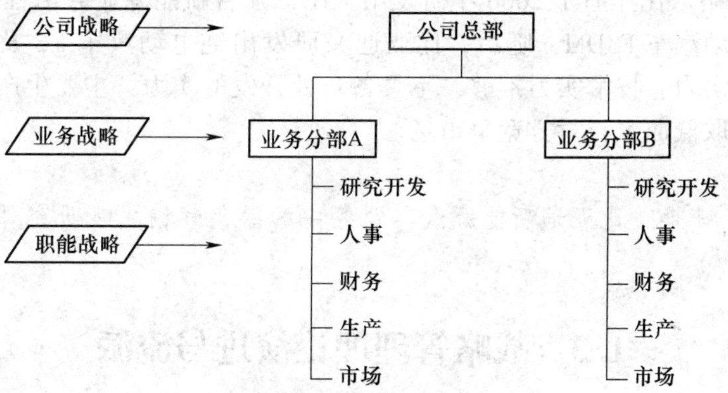

图 1-2 战略管理层次

战略管理概述专栏 2：

比亚迪新能源汽车业务中的绿色营销战略研究

一、比亚迪新能源汽车业务

比亚迪股份有限公司（简称“比亚迪”）创立于 1995 年，横跨 IT、汽车和新能源三大产业。2003 年，比亚迪收购西安秦川汽车工业公司，正式迈入汽车制造领域。2006 年 6 月，比亚迪纯电动汽车 F3E 研发成功，开启新能源汽车业务的历程。2010 年，推出可充电的双模电动汽车 F3DM，是我国汽车产业的一大飞跃。随后，比亚迪又研发出纯电动汽车 E6，于 2010 年 5 月进入深圳市投入运营，50 辆 E6 取得良好的表现。2010 年 9 月，比亚迪推出纯电动大巴 K9，并于 2011 年初在深圳、长沙公交系统投入试运营。自进入汽车领域以来，比亚迪充分利用技术优势，积极开发优化新能源汽车产品。

二、比亚迪新能源汽车绿色营销策略

(1) 价格策略。就比亚迪的产品定位来说，其定位的客户群体主要是大众消费者，

生产普通消费者可以消费得起的平民车型。此外，比亚迪的核心零件几乎可以实现自主生产，外部供应链仅占30%。这使得比亚迪汽车可以获得较低的生产成本，与其他竞争者相比具有成本优势。因此，比亚迪为了吸引消费者，可以制定一个较低的定价水平。

（2）渠道策略。首先，在最初阶段，比亚迪采取公交电动大巴 K9 加电动出租车 E6 的组合进入公共交通领域，采用公交优先策略，具体包括三种模式：成立出租车合资公司、零元公车及异地建厂。其次，比亚迪新能源汽车的销售，首先通过代理商在各省市区域设立专卖店并且参加汽车展销会，再通过销售人员与客户之间洽谈来实现销售目标。国内的二三线城市是主要的业务范围，依靠生活水平质量提升来促进新能源汽车的销售。

（3）促销策略。在产品促销方面，比亚迪充分考虑到各地区市场的季节性、特殊性等因素，对不同的地区采用不同的促销策略，比亚迪常用的促销方式主要有免费保养、赠送礼品、价格折扣等。除了以上促销方式之外，比亚迪还紧跟全球大汽车展览，争取让比亚迪新能源汽车产品亮相登场，从而达到对普通消费者普遍性宣传推广的效果。

（4）产品策略。比亚迪于2006年研发出F3E，开启新能源业务历程。2010年，推出可充电的双模电动汽车 F3DM，随后，比亚迪又研发出纯电动汽车 E6 及 K9。最初阶段，比亚迪由于资金实力、技术实力不够，不具备自处开发的实力，主要生产逻辑是仿制竞争公司的技术，采取低成本与对方竞争市场。

（资料来源：李萌．比亚迪新能源汽车业务中的绿色营销战略研究［J］．全国流通经济，2018（36）．）

1.3 战略管理理论演进与流派

战略管理理论是管理学整体理论中一门较新的学科，自20世纪50年代提到现在仅有半个多世纪。从时间跨度来看，战略管理理论主要经历了以下几个流派。

1.3.1 战略规划学派

战略规划学派始于20世纪60年代初，持续至20世纪70年代初，大约10年左右。战略规划是长期规划理论的进一步发展，应用长期规划这一管理技术有两个前提条件：一是企业对环境的变化具有很强的影响力，可以在一定程度上控制环境因素；二是环境因素的变动具有可预测性。因此，无论环境如何变化，企业都可以通过计划来应付。但是，从20世纪60年代开始，企业活动受到了来自政府和社会相关机构的规范和约束，使其对环境因素的影响程度有所降低。此外，环境的日益复杂多变，使企业对环境变化的预测难度大大增加，企业为了生存与发展、保持或赢得竞争优势，就必须提升应对环境变化的能力。企业管理者在实践中认识到，提升适应环境的能力的有效途径是实施灵活机动的战略。在这种情况下，企业开始不满足于年度预算，开始采用运筹学与改进的预测技术帮助企业进行规划。战略规划学派开始兴起，企业经理们甚至认为战略规划是能够提高企业竞争力的战略的唯一最佳途径。

战略规划作为一种管理技术或系统，它首先对企业的外部环境进行分析，寻求发展的趋势，发现对企业发展构成的威胁和新的发展机会，以使潜在的利润最大化。战略规划的目的是寻求外部环境和企业的最佳联合，它的侧重点是制定企业的战略或规划企业的行动方案。据调查，到20世纪70年代初，美国较大的500家工业公司中，85%的企业组建了战略计划部门。制定企业战略计划，给一些企业带来了显著的管理成效。例如，美国通用电气公司在20世纪60年代曾一度盲目发展，出现了销售额直线上升，投资收益和利润额却呈下降趋势的怪现象。该公司通过制定战略规划，淘汰了对公司发展无贡献的产品和部门，把有限的资源集中于有发展前途并能获利的产品和部门，使得公司利润率和销售额保持了同步增长，投资收益显著提高。该公司的这一经验，受到当时美国企业界的极大关注，许多企业纷纷仿效。

战略规划学派的代表人物——安德鲁斯，安德鲁斯立足于企业迫切需要解决的战略问题，提出了由4个要素组成的战略，这4个要素分别是：市场机遇、公司资源和能力、个人价值与抱负、社会责任。将这四个元素进行有效地组合，企业的战略就能够被创造出来了。提出了一个较为复杂而现实的管理过程，他将这个过程分成：战略规划、管理控制与操作（operational）控制。安索夫——同样作为战略规划学派的代表，强调战略的核心部分应该归属于环境、市场定位和内部资源能力。他提出了一个新的概念：权变。在他看来，判断一个企业战略规划的好坏需要观察这个企业是否跟随其所在的环境的变化而变化，只有当两者匹配度最高的时候，企业才极有可能获得利润。“三安方式”奠定了战略管理的过程观，即经理制定与促成竞争战略、组织的构想与长期目标。

传统的规划过程如图1-3所示，是战略管理活动的一部分。

传统战略规划的致命弱点是它是一个单向过程，环境不断变化，规划同样也要不断修改调整，否则难以适应新环境，因此规划应是一个循环动态而非单向静态的过程。最早的战略规划被认为是单向的静态的、经过周密考虑的、理性的过程，后来才逐步向动态化发展，学者们的研究重点由寻找成功的驱动力转向研究如何强化的企业应变能力。

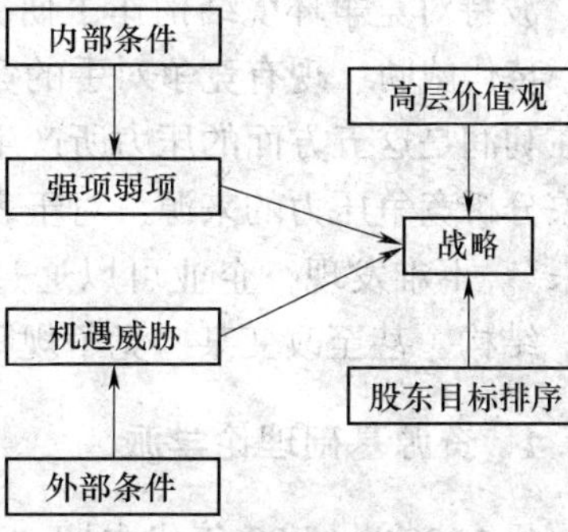

图1-3 传统战略规划过程

1.3.2 环境适应学派

人们的一般印象是战略规划是系统的、程序的、理性的，然而现实的战略部分是计划的部分，部分是对变化的环境的适应性反应。学者发现，战略不是事先准备好的，而是取得成功之后总结出来的一般模式。随着环境不确定对企业经营的冲击加强，战略规划思想的根基开始动摇，人们逐渐认识到，战略需要根据环境的不断变化而持续进行调整，战略管理理论的环境适应学派由此应运而生。

环境学派把战略的形成过程看做是企业对外部环境的反应过程，环境作为一种综合力量，成为企业战略形成过程的中心角色。该学派将注意力转移到组织外部，重点研究组织所处外部环境对战略制定的影响，注重描述特定环境与组织特殊属性之间的关系，应用组织生态学社会网络分析等方法研究企业战略理论。环境学派以源自“权变理论”（contingency theory）的偶然性理论为核心，强调环境对于企业战略的至关重要性，认为企业必须适应环境，并在适应环境的过程中找到自己生存和发展的位置。

环境学派和其他学派最大的不同之处是，其他学派把环境看作影响战略过程的因素，而环境学派把环境作为直接的研究对象。该学派把环境提到与领导和组织并列的高度，认为三者的协调有助于战略的形成。在环境学派的发展中，提出了三种理论：权变理论、群体生态学理论和社会制度理论。权变理论认为战略必须适应环境，环境决定战略；群体生态理论认为企业可以选择战略来对环境施加影响；社会制度理论在权变理论的基础上更进一步，把环境看作限制企业行为的一套规范，企业战略必须适应这些规范。

1.3.3 产业组织理论学派

行业市场结构的变化，导致了企业经营战略的改变，战略家们纷纷从适应环境的框架中跳出来，转向寻找有吸引力的行业，从成本与产品差异化上来寻找竞争优势。从而出现了贝恩（J. S. Bain）的 SCP 分析范式、PIMS 与波特（Porter）的竞争战略理论，这些研究成为后来产业组织学派的理论基础。

行业结构，即产业组织学派的代表人物当属迈克尔·波特。20 世纪 80 年代，他先后出版了《竞争战略》和《竞争优势》等著作，提出了战略定位的观点。还将产业组织理论中结构（S）—行为（C）—绩效（P）这一分析范式引入企业战略管理研究之中，提出了以产业（市场）结构分析为基础的竞争战略理论，实现了产业组织理论和企业竞争战略的创新性兼容，促成了战略制定与实施过程的有机统一。

波特对竞争环境结构作了研究，认为 5 种竞争力量决定某一行业的吸引力，即进入威胁、替代威胁、现有竞争对手的竞争、客户和供应商讨价还价能力。他认为产业的吸引力、潜在利润是这五方面的压力所产生的相互作用的结果，而“战略制定的关键就是要透过表面现象分析竞争压力的来源，对于表象之下的压力来源的认识可使公司的关键优势与劣势突现出来”。不难发现，企业可以通过其战略对五方面的竞争力量产生影响，并影响产业（市场）结构，甚至改变某些竞争规则，从而赢得竞争优势，提高自己的盈利能力。

1.3.4 资源基础理论学派

早在 20 世纪 80 年代中期，战略资源学派的某些观点就已经出现。经过 80 年代后期和 90 年代初的发展，逐渐成为竞争战略研究领域中占领导地位的理论流派。该学派主要代表人物柯林斯、蒙哥马利等人把对战略资源的强调作为其理论出发点，将“资源”定义为“企业所拥有的资产和技能的总和”，并把企业看作各种资源的不同组合，特别是一系列独特资源的组合，认为一个企业要获得上佳的经营业绩，就必须具备有竞争力的异质资源，并把这些资源运用到竞争战略中去。

资源基础包括资源、能力与核心竞争力。既可以是有形的资金、厂房设备等，也可以是无形的，如专利等。对这些资源还有三个界定标准：需求、稀缺与成果的可占有性，即能够为企业带来价值，并且无法被竞争对手模仿，利润能够被企业占有。

该学派认为，企业战略的主要内容是如何培育企业独特的战略资源，以及最大限度地优化配置这种战略资源。企业获得超额利润和保持持久竞争优势来源于其掌握的独特资源，以及在特定竞争环境中对这些资源的配置方式。这部分独特资产与能力的存量与流量决定了企业最终的业绩。温特与尼尔森将企业对独特战略资源的运用能力视为企业的核心能力，只有在核心能力达到一定水平后，企业才能通过一系列组合和整合形成自己独特的、不易被人模仿、替代和占有的战略资源，才能获得和保持持续的竞争优势。经过在40多年战略管理的实践上，战略管理的理论逐步由静态转为动态，由战略制定与实施相分离转为相结合，由单一转向综合（图1-4）。

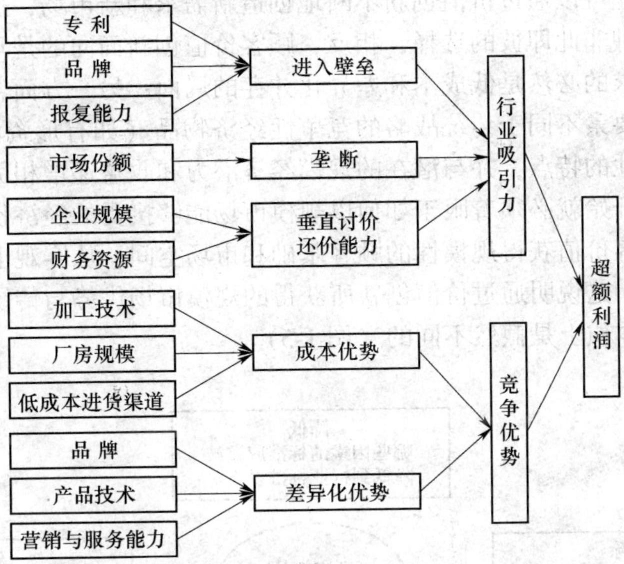

图1-4 资源如何产生利润（据Grant，1991：415）

1.4 蓝 海 战 略

当迈克尔·波特提出竞争理论以后，竞争理论风靡全球。企业为了保持自身的竞争优势，为了实现差异化或者低成本，为了占有更大的市场份额，往往与对手进行针锋相对的竞争。但是当前产业市场过度拥挤，越来越多的企业为了抢占市场份额使尽浑身解数，这样硬碰硬的竞争只能让企业在血腥的“红海”中越陷越深，最终无法自拔。

1.4.1 蓝海战略的主要内容

市场空间由“红色海洋”与“蓝色海洋”两种海洋形成。“红海”代表着现今存在的所有产业，这是我们已知的充满血腥竞争的市场空间；“蓝海”代表着当今还不存在的产业，就是尚未开发的新的市场空间。在“红海”中，产业边界是明晰和确定的，游戏的竞争规则是已知的。身处“红海”的企业试图表现得超过竞争对手，以攫取已知需求下的更大市场份额。当市场空间变得拥挤时，利润增长的前景随之黯淡。产品只是常规性的商品，而割喉式恶性竞争使“红海”变得更加血腥。与之相对，“蓝海”代表着亟待开发的市场空间，代表着创造新的需求，代表着高利润增长机会。尽管有些“蓝海”完全是在产业以外创建的，但大多数“蓝海”是通过在红海内部扩展已有产业边界开拓出来的。在“蓝海”中，竞争无从谈起，因为游戏规则还未制定。

面对超竞争环境的血腥竞争，企业如何才能脱颖而出？如何才能保持增长的获利性？W·钱·金和勒妮·莫博涅合著的《蓝海战略》为企业指出了一条通向未来增长的新路。

钱·金和勒妮·莫博涅认为，战略不是为了争夺有限的有形资源，而是通过不断的学习和创新，获得企业内部知识的积累和增长，以此来促进企业成长。一方面，从价值创新的角度来看，行业环境不再是企业兴衰成败的决定因素，企业无须单纯为了有限的市场份额而进行竞争，企业可以通过价值创新不断地创造新需求和新市场，这就使得追求低成本和差异化不再是一种非此即彼的选择，相反，顾客价值创新面向的是具有知识消费特征的大规模市场，其追求的必然是低成本和差异化并存的局面；另一方面，实施价值创新投入和开发的知识资本要素不同于传统战略的竞争性经济物品（如有形资源），而是具有非竞争性和非完全排他性的特点，并与潜在的规模经济潜力和收益递增相关联。顾客价值创新战略要求企业从一开始就必须着眼于如何以规模市场能够接受的经济价位，通过向市场提供全新而优越的顾客价值获得规模性的顾客基础和市场空间。从客观上不给予模仿者巨大的盈利空间的刺激，这说明通过价值创新所获得的规模市场优势与传统竞争战略力图维持的市场垄断优势在本质上是截然不同的（图 1-5）。

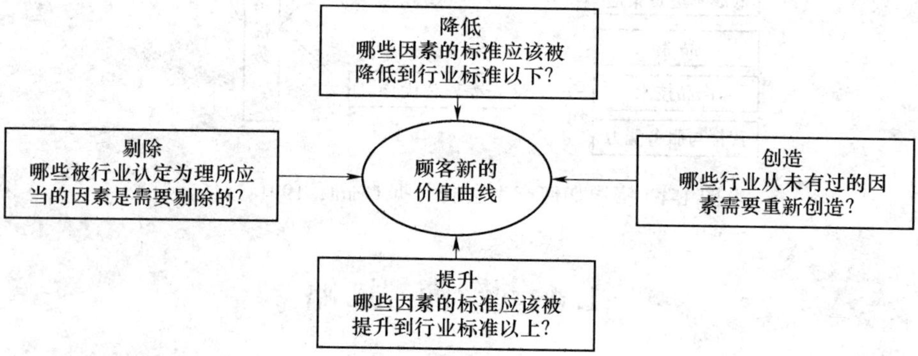

图 1-5 蓝海战略布局图

（资料来源：W·钱·金，勒妮·莫博涅．蓝海战略［M］．北京：商务印书馆，2005.）

战略管理概述专栏 3：

“小米”手机的蓝海战略

“小米”手机其实生不逢时，其诞生恰逢手机产业的一片“红海”：苹果虽独占鳌头，但已呈式微；三星追随猛进，一路高歌；诺基亚已遏制颓势，有所返光；而 HTC、中兴、华为、金立、联想等品牌也各自切取蛋糕。对于这样的“红海”市场，经济学家一般的建议都是：没必要进去了。“小米”手机却偏偏“逆其道而行之”，果断进入。不仅如此，“小米”手机从成立之日起，就以“为发烧而生”作为其产品理念与品牌理念，立志做一款高性能的发烧友爱好的手机。

“发烧友”的目标人群定位，按照常规的营销运作思维来讲，确实太“过于狭窄”。然而“小米”手机用事实令人们大跌眼镜：2011 年 8 月 16 日，“小米”手机 1 正式发布，9 月 5 日，“小米”手机 1 正式开放网络预订，半天内预订超 30 万台。12 月 18 日，小米手机1第一次正式网络售卖，5分钟内30万台售完。如果说，红海策略关注的是在现存市场空间内如何胜过竞争对手，那么蓝海策略关注的则是如何脱离已有的市场边界，从而把竞争者甩在后面。"小米"手机的成功逆袭被解读为"用互联网思维颠覆传统企业的游戏规则"，可以说是蓝海战略的最好例证。

"小米"手机的成功让业界人士津津乐道，有人肯定其"饥饿营销"手法的纯熟运用，有人称赞其对"参与感灵魂"的精准把握，有人将其归功于"品质与价格"的完美结合。不可否认，每一种分析都是"小米"手机成功之道；但归根结底还需落到"企业自媒体"几个字之上。

显然，"小米"手机的自媒体矩阵策略值得关注、并从中获得启迪。

一、搜索满足中，"小米"手机铺天盖地

2012年，"小米"手机一度成为百度十大热门关键词。当输入"小米"两字，几乎所有靠前的搜索页面都被小米的自媒体占据。小米官网、小米百度贴吧、小米官方客服电话、小米旗舰店、小米社区、小米之家……不仅如此，打开"小米"品牌的任一接触点，均能与其他小米页面连通。以小米官网为例：在这里可以找到"小米"的各类产品、配件并且实现在线购买；可以直接链接到"小米"的微博、微信、QQ空间、米聊；可以在这里面要求1小时快修服务、7天无理由退货、15天免费换货；可以了解"小米"相关新闻，也可以加入"小米"；可以下载相关软件，可以进入"小米"后院、香港"小米"、台湾"小米"，享受英文服务；甚至在页面右侧直接进行话费充值。

二、互动沟通中，"小米"载体多多

如果说"参与感"是小米的灵魂，那么这个灵魂的载体就是小米各种各样、丰富多彩，且构成矩阵式的自媒体：

"小米网店"：天猫电器城"小米官方旗舰店"就是重中之重；其产品发布、销售预订均在该自媒体上进行。

"小米官网"：小米官网担负起品牌背书、企业文化、品牌动态、产品展示、促销信息发布、产品销售的平台功能。

"小米论坛"：包含小米社区、米聊、米柚等多种空间，小米更多地用它来积累"发烧友"，培养忠实用户，开展口碑传播。小米论坛上沉淀的粉丝意见，将很多问题暴露、提供给开发上游。

"小米微博群"：属于"小米"微博群的数量恐怕难以统计，不仅有小米官方微博，小米每一款产品有微博，市场的每一个区域有小米之家微博，小米创始人团队以及高管均建有微博，其中小米的领军人雷军V微博就有近1000万粉丝。

"小米QQ空间"：小米曾经通过自己的认证空间账号向QQ空间用户发送了12万抢购码，很快就下单4.5万单，销售转化率达到37.5%。用户的QQ账号还与小米网打通，用户可直接使用QQ号登录小米官网下单购买任何产品。

"小米微信群"：作为信息私享的"小米"手机内部员工微信，以及各个微信群，不仅是内部沟通的渠道，更成为口碑传播的信源、信道。小米微信公众号也被定位成客服媒体，并为此开发了一个技术后台，某些重要的问题会转到人工客服，实现一对一的回复，

这极大地提升了用户对“小米”品牌的忠诚度。在发展微信粉丝的时候，“小米”会定期举行有奖活动来激活用户。而“小米”的每次微信活动又都会在其微博账号、合作网站、“小米”论坛、“小米”官网上提前一两天发布消息，告知活动详情，放置微信的推广链接，以及微信二维码。

“小米APP”：“小米”除了在官方“小米应用商店”App中融入热门的应用软件外，还开发了“小米鉴定”App，可以轻松一键鉴别小米手机真伪；“小米路由器”App使手机端可以自由遥控路由器；“小米”锁屏（百变锁屏）独立App，不需要刷MIUI系统就能在任何一款Android2.3以上系统的手机上设置自己喜欢的解锁模式。而“小米应用商店”不仅有专属的用户论坛，还在页面下方标注了“应用分发”“开发者服务”等链接，访问者可以进入“小米开发者中心”“小米新浪微博”“微信公众平台”来进行互动，甚至进行“商务合作”。

据不完全统计，由上述企业自媒体组成的小米自媒体矩阵，积聚了7000多万的粉丝，他们每天均在源源不断为“小米”提供各种产品、服务建议，并自发进行口碑传播，而发布信息的成本近乎零。

三、饥饿期待中，“小米”顺势送达

为发烧而生是“小米”的理念，“小米”手机还未上市，就已经将“发烧”理念打得火热。高配低价、参与开发，不仅勾起了手机发烧友的好奇，还吸引了媒体关注的目光。在公众对“小米”认可、喜爱、向往，产生消费期待的时候，“小米”选择的是一轮轮的预订、抢购方式，限量发售，每轮开放购买的时间都非常有限，这让“小米”手机总能在很短时间内销售一空。

为增加“饥饿营销”的影响力，“小米”还与一些平台合作，为饥饿营销升温，如借用百度浏览器推出抢购“小米”的功能，网友晒出的成功抢购截图中也多是通过这几款浏览器发出，以至于这种浏览器被称为“抢米神器”。随着粉丝的“病毒式”扩散，“小米”的合作伙伴也越来越多。从宣布与联通合作，到“微博开卖”，再到上线天猫。

四、信息茫然中，“小米”与你邂逅

“小米”在建设强大的自媒体矩阵的同时，还实行了“炫目引爆”、抢夺大众媒体亮点的策略，让“小米”与目标群体高概率信息邂逅，提示关注！

（资料来源：舒咏平，齐二.“小米”的蓝海战略［J］.企业研究，2014（10).）

1.4.2 蓝海战略与红海战略的比较

蓝海战略是相对于红海战略提出的。蓝海战略要求企业把视线从市场的供给一方移向需求一方，从关注并比超竞争对手的所作所为转向为买方提供价值的飞跃，通过跨越现有竞争边界看市场，以及将不同市场的买方价值元素筛选与重新排序，企业可以重建市场和产业边界，开启巨大的潜在需求，从而摆脱红海的血腥竞争，开创新的市场空间。蓝海战略代表着战略管理领域的范式性转变，即从给定结构下的定位选择向改变市场结构本身的转变。

红海战略与蓝海战略的比较见表1-2。

表 1-2 两种战略的对比

红 海 战 略	蓝 海 战 略
在已经存在的市场内竞争	拓展非竞争性市场空间
参与竞争	规避竞争
争夺现有需求	创造并攫取新需求
遵循价值与成本互替定律	打破价值与成本互替定律
根据差异化或低成本的战略选择，把企业行为整合为一个体系	同时追求差异化和低成本，把企业行为整合为一个体系

资料来源：W・钱・金，勒妮・莫博涅. 蓝海战略——超越产业竞争，开创全新市场［M］. 北京：商务印书馆，2005.

蓝海战略是一种实践性很强的概念和框架，不属于所谓的学院派理论。不要沉迷于竞争，不沉醉于现有的竞争手段，不想当然地认为打败竞争对手就是获取竞争优势的唯一可行手段，不认为竞争就是一切，这是蓝海战略所要宣传的理念。其实蓝海战略并没有全盘否定波特的竞争理论，它认为竞争得要有一个度，它只是想告诉身处“红海”竞争苦海的企业：其实跳出“红海”，去开辟“蓝海”对企业来说也是一个不错的选择。当企业处于激烈竞争的“红海”时，都渴望找到出路，都想回避企业间的正面厮杀。可是回避竞争无异于慢性自杀，企业应该是勇气和智慧的结合体，应该直面维持企业生存并且为企业带来丰厚利润的激烈竞争，构建企业的竞争能力；同时在天时、地利、人和的时候开拓将来为企业带来竞争优势的“蓝海”。企业家要明白选择任何战略都是有代价的，因此企业应根据外部环境与内部资源的实际情况选择对于企业而言风险较小利润较大的战略，唯有如此，企业才能完成最初的使命，成为一个对社会而言有价值的组织。

【章末案例】

苏宁云商“互联网+”时代零售行业战略转型

一、“互联网+”时代对传统零售行业的影响

“互联网+”时代下的互联网、物联网、云计算及大数据等多种信息系统与各行各业的实体店或者工厂的深度结合，一改以往的生产模式、营销模式及消费模式，“互联网+”时代下各种新兴技术冲击着零售业传统的发展方式，并给传统零售业的发展带来了前所未有的机遇。

（一）生产模式

挖掘市场、数据化管理。利用云计算中的软件及大数据分析等方式充分了解消费者的需求，通过快速更新的产品刺激消费者反复消费。对于产品的相关生产状况、销售数量及库存管理等信息一改以往手工记账的方式，运用大数据高效分析管理。

（二）营销模式

物流系统及营销渠道电子化。互联网将网络与传统零售跨时间、地域组合起来，通过网络销售平台转型 O2O 并且完善自身物流体系，将高新技术渗透到物流管理和营销方式中，利用互联网这一高效高速的传播媒介，使消费者在短时间内充分了解对电子商务平台

上的零售产品及相关服务。

（三）消费模式

线上线下充分结合，深切满足消费者用户体验。消费者可以在线上了解自己需要的产品信息，确定选购的目标，再前往实体店进行深度体验；或者先前往实体店进行体验，然后在网上选购，这样质量高、品质好的产品能够获得更多回头客，能够充分维护到消费者的权益。

二、苏宁云商的战略选择

（一）线上线下融合，实现顾客体验全方面满足

线上高新技术与线下实体产品结合，充分满足顾客的消费体验。一方面，由于电商省去实体店的租金成本、税收，人工成本相对也低一些，价格与实体店相比，价格自然低一些。在双线运营的情况下，很多理性的消费者选择在实体店看货，在网店实现购买，这样就会导致实体零售店销售额下降。另一方面，由于网购低质高速发展导致在消费者心里形成“便宜没好货”的看法，最终导致线上线下“双亏”。面对这一问题。苏宁云商宣布从2013年6月8日开始，全面实现线上线下同质同价，线上线下统一管理。将线下传统实体零售行业加入线上高新技术，增强传统零售业的竞争实力，前提是要解决线上销售无法满足顾客体验感的这一大问题。苏宁云商推出“线上平台+线下渠道”，引导其服务向全渠道、一体化、多触点方向升级以满足顾客全方面需求。

苏宁云商将大数据、云计算等技术镶嵌到实体店中，实现互联网化店面。在商品信息方面采用电子价签系统，以及各种顾客信息采集终端；在商品陈列方面，通过在货物背面增加刷触摸屏陈列各式各样的商品；在导购互动方面，不仅仅加强销售人员与消费者之间的交互开放式导购，还添加了来自第三方的专业测评信息，最常见的就是对产品性能或配置等方面的评价及使用介绍，刺激消费者的消费欲望；在线上线下分工方面，网上购物消费势不可挡，实体店的销售功能逐渐下降，但是实体店的集成社交、娱乐与购物等综合功能是网络零售是无法比拟的，苏宁云商通过实体店升级将其切实的体验功能与社交功能发挥到淋漓尽致，使其线上线下各展其能，规避缺陷。

（二）线下独具保障的售后服务与线下核心技术信息流，形成优势互补

苏宁云商的各种做法充分体现了“实体行业与互联网企业的接口”的战略定位。苏宁云商线下具有1600多家门店，5000个售后服务网点与大数据形成了优势互补，可以更快地提高线上线下运行效率。在售后服务方面，苏宁云商通过提供系统升级、保修维护、退货换货等售后保障来弥补线上销售的缺陷，能够充分增强顾客的消费黏性。

（资料来源：王培培．“互联网+”时代零售行业战略转型研究——以苏宁云商为例[J]．现代经济信息，2018（9）．）

问题思考

1-1 什么是企业战略？

1-2 企业战略有什么重要特征？
1-3 什么是企业战略管理？
1-4 企业战略管理的过程是什么？
1-5 请搜集一个企业的案例，说明企业战略管理的重要性。
1-6 红海战略与蓝海战略的区别是什么？
1-7 请选取一家企业分析其蓝海战略。

2 战略导航：愿景、使命与目标

一个企业不是由它的名字、章程和公司条例来定义，而是由它的任务来定义的。企业只有具备了明确的任务和目的，才可能制定明确和现实的企业目标。

——彼得·德鲁克

【学习要点】

（1）明确企业愿景、企业使命和战略目标的含义以及三者之间的关系；
（2）了解确定企业使命的意义，掌握企业使命的内容；
（3）了解企业使命陈述的要点和构成企业使命的要素；
（4）掌握战略目标的含义，制定战略目标的原则与具体方法；
（5）了解企业战略目标体系的制定。

【开章案例】

乘风破浪会有时：明宇重工的企业愿景实施之路

"我们的愿景：成为全球机械制造业的领导者，通过持续的科技创新，让全球受益。"每周六明宇公司的会议室内都会回荡着这铿锵有力的誓言。企业愿景体现了一个企业的立场和信仰，是企业的最高管理者对企业未来的设想，是激励企业奋勇向前、拼搏向上的强大动力。著名管理学大师彼得·德鲁克认为企业要思考3个问题：第1个问题，我们的企业是什么？第2个问题，我们的企业将是什么？第3个问题，我们的企业应该是什么？这是对企业愿景最好的注解。明宇重工的发展战略和发展轨迹正是应和了这3个问题。

一、把实现企业的国际化、全球化作为目标

明宇在成立伊始，就通过自身扎实有效的管理迅速通过了ISO9001国际质量体系认证、ISO14001环境体系认证，通过自身研发团队的自主创新拥有了30多项自主知识产权，为公司冲出亚洲，走向世界打下了坚实的基础。要实现国际化、全球化的目标，过硬的产品质量是基础。因此，明宇遵照"明宇重工，只做精品"的原则，在生产过程中按照生产轿车的标准关注每一道生产环节。

正是运用了科学的管理方法和对生产环节近乎苛刻的要求，从而使企业达到了生产标准化、质量国际化的标准，也使明宇公司成为行业内率先制定企业标准，率先采用全封闭无尘式生产车间，率先全部使用进口激光下料机下料，率先使用轿车喷涂烤漆流水线工艺，率先摆脱家族式经营等多项行业纪录的企业，实现了量变到质变的跨越，为实现国际化的目标夯实了基础。

二、成为全球机械制造业的领导者

创新是引领企业发展的第一动力。明宇从2008年开始每年都在调整企业研发重点课题，整合行业及市场反馈的各种研发资源，规定研发部门每年必须有30项以上的技术改进，每年都要推出5款以上的主打新产品，每年至少新增2项以上的国家级专利，并且每年储存的新产品要达到三年以后的市场需求水平。

明宇重工始终如一地坚持“合作共赢、感动用户”的服务宗旨，在行业内率先建立了一大批高素质高效率的营销服务团队，一切以客户为中心，全天候的亲情化服务，倾力打造感动客户的金牌服务，为全力构筑起科学规范的服务管理体系，实现与客户共同发展的战略目标打下了坚实的市场基础。

正是依托这种持续的质量创新和营销模式创新，使得明宇重工能在众多竞争对手中脱颖而出，实现了跨越式发展。截至2016年底，公司拥有了年产量达8万台的现代化车间12座，具有世界领先水平的大中型设备230多台。公司已连续五年产销量全国领先，并且成功出口至亚、非、欧十几个国家和地区，成为名副其实的小型装载机行业的旗舰企业。

三、打造绿色环保、可持续发展的企业

明宇重工致力于将企业打造成绿色环保、可持续发展的企业，致力于制造业兴国，注重企业的社会责任感。明宇重工顺应潮流，积极作为，实施绿色战略，以期实现企业的可持续发展。首先是强化环保指标。明宇重工从2015年就开始采用国三发动机配套小型装载机，并且批量生产投放市场，从而有效降低了产品的噪声污染，提高了排放标准。其次，公司前后共投入3000多万元用于治理车间内的焊接烟尘和喷漆造成的漆尘污染，使得工厂的生产环境焕然一新。再次，公司内部实行严格的垃圾、废弃物的分类制度。可回收垃圾与不可回收垃圾严格区分，通过这种具体的环保措施，使得环保理念深入人心。最后，将环保观念纳入生产经营活动中，从生产技术的选择、产品的设计、原材料的采用、生产程序的制定等各个方面都注意对环境的保护。这些环保措施赢得了当地政府的支持和消费者的好感，从而在市场竞争中赢得了主动。

（资料来源：谭大江．乘风破浪会有时，直挂云帆济沧海——明宇重工的企业愿景实施之路［J］. 农机市场，2017（4）.）

战略管理的成功实践引致企业目标体系的复杂化，现在许多企业都以生动、简洁的词句陈述自己的愿景、使命、战略意图，并在战略规划中用一些数值标明自己的战略目标。企业的目标体系正在向多层级的方向演化。然而当深入探讨什么是战略目标、如何设定战略目标等问题时，人们发现有许多需要思考的问题。在企业战略管理的早期研究中，对战略目标就存在不同的认识。安索夫认为，企业的目标不是战略，战略是为了实现企业的目标。安德鲁斯则认为，战略包含了企业的目标和实现目标的方法。现在，人们都承认决定企业兴衰的那些目标确实是战略管理过程中首先需要回答的问题，战略只是目标引领下达成目的的方案。

在企业的目标体系中，愿景和使命处在最高位置上，进而对企业的其他目标、对企业的未来有着重要影响。但愿景、使命及其他目标都不能从内外环境条件中直接“推导”出来。也就是说，企业的目标通常不是“推导”或“计算”出来的，而是“设定”或者“谋划”出来的。为此，需要进一步明确各种目标在整个战略管理中的地位和作用，如何设定目标，以及不同层级战略目标之间的关系。

2.1 企业愿景

企业是社会的细胞，可以看作是社会系统的一个子系统。在整个社会系统中起什么作用、到底担负着何种使命是战略管理首先应考虑的问题。目前，越来越多的企业都意识到文化理念在企业发展、经营管理中起着不可缺少的导向、激励等积极作用，而企业最高层次的文化理念主要是企业愿景和企业使命。

2.1.1 企业愿景的含义和作用

2.1.1.1 企业愿景的含义

企业愿景是企业战略家对企业前景和发展方向的一个高度概括，它是根据企业使命，在汇集企业每个员工个人心愿的基础上形成的全体员工共同心愿的美好愿景。企业愿景实际上是为企业描述未来的发展方向，它回答企业将成为一个什么类型的公司，要占领什么样的市场，具有什么样的发展能力等问题。愿景除了包括一系列目标之外，还包括参与者内心的抱负，它极大地激励人们朝那个方向努力。不同公司的愿景见表 2-1。

表 2-1 不同公司的愿景

公　司	愿　景
华为	构建万物互联的智能世界
联想	联想智慧中国
麦当劳	控制全球食品服务业
中国移动通信	成为卓越品质的创造者
万科	成为中国房地产行业的领跑者
国家电网	建设世界一流电网，建设国际一流企业

2.1.1.2 企业愿景的内容

企业愿景描述了企业未来的蓝图，是企业前进的方向。因而，愿景的内涵就是要明确告诉企业的每位员工“我们是什么、我们为什么、我们将怎么样”。通过企业存在价值的提升，让员工能够感知企业的美好未来，能够和企业一起分享对未来的憧憬，让员工对未来有更深层次的期待。一个构思良好的企业愿景主要包括两部分：核心理念和未来远景目标。

A 核心理念

核心理念界定了企业的基本价值观念和存在的理由，是对企业核心价值的描述和体现。它是企业未来发展方向的定位，是企业存在价值的升华，包括核心价值观和企业使命，通过“我们是什么”以及“我们为什么”表达出来。

核心价值观即“我们是什么”，是企业利益相关者关系的基本原则与是非标准，不会因为外部的影响而发生变化，是一个组织重要而且永恒的信条，它说明企业的存在代表着什么——对人类社会的贡献和价值。比如摩托罗拉公司的价值观——保持高尚的操守，对人永远地尊重。核心理念是一个企业最基本和持久的信仰，它的形成是企业自我认识不断深化的过程，是组织内成员达成的共识。

“我们为什么”是企业的核心目的，即企业使命的陈述，是企业存在的价值和理由，即企业为什么要存在，通过确定企业在产业链中的位置并明确自身存在的价值，从企业实现价值的途径、方式以及在创造价值过程中应该遵循的基本指导思想、原则等方面阐述了企业的价值实现。有效的企业目的反映了人们在组织中从事工作的理想动力，它抓住的是企业的灵魂。比如日本最大的玩具公司——万代玩具公司，把“我们公司存在的目的就是要实现全世界小孩的梦想”作为公司永远的追求。

B 未来远景目标

未来远景目标是企业在未来一定时期内的长期目标的设定和憧憬，是企业期望的状态，面对未来愿望的具体表述，它回答“企业将成为什么样的企业”，是企业未来一定时期价值创造的具体期望。比如微软公司提出“计算机进入家庭，放在每一张桌子上，使用微软的软件”，它包括企业未来10~30年想要实现的宏伟目标以及对目标实现之后的样子的鲜活描述，其“样子”主要是通过企业对社会，也包括对具体的经济领域的影响力、贡献力、在市场或行业中的排位，如世界500强，与诸如客户、股东、员工、环境等一些企业关联群体之间的经济关系来表述。

2.1.1.3 企业愿景的作用

明确、恰当的企业愿景是建立高效战略关系不可或缺的因素。如果管理者没有前瞻性的企业发展观念，那么他就称不上是一位称职的领导者，更不是一位合格的战略制定者。企业愿景就是帮助企业高层管理者审视企业发展方向，以解答问题的方式明确企业发展方针。一个经过精心构思、恰当表述的企业愿景有以下重要作用。

A 凝聚（solidify）

美好的愿景有着简单率直的清晰理念，能够激发人们发自内心的感召力量，激发人们强大的凝聚力和向心力，促使企业员工聚集在一起。同时，愿景中体现的企业发展共同目标，以及凝结在愿景中的企业经营理念和核心价值观，可以指导企业的战略实践，协调企业内存在的共享性资源和价值链活动，使企业的整个流程能更好地连接，加强经营运作的协同性。

B 导向（orientation）

现在企业面临的环境越来越动荡，不确定性急剧增加，经营企业变得更加困难，模糊、混沌、迷茫甚至成了为数不少的企业刻画经营状况和境遇的常用词。同时，随着经济全球化和网络化的深度展开，以及整个社会的转型和产业的升级换代，机会和诱惑又前所未有。不管是迷茫还是诱惑，都使得导向的作用突显出来。愿景作为企业为之奋斗的理想和目标，可为企业在反复无常、不断变化的市场从事经营活动指明方向，昭示未来。反之，若没有愿景则如同黑暗中看不到航标的轮船，只能随波逐流，危机重重。

C 激励（inspirit）

愿景是对未来乐观而又充满希望的表述，是对目标实现后美好景象的生动描述，是对企业未来可能的和人们所希望达到的状态、愿意看到的景象的一种设想。愿景能起到激励员工工作热情和团队协作的作用，使企业员工产生归属感、光荣感和自豪感，更加自觉地为实现企业愿景而努力工作。尤其是那些领先于企业发展现状却又不过分拔高的愿景，既给员工以挑战的刺激，又不会让员工感到难以企及而灰心丧气，从而在愿景的召唤下，始终保持高昂的热情，奋发有为，以期心想事成。企业的战略目标还可以激发员工建功立业的激情和梦想。

D　竞争（competitiveness）

一个好的愿景常常是独特的、别具一格的。原因是：如果一个企业努力在某件事上做到独一无二，或是在某个方面或某些领域成为最大、最优、最强或最好，这个企业将会非常成功。独特性是企业的立足之本。企业通过高瞻远瞩、深思熟虑，拥有一种占优的并异于竞争对手的愿景，就可以在竞争的起跑线上，就在定位和布局上胜对手一筹，进而可以顺势张扬企业的优势，利用对手的劣势，最终成就自身的胜势。愿景还有助于增强企业的文化力，增值企业的无形资产。

E　合作（cooperation）

一个清晰、持久、独特的愿景不仅具有传播价值，而且是一种强有力的将企业与其利益相关者和合作伙伴联系起来的载体，也是企业与外部利益集团进行交流的最好形式之一。它使外部利益集团能了解企业的发展，知晓企业对自己的设想和努力的方向，因而能以更实际和更恰当的方式配合企业的活动，通过合作与协同，实现双赢或多赢。同时，一个好愿景有利于提高企业的声誉，强化企业对顾客的吸引力，获得资源所有者的支持。

2.1.2　企业愿景的构建

2.1.2.1　企业愿景构建的原则

企业愿景的构建须遵循以下原则：

（1）提升性。企业愿景一定要体现企业存在价值的提升，反映将来的趋势而不是现在的情况，具有一定的时间跨度。

（2）综合性。基于未来的利益相关者的需求，愿景应该是共同的，必须获得企业员工以及其他利益相关者的广泛认同，并能激发他们为之竭尽全力的愿望。

（3）现实性。须经过努力可以达到的具有挑战性的愿景。

（4）独特性。要反映企业的个性，不具有一般性和普遍性。

（5）简明性。文字简明扼要、准确，并能激动人心。

2.1.2.2　企业愿景的设定

企业愿景设定的中心任务就是能够获得大家认可和支持，具体包括以下几项重点工作：

（1）建立愿景规划小组。企业愿景最好是在整合个人愿景的基础上形成。为保证愿景具有先进的创意和广泛的代表性，创建愿景最合适的规划小组组织形式是由具有代表性的6~10人组成。规划小组组建后将通过一个领悟力训练，分享并更好地理解他人心目中对组织将来形象和状态的想象和希望。小组应通过深度访谈、问卷调查、座谈会等多种形式，获得被利益相关者共同分享的对企业未来形象和状态的看法。

（2）确定愿景的核心要素。第一步，要求小组内每一个成员说出各自心目中组织的情形、状态是什么样的。把各自的观点看法压缩为简短的句子或者不严格的词组。第二步，要求小组的每个成员讨论他们各自的“愿景”。每个成员对自身以及对所在组织的抱负志向是什么，他们的期望是什么，本小组以及关于整个组织的具体目标、价值观和观念是什么。第三步，列出愿景的可能要素清单后，按照愿景本身的要求，规划小组成员通过头脑风暴法筛选、判断哪些要素对愿景来说是关键的，最后得出结论，形成核心要素。

（3）愿景检验。在提交的愿景获得认可之前，应该利用以下标准对被提议的愿景进行检验：

1）能否提升企业的存在价值。即企业愿景是否阐明企业本质的存在理由和信念，是否能提高社会福利，促进企业与社会环境的共生。

2）是否充分考虑利益相关者。一个鼓舞人心并能成功实现的愿景，应该反映相关利益者的观点，尊重和体现他们的利益，融合他们的力量，尽量减少内部员工之间以及企业和利益相关者之间的互斥与无谓消耗，让所有的努力产生最大协同效应。

3）是否整合个人愿景。企业愿景和员工个人愿景是否形成长期意义上的一致，是否给员工以鼓励，使他们敢于做一些事情，是否有利于员工自我价值的实现和个人能力的提升。

（4）测试愿景的可接受程度。愿景规划小组形成了认为理想的企业愿景后，就可以把它呈现给整个组织，并且和所有的利益相关者交流这个愿景。应与利益相关者进行正式和非正式的商讨，并与现实比较验证，以对愿景进一步完善和发展。在此基础上根据价值创造的预测，明确详细地检查组织行为和组织绩效，并可以选定一个或少数几个部门来测试愿景。测试时重点关注该部门员工对这个愿景的反应是否积极，如果存在抵制情绪，那么产生这种抵制情绪的原因是什么。

（5）在组织范围内外推广愿景。愿景通过测试后，应通过更高层次的论证核查，形成正式文本，在组织内外利益相关者中推广传播，从而在企业内外形成共鸣。要选取一种适合企业实际，且使目标群体感到兴奋并且被愿景吸引住的方式来推广愿景，这样才能在企业内外形成共鸣，激发奋斗热情。

2.1.3 企业愿景的独特性

企业愿景的独特性，主要有两个方面的含义。

2.1.3.1 与其他企业战略概念的区别

A 与企业使命的区别

企业愿景和企业使命都是对一个企业未来的发展方向和目标的构想和设想，都是对未来的展望、憧憬，也正是因为两者都是对未来的展望点，因此人们很容易理解为一个意思或一个概念，但两者存在差异：

（1）企业使命是在界定了企业愿景的基础上形成的，是把企业愿景中确定的企业未来将要承担的不同使命具体地进行定义，即具体表述企业在社会中的经济身份或角色，在社会领域里，企业是做什么的、分工是什么，在哪些经济领域里为社会做贡献。企业使命主要考虑的是对目标领域、特定客户或社会人在某些确定方面的供需关系的经济行为及行为效果。

（2）从企业愿景与企业使命的联系来看，企业使命只是企业愿景的一个方面，企业愿景包括企业使命，企业使命是企业愿景中具体说明企业经济活动和行为的理念，如果要分开来表述企业愿景和企业使命，企业愿景里就应不再表达企业经济行为的领域和目标，以免重复或矛盾。

B 与企业战略目标的区别

尽管企业愿景与战略目标都对企业未来期望获得的一种结果进行了描述，但两者存在差异：

（1）目的不同。企业愿景是为了使企业的每个利益相关者都了解“我们将成为什么”的前景，是对组织成员的一种承诺，使人们向往实现目标后的收益，能够让人们激情澎湃，鼓励成员，调动他们的积极性，让人们觉得有点不切合实际但又愿意为达到目标而奋斗，是让人觉得怀疑却又折服的目标。而战略目标只是明确告诉成员某一项战略决策在什么时间应达到什么样的结果，战略目标更多地带有指令性色彩。

（2）对企业成功与否的影响程度不同。企业愿景是根植于企业文化当中的一种理念，它能够唤起企业利益相关群体的希望，让大家将工作视为追求一项蕴涵在企业的产品或服务之中，比利润或其他经济指标更高的目标。如苹果的创始人制定的企业愿景是“希望电脑能让个人更具力量”，并将愿景根植于企业文化当中，最终使企业获得成功。

C 与企业口号的区别

企业口号是为了激发员工而设计出的富有鼓舞性的词语或句子，反映了企业对特定部门员工的专门性要求，通常很简短，如“质量就是生命”“安全第一”等。企业愿景与企业口号的设计目的、内容都不一样，愿景设计不仅仅是激励员工、展示语言魅力的实践活动，它是认真思考企业发展方向的实践活动。企业愿景包括对企业业务范围的选择，将企业引向获得成功的战略发展路径，并对这些选择做出承诺。

2.1.3.2 体现企业的独特性

一个成功的企业愿景，应该是独一无二的，能够显示企业的独特性，使其与其他企业区分开来。尽管追求股东价值最大化是绝大部分企业的最根本目标，但事实上，为了实现这一目标，企业选择的路径是不同的。成功的企业往往只做一件事，并把这件事情做得非常出色，企业愿景就是将这件事情概括表述出来。举例来说，如果你不可能成为全国最大的汽车分销商，你可以将“成为北京地区大众品牌汽车最好的经销商”作为自己的愿景，将自己与其他竞争对手区分开来。

企业愿景、使命和战略目标专栏1：

“科技向善”——腾讯新的愿景与使命

没有通稿与发布会，2019年5月5日凌晨，马化腾选择在朋友圈宣告腾讯最新的愿景与使命，只有四个字：“科技向善”。或许是怕单靠字面意思无法让大众理解其真实含义，马化腾特别转发了腾讯旗下“优图实验室”的一则案例：通过与腾讯合作，国内警方将优图研发的“跨年龄人脸识别”技术应用在打拐寻人行动中，寻回了10年前被拐的儿童“小浩子”。

第二天，马化腾在福州举行的数字中国建设峰会中宣布：我们希望“科技向善”成为未来腾讯愿景与使命的一部分，希望我们和业界一起来思考与探索，构建数字时代正确的价值理念、社会责任和行为规范，共建一个健康、包容、可信赖、可持续的智慧社会。

腾讯此前的愿景是：做最受尊敬的互联网企业。但腾讯曾多次以“科技向善”为名对外发声。2019 年 5 月 1 日迪拜召开的“AI Everything Summit”（“AI 万物”峰会）上，腾讯集团高级执行副总裁刘胜义谈到人工智能潜在的负面影响，并结合腾讯 AI 在寻人、医疗、农业等领域的落地案例提出：我们需要的不是“中立的科技（neutral technology）”，而是“科技向善（technology for good）”和我们所称的“AI 向善（responsible AI）”。随着马化腾、刘胜义等腾讯最高管理层成员的身体力行，“科技向善”成为腾讯在价值观层面的重要导向。

对于腾讯来说，践行“科技向善”绝非易事。作为腾讯支柱的游戏、广告业务正面临增长需求，在原本复杂的政府监管、用户体验与营收增长的三角关系中，如今又多了“科技向善”的指导标准，腾讯在发展过程中的“担子”又重了不少。以目前腾讯列举的“科技向善”落地方案来看，诸如与政府合作的 AI 寻人、AI 医学影像产品“腾讯觅影”，以及培育高产量 AI 黄瓜等项目，多属于腾讯 CSR（企业社会责任）的范畴，距离获得技术的商业化营收回报尚有距离。

谈及如何平衡“科技向善”与公司商业化运营的平衡点，刘胜义表示“勿以善小而不为，勿以恶小而为之。当你是小公司的时候，为了生存，很多标准你觉得可以不去遵循；但当你变成大公司，你永远会碰到更大的诱惑，如果你没有恒心，就会对商业产生更大的影响”。

（资料来源：根据网页资料整理而成。）

2.2 企业使命

无论是对于一个刚刚创立的企业，还是对一个已经确立起来的历史悠久的、有多种业务的企业来说，在制定企业战略之前首先应弄清企业应承担什么样的社会责任，是一个什么性质的企业，它应从事什么业务，总之要弄清什么是企业的使命，企业使命是企业战略目标的始点。

2.2.1 企业使命的含义和作用

2.2.1.1 企业使命的含义

企业使命，就是企业在社会进步和社会、经济发展中应当担当的角色和责任，它揭示了企业存在的根本理由。绝大多数的企业使命是高度抽象的。企业使命不是企业经营活动具体结果的表述，而是为企业提供一种原则、方向和哲学。过于明确的企业使命会限制企业功能和战略目标制定过程中的创造性。宽泛的企业使命会给企业管理者留有细节填补及战略调整的余地，从而使企业在适应内外环境变化中有更大的弹性。表 2-2 为狭义的和广义的企业使命定义的比较。

表 2-2 狭义的和广义的企业使命定义的比较

公 司	以产品为导向的定义	以市场需求为导向的定义
化妆品公司	我们生产化妆品	我们出售希望和美丽
复印机公司	我们生产复印机	我们帮助改进办公效率
化肥厂	我们出售化肥	我们帮助提高农业生产力
石油公司	我们出售石油	我们提供能源
电影厂	我们生产电影	我们经营娱乐
空调器厂	我们生产空调器	我们为家庭和工作地点提供舒适的气候

2.2.1.2 企业使命的作用

越来越多的企业将企业使命的陈述看成是企业经营成功的起点，甚至看成是企业战略的一个重要组成部分。企业使命可以不用文字表述出来，只为企业高层人员所掌握，但是一般来说，以文字形式表述出来的企业使命有以下作用：(1) 它能够明确地指明企业未来的发展方向，为有效分配和使用企业资源提供一个基本的行为框架，避免向某些严重偏离企业发展方向的领域进行投资，从而做到方向明确、力量集中。(2) 明确的企业使命，能使企业的相关利益主体都有机会了解企业的经营宗旨和方向，有利于协调它们之间的关系，使大家思想行动都统一到公司的宗旨和方向上来，形成整体力量。(3) 明确的企业使命还有助于界定企业的经营利益，从而为企业开展战略环境分析界定范围。(4) 明确的企业使命，是企业确定战略目标的前提和选择战略方案的依据。(5) 明确的企业使命有利于企业树立自身形象和顾客对企业的辨识。

2.2.2 企业使命的内容和构成要素

成功企业使命的表述，至少包括三个方面的内容或九个基本要素。

2.2.2.1 企业使命的内容

A 企业生存目的

美国著名管理学家德鲁克认为，企业存在的主要目的是创造顾客，只有顾客才能赋予企业存在的意义。在确定企业生存目的时，就应该说明企业要满足顾客的哪种需求，而不是说明企业要生产什么产品。

国际上一些著名的公司都是以市场需求为导向来确定企业使命的。比如美国电话电报公司将公司使命定义为“提供信息沟通工具和服务而不是生产电话”；埃克森公司的企业使命强调“提供能源而不是出售石油和天然气”；开利公司的企业目的是“创造舒适的家庭环境而不是生产空调器”；哥伦比亚电影公司则“旨在提供娱乐活动而不是经营电影业”。

B 企业经营哲学

企业经营哲学是对企业经营活动本质性认识的高度概括，是包括企业的基础价值观、一致认可的行为准则及共同信仰等在内的管理哲学。它主要通过企业对外界环境和内部环境的态度来体现，对外包括企业在处理一个顾客、社区政府等关系时的指导思想，对内包括企业在处理与员工、股东、债权人等关系时的基本观念。例如 IBM 公司的经营哲学是：

(1) 尊重每一个人；(2) 为顾客提供尽可能好的服务；(3) 寻求最优秀、最出色的成绩。对 IBM 公司的发展历史有所了解的人都一致认为，IBM 的这些经营哲学所起的作用，远远大于技术发明、市场营销技巧、财务管理能力等因素的影响。

C 企业形象

它是指企业以其产品和服务、经济效益和社会效益给社会公众和企业员工所留下的印象，或者说是社会公众和企业员工对企业整体的看法和评价。

良好的企业形象是吸引现在和将来顾客的重要因素，也是形成企业内部凝聚力的重要原因。因此，企业在设计自己的使命和指导方针时，应把社会信誉和形象置于首位。在塑造企业形象时，由于行业不同，影响企业形象的主要因素不同，因此还要特别注意根据企业所处的行业特征来展开形象工程。例如，在食品业，良好的企业形象在于“清洁卫生、安全、有信任感”；在精密仪器业，顾客可能对“可靠性、时代感、新产品开发研究能力”等方面的形象比较关注。

企业愿景、使命和战略目标专栏 2：

王老吉爱国形象带动销量

2008 年汶川地震发生后，中国人民众志成城，抗震救灾，社会各界都积极捐款、捐物支援灾区人民。在爱国热情高涨的敏感时期，2008 年 5 月，在由多个部委和央视联合举办的募捐晚会上，加多宝集团代表阳先生手持一张硕大的红色支票，以 1 亿元的捐款使加多宝集团成为国内单笔最高捐款企业，顿时成为人们关注的焦点。“希望他们能早日离苦得乐”，伴随着这句话，1 亿元的巨额捐款也让“王老吉”背后的生产商——广东加多宝集团“一夜成名”。王老吉也随之“火”了起来，超市临近收款台的位置总会堆上几箱王老吉，促销员在叫卖：“买箱王老吉吧”“喝王老吉吧，他们地震捐了 1 亿呢！”“买！”显而易见，地震灾害中加多宝集团慷慨捐助的行为“感动”了大批消费者，并快速形成口碑，而消费者的感动和支持也转化为了购买行为且具“传染性”。

“王老吉，你够狠。”网友称，“生产罐装王老吉的加多宝公司向地震灾区捐款 1 亿元，这是迄今国内民营企业单笔捐款的最高纪录”，为了“整治”这个嚣张的企业，“买光超市的王老吉！上一罐买一罐”成了在众多网友之间迅速传播的响亮口号。社会公益产生的口碑效应在网络上迅速蔓延，许多网友第一时间搜索加多宝的相关信息，加多宝网站随即被刷爆。不少网友跟帖称：“王老吉，你真棒，我支持你。”“要捐就捐 1 个亿，要喝就喝王老吉！”“中国人，只喝王老吉。”类似的用语在网络上迅速传播。捐款的第二天，以“网友集体‘封杀’王老吉”为标题的新闻出现在了各大网络媒体的首页位置。与此同时，网友们打开自己的 QQ，也会发现在 QQ 群里时不时地弹出类似这样的消息：“以后要喝就喝王老吉”“为灾区捐款 1 亿”“民营企业第一位”“这样的品牌不支持都不行”。

按照加多宝集团的统计，王老吉 2008 年销售额突破 100 亿元，恰恰是 2007 年销售额 50 亿元的翻番。国家统计局、中国行业企业信息发布中心在第 13 届全国市场销量领先品牌信息发布会宣布，2008 年中国消费品市场知名品牌竞争力增强，品牌集中度进一步提高，国产品牌仍在多个领域保持领先优势，其中，由加多宝集团生产的罐装“王老吉”

获得2008年度全国罐装饮料市场销量冠军，以无可争议的实力续写了中国饮料的销量奇迹。

（资料来源：http：//www. lao8. org/html/8/200852750. html.）

2.2.2.2 企业使命的基本要素

不同组织的使命表述在内容、篇幅和形式上各有千秋，但从构成要素来看，大体保持一致，可以归纳为以下9个要素：

（1）用户。公司的用户是谁？这是企业使命首先要表述的，弄清用户的要求才能满足用户的需求并为其创造价值。如华为公司的使命是“聚焦客户关注的挑战和压力，提供有竞争力的通信解决方案和服务，持续为客户创造最大价值”。

（2）产品或服务。公司主要产品或服务项目是什么？它将如何为社会带来价值？产品是企业生存目的的主要表现形式，也是形成企业活动类型的基本因素。购买相同产品的不同顾客，实际需要的是不同的价值。如微软公司“致力于提供使工作、学习、生活更加方便、丰富的个人电脑软件”。

（3）市场。公司在哪些地域参与竞争？应说明企业的产品满足哪些消费的需求，即企业的目标市场定位，它是企业生存的基础和前提，如麦肯锡公司提出的是“帮助杰出的公司和政府更为成功”。

（4）技术。公司的基本技术和优势是什么？是否能为社会创造和提供价值？企业的技术及其水平状况的定位，将反映企业提供的产品或服务的质量及企业价值创造水平的高低。如苹果电脑公司的使命是“提供大众强大的计算能力”。

（5）生存、发展与赢利。公司是否努力实现业务的增长和良好的财务状况，并为公司的利益相关者创造预期价值？如宝洁公司的使命是“我们生产和提供世界一流的产品，以美化消费者的生活作为回报，我们将获得领先的市场销售地位和不断增长的利润，从而令我们的员工、股东以及我们生活和工作所处的社会共同繁荣”。

（6）经营哲学。公司的基本价值观、信念和道德倾向是什么？如玫琳凯信奉“‘你要别人怎样对待你，你也要怎样对待别人’的黄金法则，更大力倡导‘信念第一；家庭第二；事业第三’的生活优先次序”。

（7）自我认知。主要解决企业认为“自己是一个什么样的企业”，明确本企业的突出特点和独到之处是什么，确定自己在行业和市场上的位置，从而与外部环境进行有机的协调，如中国移动通信公司的使命是“创无限通信世界，做信息社会栋梁”。

（8）公众形象。公司是否对社会、社区和环境负责？如惠普公司的使命是“为人类的幸福和发展做出技术贡献；我们对人充分信任与尊重，我们追求高标准的贡献，我们将始终如一的情操与我们的事业融为一体，我们通过团队，通过鼓励灵活与创新来实现共同的目标——我们致力于科技的发展是为了增进人类的福利”；以及迪士尼公司的“让世界更加欢乐”。

（9）员工。公司是否视员工为宝贵的资产？是否体现对员工的关心？微软中国有限公司的使命是“激发个人潜能，实现企业潜力”。

这九个方面是绝大多数企业所共同关注和重视的，也是企业经营中首先要解决的基本问题，是构成企业使命的基本要素。对上述要素，各个企业由于自身的特点以及所处的发展阶段不同在使命陈述时可以不全包括，但不管怎样，一般不会超出此范围。因此，在对企业使命陈述评价时，可以将是否包括这些因素作为评价“优劣”的重要指标之一。

2.2.3 企业使命的确定

2.2.3.1 决定企业使命的因素

在确定企业使命时，必须充分、全面地考虑到与企业有利害关系的各方面的要求和期望。这些利害关系者既可以是一些组织团体，也可能是个人，一般可分为两大类：一类是企业内部的要求者，即股东和雇员；另一类是企业外部的要求者，他们不属于企业内部人员，但将受到企业作为产品生产者和销售者所开展的一些活动的影响，通常包括顾客、供应商、政府、竞争者、当地社区和普通公众，如图 2-1 所示。

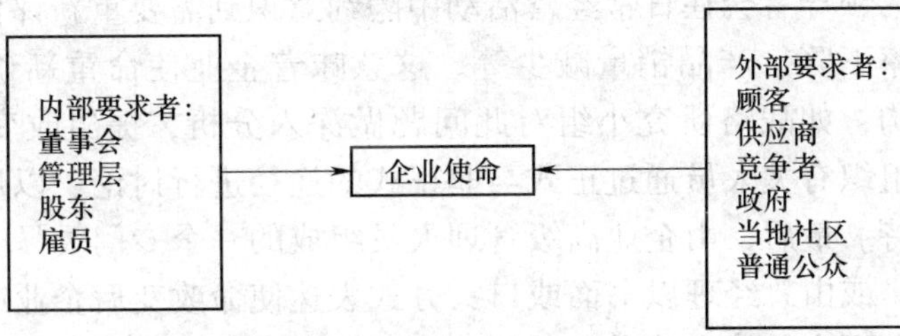

图 2-1　决定企业使命的因素

2.2.3.2 影响企业使命的因素

如前所述，企业使命是由企业利益相关者的要求和期望决定的，此外，确定企业使命时还应考虑以下几个影响因素：

（1）企业的历史。每个企业都有自己的历史，它记载着企业的辉煌业绩，也反映它的经验教训。现实和未来是相互连接的，不了解过去，就无法规划未来。

（2）企业领导的偏好。企业主要的领导人有着自己的人生观和价值观，对有些问题有其独特的偏好。这种偏好，对企业使命的确定有很大影响。

（3）外部环境要素。外部环境是企业生存和发展的基本条件。外部环境发生某些变化，企业使命也须做相应改变，特别是对这些变化可能带来的威胁和机遇，企业更要善于发现和及时做出反应。

（4）企业资源。这是企业实现其使命的物质基础。

（5）企业独有的能力。企业使命应尽可能反映它独有的能力，即其自身竞争优势，从而指导企业获取较高的市场地位。

2.2.3.3 一个好的企业使命应满足的条件

根据美国学者金尼斯（Ginnis）的研究，一个好的企业使命应具备以下条件：

（1）应该明确企业存在的目的；

（2）应该既宽泛以允许企业创造性地发展，同时又狭窄以限制企业进行一些冒险行为；

（3）应该使本企业区别于其他同类企业；

（4）应该作为评价企业现在和未来的活动的框架；

（5）应该清楚明白，易于为整个企业所理解。

2.2.3.4 企业使命的重定

一个企业的使命起初都是明确的或基本合适的，但过了一段时间以后应对企业使命进行分析，以决定它是否需要更改。因为企业的经营环境、市场地位、高级管理人员、所采用的技术、资源供给、政府政策法规和消费者需求等方面的变化，都会导致企业使命部分或全部过时。

企业使命需要变动的情况大致有三种：第一，随着企业的发展或某些新产品、新市场的开发，以前制定的使命变得不那么清楚了；第二，企业使命仍然清楚，但某些管理人员对于初始的使命和意图失去了兴趣；第三，使命虽然清楚，但由于新的外部环境和内部状况已经不适应了。当企业领导意识到企业处于上述几种情况时，就应及时地重新确立企业使命，发挥其使全体员工朝着共同目标奋进的激励作用。

通常，有经验的领导者会在日常经营活动中隐约意识到需要重新评价企业使命的某些信号，如市场占有率下降、产品销量减少等。这意味着企业使命重新确立即将开始。之后，企业的研究机构，如战略研究小组对此问题做深入分析，提出改变目前使命的必要性；而企业领导应组织有关人员通过正式与非正式的途径进行讨论，以形成大多数员工对变革使命的广泛支持。最后，由企业高级管理人员组成的一个专门委员会来阐明使命改变后可能出现的情况，或由总经理以书面或口头方式表达使命改变后企业所处的地位，使使命的要点更加清晰和更容易使人接受。

企业愿景、使命和战略目标专栏3：

美团点评：做使命驱动的社会企业

2017年10月完成新一轮融资后，美团点评估值达到300亿美元，位居全球未上市科技企业的第五名。同年，王兴宣布了美团点评的新使命："We help people eat better，live better"。

一、深入赋能现代服务业

"吃得更好，活得更好"这简单的八个字，牵涉几乎所有消费者的根本利益。随着中国消费升级，美团点评已经快速成长为中国乃至世界领先的"互联网+生活服务"企业。过去5年，以美团外卖为代表的网络订餐行业培育出了服务消费的新业态。相应地，也创造了众多新兴的就业岗位。

如今，美团点评在全国有50多万骑手，其中有15.6万人曾经是传统产业工人，4.6万人来自贫困县，两者相加所占比例已达全部骑手的41%。

与此同时，美团点评也致力于提升第三产业从业人员的素质和服务水平。自2016年开始，美团点评成立"互联网+大学"，向餐饮、酒店旅游、外卖、美容业等领域的服务者进行了超过500场培训，覆盖达到200个城市，培训人次超过5万人。

二、"黑科技"助力社会责任

与吃相关的每一个小问题，都可能引发巨大的蝴蝶效应。基于大数据、人工智能等技术创新，美团点评正致力于让人们吃的更放心、更安全。

2017 年，上海长宁区市场监管局和美团点评达成合作，开发出天眼系统——餐饮业质量安全市民评价大数据系统。通过美团点评收集平台上的海量评价，食药监局、公安局得以实时了解餐厅食品安全问题的变化，提升了监督效率。在此基础上，美团点评与食药监部门进行信息数据对接，建立入网经营商户的电子档案系统，确保商家经营行为有迹可循。

在城市的道路上，时常可以见到急着送餐的外卖配送员，一边盯着手机一边驾驶，增加了交通事故的隐患。为此美团点评开发出智能耳机，让配送员不用盯着手机屏幕，也可实时了解配送需求，进而提升交通安全。

随着外卖餐具的激增，美团点评开始着眼于行业的环保需求。2017 年 6 月底，美团外卖与中国烹饪协会、中华环境保护基金会、上百家餐饮品牌共同发起“绿色外卖行业公约”。在美团点评倡导下成立的外卖环保联盟、青山基金，也让更多消费者在享受外卖美味的同时，实现了环境保护的社会责任。

三、心态开放，合力促进行业升级

2012 年，美团在内部孵化出了猫眼，一举成为中国最大的在线票务平台。为了发展的需要，美团点评选择把猫眼独立出去，让光线传媒成为猫眼的股东，直接接轨上游资源。如今，猫眼不光卖票，在电影上游发行和投资制作方面也已经进入中国第一梯队。不但在票务方面成为第一，线上电影票市场份额突破 60%，并不断往电影产业上游深入。

美团点评成立龙珠资本的产业基金。除了美团点评自己的资金，还有广泛的外部投资股东和产业投资人的资金加注。目前，龙珠资本已经投了几个项目，并正在筹划将募资规模从 30 亿元提升到 50 亿元。

（资料来源：张越．美团点评：做使命驱动的社会企业［J］．中关村，2017，（12）．）

2.3 战略目标

愿景与使命的确立为企业明确了前进的基本方向，但是愿景与使命是比较笼统的，它也往往并不是在一个战略期内就可以完成的。因此，愿景与使命并没有明确在某一战略期内具体的行动目标，而战略目标就是要把愿景与使命在某一战略期的任务具体化，以便于执行和衡量。

2.3.1 战略目标的含义和作用

2.3.1.1 战略目标的含义

战略目标是战略所要实现的目标，是全局性的目标。它关系到企业发展各阶段和各方面的重大目标。

2.3.1.2 战略目标的作用

战略目标对企业至关重要，因为它确定了企业发展的方向，有助于业绩评估，促进了企业各部门之间的合作与协同，揭示了业务重点，并为有效地制定和实施战略提供基础。

具体来说，主要有以下四点：

第一，战略目标能够帮助实现企业外部环境、内部条件和企业目标三者之间的动态平衡，使企业获得长期、稳定和协调的发展。

第二，战略目标为具有不同价值观的管理者制定协调一致的决策提供了基础。通过在战略制定活动中使管理者对目标达成共识，使其成为企业成员的共同追求，企业可减少在目标实施过程中的潜在冲突。

第三，由于战略目标具有可衡量性和可分解性，是考核主管人员和员工工作绩效的客观标准，故能够为战略方案的制订和实施提供评价标准和考核依据。

第四，战略目标描绘了企业发展的远景，突出了企业的经营重点，并激励员工为实现企业任务而努力工作，对员工具有很大的激励作用。每一个员工都是具有明确目的的个体，他们有机会将自己的想法加入目标体系中，而不再只是做所分配的工作，遵循指导，等待决策。当员工真正参与到目标的制定过程中时，他们就会充满热情。

企业愿景、使命和战略目标专栏 4：

用友：软件+、企业互联网服务、互联网金融的战略跨界、融合发展

在“互联网+”时代，很多企业都意识和认识到企业需要转型升级，但如何转型升级，转型升级如何才能走得通，大多数企业对此还很迷茫。面对企业互联网化的需求，用友开始了全新的互联网化战略布局：从提供软件产品和解决方案向企业“互联网+”演进，进而实现软件互联网化，从软件到企业互联网服务，从软件跨界到互联网金融服务的战略布局，共同打造企业互联网商业生态。

一、软件互联网化

用友的软件互联网化体现在三个层面，即产品的互联网化、业务的互联网化和技术架构的互联网化。

产品的互联网化意味着用友所有的产品都将面向互联网化进行设计。这既包括用友新推出的电商通、共享服务、企业空间、工资+等各种全新的互联网产品和移动应用产品，也包括 NC、U8、U9 等产品融入互联网化设计。

业务的互联网化是指用友的业务运营采用互联网企业的运营模式。例如，变传统的 License 模式为订阅模式、托管模式；变传统的侧重渠道、直销等线下模式为以数字营销等为重点的线上线下营销结合模式；变传统的线下服务模式为线上线下服务融合模式等。

技术架构的互联网化意味着用友整体的技术架构将向互联网架构、移动互联网架构转变，从原来的多层架构转向“云+端”架构，从原来以 PC 为主转向以 PC、智能终端、物联网终端等多种终端并存的架构，从原来企业内部使用为主转向内外部融合、开放共享的社会化架构。

二、从软件到企业互联网服务

除软件互联网化，用友将自己的业务进行了战略拓展，延伸到以软件为核心企业互联网服务。这包括两个方面：一个是 SaaS 服务，另一个是企业互联网运营服务。

三、跨界到互联网金融

更进一步，用友还将自己的业务从卖软件跨界到互联网金融。用友跨界互联网金融主要分为三个方向。

第一，依托自己的企业软件进行互联网理财。用友成立了友金所公司，该公司定位于互联网理财平台，践行普惠金融，为投资客户提供高效、透明、便捷的互联网理财服务，打造综合性投融资服务平台。依托用友财务软件、ERP 等企业管理软件，在客户允许的情况下，用友能够更好地利用企业的经营数据，建立相关分析模型，从而更快更好地为企业提供金融服务。友金所目前小微企业主经营贷已成交 5.5 亿元，给 2510 个企业主做了贷款，户均大概 22 万元。

第二，将 P2P 服务融合嵌入到相关的企业应用软件，为企业员工实现互联网理财服务。例如，将 P2P 理财服务嵌入到人力资源管理软件中，企业员工可以直接在员工人力资源系统的工资界面，使用工资购买相应的理财产品服务。

第三，用友成立了畅捷支付，专门做第三方支付，并已拿到第三方支付牌照。

四、打造企业互联网生态

企业的互联网化是个复杂的系统工程，需要多方的参与。用友将依托自己的互联网企业软件、互联网运营服务和互联网金融服务，联系产业界的各方资源，共同打造和谐共享的企业互联网商业生态，并在此基础上创造大数据时代的数据生态，共建企业互联网的商业文明。

（资料来源：用友：软件+、企业互联网服务、互联网金融的跨界融合发展 [J]. 上海国资，2015（9）.）

2.3.2　战略目标内容和基本要求

2.3.2.1　战略目标的内容

战略目标是企业使命和功能的具体体现。企业的战略目标是多元化的，既包括经济性目标，也包括非经济性目标；既包括定量目标，也包括定性目标。企业在对其战略目标进行规划设计时，一般要考虑以下 10 个方面：

（1）盈利能力方面。一般用利润、投资收益率、每股平均收益、销售利润率等来表示。例如，5 年内税后投资收益率增加到 15%。

（2）市场方面。用市场占有率、销售额或销售量来表示。例如，4 年内微波炉的年销售量增加到 100 万台。

（3）生产率方面。用投入产出比率或单位产品成本来表示。例如，4 年内每个工人的日产量提高 10%。

（4）产品方面。用产品线或产品的销售额和盈利能力、开发新产品的完成期等来表示。例如，5 年后淘汰利润率最低的产品。

（5）资金方面。用资本构成、新增普通股、现金流量、流动资本、回收期等来表示。

例如，5年内流动资金增加到100万元。

（6）用生产积、固定费用或生产量来表示。例如，5年内浦东分厂的生产能力提高20%。

（7）研发方面。用花费的货币量或完成的项目来表示。例如，8年中陆续投资1亿元开发一种新型汽车。

（8）组织方面。用将实行的变革或将承担的项目来表示。例如，4年内建立一种分权制的组织机构。

（9）人力资源方面。用缺勤率、迟到率、人员流动率、培训人数或将实施的培训计划数来表示。例如，5年内以每人不超过8000元的费用对200名员工实行40小时的培训计划。

（10）社会责任方面。用活动的类型、服务天数或财政资助来表示。例如，5年内对希望工程的捐助增加200万元。

2.3.2.2 战略目标的基本要求

战略目标是企业制定发展战略的基本依据和出发点，表明了企业的行动纲领，提供了战略控制的评价标准。从总体上来说，战略目标的制定要根据企业使命要求，制定目标范围，说明需要在什么时间内、以怎样的代价、依次由什么人员完成哪些工作并取得怎样的结果。具体来说，有以下几大基本要求。

A 主题明确、体现结果

主题明确，即战略目标表述必须是明确、具体、不含糊，应避免使用含糊不清、华而不实的抽象语言与毫无意义的空话。例“成为本行业中最盈利的企业”“成为勇于进取的开拓者”等，就不具备主题明确的要求，可将其改为“×年内企业税后利润达到×万元”“×年内在××、××等领域利用现有优势研制成功××、××产品，并占领××行业市场”。

体现结果要求目标表明希望取得的结果，而不是活动过程本身。例“2006年追加12%的研发费用投入”就涉及的是活动而不是结果，因为增加研发费用投入的本身并不是目的。

B 抓住关键、形成体系

这涉及三方面的要求：一是战略目标要分层次，形成总目标与分目标、分目标与子目标等多层次的目标体系。总目标体现企业使命要求，分目标支撑总目标，子目标又支撑分目标，完整严密的目标体系甚至一直分解到员工个人的工作目标。且子目标与子目标之间、分目标与分目标之间应在体现上一层次目标的前提下相互关联，构建一个横向相互关联、纵向相互支撑的目标矩阵，这样形成的战略目标才能真正为企业战略提供指导和依据。二是战略目标要抓住关键的、影响战略成败的问题来设定目标，以免因小失大造成资源滥用甚至全局的失败。三是每项目标要有主要负责人（或部门），这是将目标落到实处的保证。

C 体现先进、切实可行

确定的战略目标要相对先进又要切实可行。这要求企业制定目标时，必须在全面分析企业各种资源条件、外部因素和主观努力可以达到的程度的基础上合理确定。既不要脱离实际仅凭主观愿望将目标定得过高，可望而不可即，造成企业资源浪费和员工积极性的挫伤；又不能不求进取将目标定得过低，无须努力就可轻易实现，造成错失市场机会并失去对员工的激励作用。正确的目标应该是在可实现的前提下，具有一定的挑战性，是员工经过努力后才能达到的目标。

D 具有可衡量性

所谓可衡量性，就是要求对目标值尽可能予以量化，使其能被准确衡量，否则会使目标的实现大打折扣。保证目标的可衡量性，要求目标具有数字特征和时间界定。例如，如果企业将生产目标表述为“尽可能多地生产合格产品，减少废品”，就不可衡量，如改为“到2000年实现产品10万件，废品率降至1%以内”，就具有可衡量性了。当然，也有许多目标是难以量化的，层次越高、时间跨度越长的目标量化难度越大，对这类目标可以用定性的方法确定，但要明确实现的时间、工作领域特点和要达到的准确程度。如“本企业要成为研发领域的先驱与行业的技术领先者”，就不符合要求，如果改为“在‘十一五’期间，企业将引进当时领先的机电设备和提高能源效率的新技术，并成为在全球范围内该领域的行业领先者”，则更具有衡量性了。

E 要有时间限定

战略目标是在一定时期内完成的，这本身就要求有时间限定，除总体时间要求之外，还要注意整个战略目标体系中的时间衔接性。其一，从目标的纵向来看，总目标的规定实现时间要求有关分目标必须在此时间之前的各相应时间内实现，以此往下推，形成密切衔接的时间链。其二，从目标的横向来看，为保证某一目标在规定时间内完成，其同层次或不同层次的各相关目标实现的时间应相互配套。这样形成一个科学的纵横配套的目标时间链网，以确保战略目标的实现。

F 作为战略目标的配套管理手段，要有考核指标与考核方法

从管理与控制的角度来说，没有考核的目标是虚设的。当然，作为战略目标本身不必一定要包含这部分内容，但在制定战略目标的同时，必须作为相应的配套管理手段一并考虑。

2.3.3 战略目标体系

企业制定的各项战略行动及其结果，是通过战略目标表述的。由于企业内不同利益团体的存在，目标之间不可避免地会出现冲突和矛盾。例如，企业生产部门的产量目标和销售部门的销量目标之间可能存在冲突；企业降低成本、增加利润的经济目标和依法纳税、保护环境的社会责任目标之间可能存在冲突等。因此，制定战略目标的有效方法是构造战略目标体系，使战略目标之间相互联合、相互制约，从而使战略目标体系整体优化，反映企业战略的整体要求。

2.3.3.1 企业战略目标的树形表示

企业战略目标的树形结构一般由企业总体战略目标和主要的职能目标组成。在企业愿景和企业使命定位的基础上制定企业总体战略目标，为保证总目标的实现，必须将其层层分解，规定保证性职能战略目标。也就是说，总战略目标是主目标，职能性战略目标是保证性的目标。如图2-2所示。

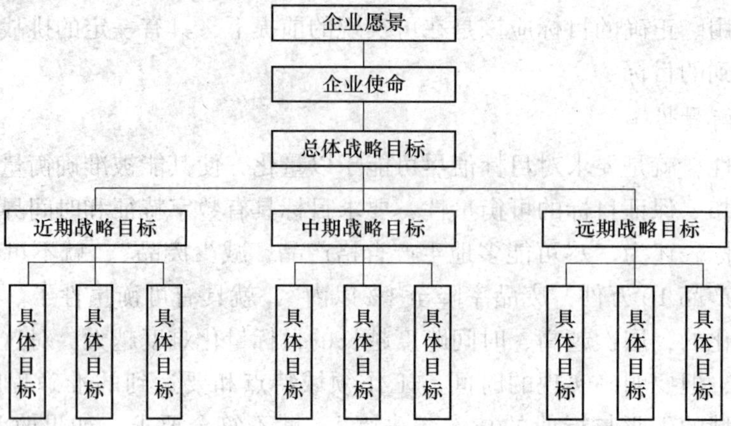

图 2-2 企业战略目标

2.3.3.2 战略目标的核心结构表示

在企业使命和企业功能定位的基础上，战略目标一般按四大内容展开：市场目标、盈利目标、创新目标和社会目标。并且每个目标又可按图 2-3 所示分解。

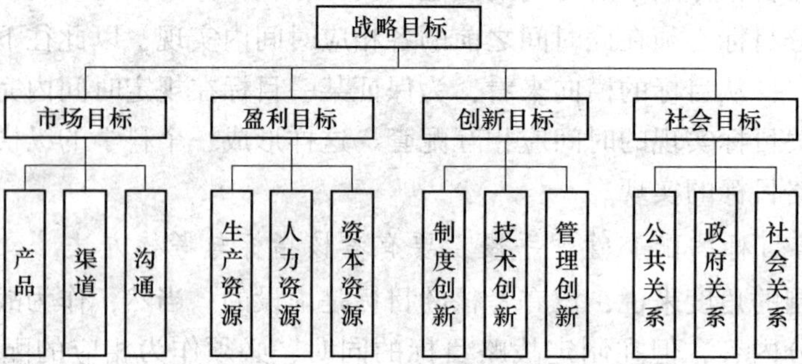

图 2-3 战略目标的核心结构表示

A 市场目标

企业在制定战略目标时，最重要的决策是企业在市场上的相对地位，因为一个企业的市场地位从侧面反映了该企业的竞争地位。企业预期达到的市场地位应该是最优的市场份额，这就要求对顾客、目标市场、产品或服务做好仔细分析。

（1）产品目标。包括产品组合、产品线、产品销量和销售额等。

（2）渠道目标。包括纵向渠道目标，即渠道的层次或级数，以及横向渠道目标，即同一级渠道成员的数量和质量目标。

（3）沟通目标。包括广告、营业推广等活动的预算及预期效果。

B 盈利目标

盈利既是对企业经营成果的检验，又是企业风险的报酬，也是企业乃至社会发展的资金来源。盈利目标的达成取决于企业的资源配置效率及利用效率，包括人力资源、生产资源、资本资源等的投入-产出目标。

（1）生产资源目标。通常情况下，企业通过改进投入与产出的关系就可以获得盈利；

一方面，提高每个投入单位的产量；另一方面，在单位产量不变的情况下，成本的降低也同样意味着利润的增加。

(2) 人力资源目标。人力资源素质的提高能使企业生产率得以提高，同时还能减少由于人员流动造成的成本开支。因此，企业的战略目标中应包括人力资源素质提高、建立良好的人际关系等目标。

(3) 资本资源目标。达成企业盈利目标同样还需要在资金的来源及其运用方面制定各种目标：一方面，确定合理的资本结构并尽量减少资本成本；另一方面，通过资金、资产的运作来获得利润。

C 创新目标

创新作为企业战略目标之一，是使企业获得生存和发展的生机和活力。每一个企业基本存在三种创新：技术创新、制度创新和管理创新。

(1) 制度创新目标。制度创新目标是对企业资源配置方式的改变与创新，目的是使企业适应不断变化的环境和市场。

(2) 技术创新目标。这一目标既包括原材料、能源、设备、产品等有形的创新目标，也包括工艺程序设计、操作方法改进等无形的创新目标。制定技术创新目标有助于推动企业引入或采取新的生产方式，从而增强企业的市场竞争力。

(3) 管理创新目标。管理创新涉及经营思路、组织结构、管理风格和手段、管理模式等多方面的内容。管理创新的主要目标是努力设计一套规则和程序以降低交易费用，这一目标的建立是企业不断发展的动力。

D 社会目标

企业的社会目标反映企业对社会的贡献程度，如环境保护、节约能源、参与社会活动、支持社会福利事业和地区建设活动等。企业的社会目标包括：

(1) 公众关系目标。这一目标的着眼点在于企业形象、企业文化的建设，通常以公众满意度和社会知名度作为保证、支持性目标。

(2) 社会责任目标。常常是指企业在处理和解决社会问题时应该或可能做些什么，如在对待环境保护、社区问题、公益事业时所扮演的角色和发挥作用的程度。

(3) 政府关系目标。企业作为纳税人支持着政府机构的运作；同时，政府对企业的制约和指导作用也是显而易见的。往往这一目标的达成可能为企业赢得无形的竞争优势。

企业愿景、使命和战略目标专栏 5：

海尔集团的战略发展目标

海尔集团是中国家电行业的领军企业。为更好地适应当前供给侧改革与发展的需要，海尔集团立足企业自身发展战略诉求，不断优化发展战略体系。

一、海尔集团发展战略内容

海尔集团从一个濒临倒闭的小企业，到今天的世界五百强企业，其在战略发展过程中，经历了一个不断摸索与实践过程。

（一）战略愿景

海尔集团在创立之初，就把企业做成行业的领军企业，为广大消费者提供物美价廉的家电产品作为企业的发展愿景。从这一愿景中可以看出，企业将满足消费者的商品诉求与需要放在第一位。经过数十年的沉淀与积累，海尔集团的发展战略愿景可以说得到了初步实现。

（二）战略目标

战略目标是企业发展战略的核心，只有建立在一定的战略发展目标基础上，企业的整个战略发展才会有的放矢，避免发展过程中诸多偏差与失误的存在。海尔集团的企业战略目标并不是要做到行业最大，而是要做到行业最强。在科研开发上、在产品质量上以及在售后服务品质层面上，海尔集团正在逐渐向行业最强的发展方向迈进。

（三）战略定位

海尔集团的发展战略定位就是聚焦国内，放眼全球市场。因此，从起初的单元化产品，到现在的多元产品。从起初的国内市场竞争，到整个国际市场竞争。海尔集团稳扎稳打，逐步实现了其在战略定位层面的多重突破。

二、海尔集团发展战略内容选择

在海尔集团整个发展战略运营与发展的过程中，其在发展战略内容的选择层面也经历了一系列优化与整合过程。其中就包括海尔集团实施的一体化、发展化以及交互引领的发展战略。

（一）一体化发展战略

海尔集团一体化发展战略是依整个市场发展诉求而制定的发展战略。这一战略主要体现在其在产品研发与系统管理等层面，主要应用在海尔集团发展的初期。在这一阶段，海尔集团主要集中科研开发在某一单款产品上。通过优势集中以及技术资源的密集投入让海尔冰箱在专利技术以及产品的综合性能等方面都达到了行业领先水平。经过一体化发展战略，海尔集团在整个家电行业中树立了良好的口碑。

（二）定制化发展战略

在顺利完成了一体化发展战略后，海尔集团逐步开始走向定制化发展道路。在保留原有家电优势的基础上，在液晶电视、洗衣机、电脑、微波炉等家用电器领域进行全面发展，逐渐形成了一极多元的发展格局。通过这种在发展层面的定制化布局，海尔集团产品积聚效应逐渐凸显，其所具有的综合竞争力水平也得到了很大的彰显与提升。

（三）交互引领战略

通过系统的引领，整个发展竞争力得到了最大层面的彰显。当前，海尔集团的发展战略已经聚焦在国际市场。一方面，海尔集团作为山东机电产品的出口大户，每年的机电产品出口创汇多达数千万美元；另一方面，为了进一步降低企业的制造成本，使得企业产品在海外市场竞争中拥有更大层面的价格优势，海尔集团已经在美国、南非等国家设立分厂，来满足海外市场对海尔家电产品的市场需求。

（资料来源：刘崇秀．海尔集团发展战略评价分析［J］．市场研究，2017（11）．）

2.3.4 战略目标的制定

2.3.4.1 企业战略目标的制定程序

战略目标是选择战略方案的依据，战略方案则是实现战略目标的手段。为了使战略目标与战略方案有机结合起来，企业在制定战略目标时必须遵循以下原则。

A 调查研究

在制定企业战略目标之前，必须进行全面的调查研究工作。将机会与威胁、长处与短处、企业与环境、自身与对手、需求与资源、现在与未来进行对比，弄清楚它们之间的关系，才能够为战略目标的确定奠定比较坚实的基础。在调查研究时一定要做到全面，同时又要突出重点。为确定战略而进行的调查研究要侧重于企业与外部环境的关系和对未来的研究和预测。除对企业自身的发展历史与现状进行说明外，最关键的还是要明确对企业未来具有决定意义的外部环境信息。

B 拟定目标

经过调查研究后，便可以着手拟定战略目标。拟定战略目标主要包括拟定目标方向和拟定目标水平。首先要在既定的经营领域内，依据对外部环境市场需求和内部条件的综合考量，确定目标发展方向，通过全面衡量企业现有的核心能力，对确定的战略发展方向所要达到的水平做出相应的界定，以便形成可供决策选择的目标方案。在拟定战略目标的过程中，企业应该注意充分发挥参谋智囊人员的作用，根据实际需要与可能，尽可能多地提出一些目标方案。

C 评价论证

战略目标拟定出来之后，就要组织多方面的专家和有关人员对提出的目标方案进行评价和论证，最终做出选择。

2.3.4.2 制定战略目标的方法

A 相关分析法

相关分析法是研究变量之间存在的非确定性的数量关系的方法。这一方法是确定企业战略目标变量和企业内外部环境因素各变量之间的关系常用的一种有效方法，可以分析各种环境因素对企业战略制定的影响。因果分析是相关分析的一种，主要是研究各变量之间存在的主从关系或因果关系，从而对变量的发展趋势做出判断，并在此基础上制定战略目标。简单的回归模型为：$y=ax_1+bx_2+cx_3+d$，式中，y 是因变量；x_1、x_2、x_3 为自变量；a、b、c、d 为常数，可根据最小二乘法求出。以某轻工公司为例，其所属材料厂的统计数据见表 2-3。

表 2-3 某轻工公司新增生产性固定资产与产量的增加值序列

新增生产性固定资产 x/万元	18	22	25	30	36	40	47	50
产量的增加值 y/万元	54	62	70	104	130	160	170	200

从表 2-3 中可以看出，企业产值与企业生产性固定资产直接相关，生产性固定资产投入越大，企业产值就越高；但不是完全成比例。如果对此表进行回归分析，可求得 $a=-36.82$，$b=4.63$，故回归直线方程为 $y=4.63x-36.82$；根据回归方程，在产值目标确定的

基础上，可以求得固定资产增加的目标。

当然，还可通过估计标准误差来衡量 y 的实际值和估计值离差的一般水平。

B 时间序列法

时间序列分析法是把过去和未来的某一目标值都看作是一个时间函数，这一序列是由互相配对的两个数列构成的，一个是反映时间顺序变化的数列，另一个是反映各个时间目标值变化的数列。将企业某一变量或指标的数值，按时间顺序排列成一个数值序列 x_1，x_2，…，就称为时间序列。时间序列的影响因素的作用特征可以概括为四种变动方式，即趋势变动、循环变动、季节变动和不规则变动。由于时间序列可能会具有不同特征，在进行企业预测时要采用不同的方法，常见的方法有移动平均法、指数平滑法、趋势外推预测法、Box-Jenkins 模型等。以某企业冰箱过去销售的时间序列为例，假设 2018 年销量为 1000 万台。

（1）销量的趋势变动是人口、资本构成和技术状况发展的结果。通过对销量的分析可以发现它是一条直线，假设每年增长 6%的销量，这样预计第 5 年的目标是 $1000\times(1+0.06)^5$。

（2）销量的循环变动是指经济活动波动的影响，这一波动带有某种周期性的特征，即估计第五年营业活动会繁荣，并且能够获得长期预测销量的 120%，因此第五年的销量可能是 $1000\times(1+0.06)^5\times120\%$。

（3）销量的季节变动是指一年中销售活动的固定形态，与天气状况、假期等有关。如果各月销量相等，则第五年每月销售为 $1000\times(1+0.06)^5\times120\%/12$，如果 12 月的季节指数为 0.90，因此第五年 12 月的销量可能为 $1000\times(1+0.06)^5\times120\%/12\times0.90$。

（4）不规则变动是指销售受到罢工、火灾、风暴、战乱等突发性事件的影响，这些事件是无法预测的。为了有利于观察销售行为，应该把它从过去数据中分离出去。假定本例中没有偶发事件，则第五年 12 月最理想的销售量是 $1000\times(1+0.06)^5\times120\%/12\times0.90$。

C 盈亏平衡分析法

这一方法是企业制定战略目标常用的一种有效方法，是根据产品的销售量、成本和利润三者之间的关系，分析各种方案对企业盈亏的影响，并从中选择出最佳的战略目标的方法。图 2-4 所示是盈亏分析图解。

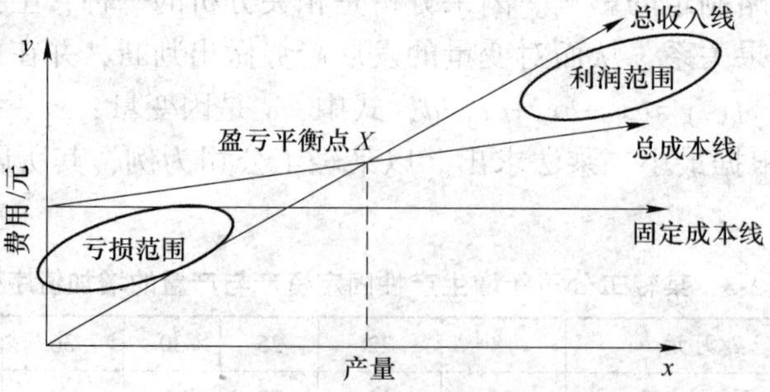

图 2-4 盈亏平衡图

图中，y 轴表示收入或费用（元）；x 轴表示产品数量，只要单位产品销售价格大于单位总成本，则总收入线必能与总成本线相交于某一点，相交点就是盈亏平衡点。从图 2-4 可以看出，当产品销量（或产量）低于盈亏平衡点 X 时，企业必然亏损；只有当产品销量（或产量）大于盈亏平衡点 X 时，企业才有盈利。

设 BEP 为盈亏平衡点，TFC 为总固定成本，P 为每件产品的价格，VC 为每件产品的变动成本，则

$$BEP = \frac{TFC}{P - VC}$$

例如，如果计划生产一种香水，每瓶香水的市场销售价格为 20 元，而生产每瓶香水的变动成本为 15 元，每年的固定成本为 400000 元，试问每年必须生产多少瓶香水才能达到盈亏平衡？

根据公式可以算出：$BEP = 80000$（瓶）。因此，要达到盈亏平衡的话，就必须生产销售 80000 瓶香水；如果香水价格上升为每瓶 25 元的话，则生产 40000 瓶就可以了。

D 决策矩阵法

决策矩阵法，是以矩阵为基础，分别计算出各备选方案在不同条件下可能出现的结果，然后按照客观概率的大小，计算出各备选方案的期望值，并进行比较，从中选择最优战略目标的方法。采用这一方法必须具备以下条件：

（1）要有明确的目标，如获取最大的利润；

（2）要有两个以上的备选方案；

（3）存在各种可能的状况，并且能估计各种状况发生的客观概率及可能的结果。

例如，某公司决定扩张进入一个新的地区市场。现在有三种方法可供选择：一是建立新的生产企业；二是购买并改建现有的企业；三是外包给其他厂家进行生产。假设由于一项主要销售合同的签约风险导致在新的市场上需求水平的不确定性为，如果能够顺利签约，需求很可能达到 20000 个单位；否则只有 10000 个单位的预期。另外，不同方案在不同的销售情况下，其销售价格也是不一样的，见表 2-4。同时还假设市场上出现较高需求的可能性为 0.3，较低需求的可能性为 0.7，则通过计算，可以计算出各种不同方案选择的加权平均成本，结果见表 2-5。通过计算与比较便可得知，外包方案的加权平均成本最低，因而是最优方案。

表 2-4 不同选择方案下销售水平及销售价格

年销售量	销售价格/元		
	建立新企业	购买及改建	外包
10000 单位	60	56	50
20000 单位	35	33	40

表 2-5 不同销售水平下的销售成本

年销售量	成本/元		
	建立新企业	购买及改建	外包
10000 单位	60×0. 7	56×0. 7	50×0. 7
20000 单位	35×0. 3	33×0. 3	40×0. 3
加权平均	52. 50	49. 10	47. 00

E 决策树法

决策树是一种图解方式，在分析复杂的问题时较为适用。决策树能够清楚、形象地显示各备选方案可能发生的事件以及带来的结果，使人们容易理解做出决策的推理过程。如果问题极其复杂，还可以借助计算机进行运算。决策树分析不仅可以帮助人们进行有条理的思考，而且有利于开展集体讨论，将认知统一化。

F 博弈论法

博弈论又称对策论，是运筹学的一个分支，最初是用在军事上，用来研究如何战胜对方的最佳策略，后来被企业单位广泛采用，通过用数学方法来研究有利害冲突的双方在竞争性的环境中如何找出并制定战胜自己对手的最优策略等问题。例如，美国的可口可乐公司想通过改变原来的饮料包装来提高饮料的销售价格，它就必须了解其他竞争对手是否也会采取相应的竞争战略。

G 模拟模型法

所谓模拟，就是模仿某一客观现象建立一个抽象的模型，并对模型进行分析试验，以观察并掌握客观现象运动、变化的规律，从而找出错综复杂问题的解决方案。通过给各模型输入不同的数据，并观察这些模拟的运转和可能产生的结果，可以制定合适的战略目标。模拟模型试验，特别是复杂的建模，往往需要专家顾问的帮助，也要有计算机的帮助。用计算机来进行模拟的基本步骤是：

（1）建立模型。这种模型往往不是简单的数字公式，而是用来描绘事件运行的逻辑步骤。

（2）把这些逻辑模型输入计算机，编成计算机模拟程序，这样既便于操作，又能大大提高效率。

（3）进行设计和实验。在模拟客观现实问题的各方案中选出较优的战略目标。

目前，美国许多大公司、企业都用模拟方法来判定战略方案和目标。一个战略模拟可能包括所有相关的环境因素以及内部成本结构、资源分配等因素对企业经营业绩的影响。也就是说，战略模型试图将本章介绍的各种不同的分析技术所涉及的因素纳入数量模拟模型加以分析研究，使战略目标的制定更完整、更系统化。

【章末案例】

阿里巴巴“互联网+”战略版图透视

以电商起家的阿里巴巴，在过去的十几年里，从 B2B 到 C2C 再到 B2C，构建了一个电商生态体系。互联网经济不断发展，阿里的视野和脚步早已超出电商生态体系。经历了 2014 年以来疯狂的资本布局，看似庞乱无序的阿里战略新蓝图已呈现出逐渐清晰的轮廓。梳理阿里的这一系列战略布局不难发现，一个全生态系统的“互联网+”帝国正在浮现。

一、打造文娱帝国

从 2014 年开始，阿里巴巴马不停蹄展开了在文化产业领域的一系列收购。2014 年 3 月，阿里巴巴投资收购文化中国，并更名为阿里影业，在影视版权、电影投融资、在线售票、数字音乐、数字出版领域烙下深深的阿里烙印。2014 年 4 月，马云联合史玉柱出资 65.36 亿元，认购华数传媒非公开发行股份 2.87 亿股，占发行完成后公司股份总数的 20%。2014 年 4 月底，阿里集团联合马云旗下的云峰基金，以 12.2 亿美元收购优酷土豆 18.5%股权。2015 年 3 月，阿里巴巴与光线传媒实现联姻，耗资 24 亿元买入光线传媒 9909 万股增发股，成为其第二大股东。2015 年 7 月，停牌中的电广传媒连发重磅公告，先是电广传媒与阿里巴巴签署《全面战略合作框架协议》，接着电广传媒旗下的湖南有线与天猫等签署商务合作协议，紧锣密鼓间彰显的是两大巨头对“客厅革命”前景的共识与追求，成为广电网和互联网深度融合的典型。

二、布局互联网医疗

2015 年 3 月 17 日阿里健康正式上线，此次阿里将眼光投向了传统医疗行业，其产品包括阿里健康云医院平台、阿里健康移动 APP 等。

2015 年 6 月，阿里云宣布正式推出医疗云。此后，阿里云和迪安诊断等众多国内一流的第三方检测机构合作，将患者的数据上传至云平台。通过数据的积累，不仅可以实现远程问诊，阿里还要将药店搬到网上，按需下单后可以选择快递上门，也可以到就近的药店自取。未来，整个诊疗过程，包括挂号、问诊、检查、开药、取药等各个环节均可在线上完成，形成“互联网+医疗”的线上诊疗情景和生态圈，最终它也必将无缝连接支付宝，融入支付宝构建的大的“互联网+”情景圈、生态圈。

三、拓荒体育经济

2014 年 6 月：阿里宣布与恒大足球俱乐部牵手，以 12 亿元人民币购买恒大足球俱乐部一半的股权。2015 年 5 月，阿里巴巴入股乐视体育，云锋基金持股 7.82%。

四、进军金融数据

2015 年 6 月，阿里巴巴和 SMG 联合宣布，阿里将斥资 12 亿元入股上海文广集团旗下第一财经，双方将在多个领域携手并进，目前双方合作的重点在支付宝理财上，可以说，随着支付宝向理财领域日益偏重，会不可避免地向证券市场的需求“蓝海”进发。

五、竞逐农村电商

对农村市场开发，阿里绝不仅限于商品下乡，还要重点发展涉农电商业务，让农产品进城。阿里巴巴的大数据显示，2014 年“双 11”农村淘宝交易额占总额的 1/10，成交额增长最快的城市均为 3~5 线的小城市，农产品将成为下一个电商增长的亮点。

除此之外，2014 年阿里巴巴还通过树立农村淘宝的标杆，打造“村淘”黄埔军校。“村淘”将从全国 70%的省份选出 5~10 个突出县域，树立为典型。目前，淘宝已成线上最大的农产品流通平台，“阿里”在农产品进城乃至整个农村电商方面推广，平台优势明显，阿里“农村淘宝”版图不断扩大。

六、驶向数据“蓝海”

2015 年 3 月，阿里宣布推出国内首个面向政府的大数据产品——阿里经济云图。通过这个产品，政府机构可查询当地多维度的电子商务经济大数据，数据覆盖全国 34 个省级行政区、300 多个地级市、2000 多个县级行政单位，可以细化到区县一级。通过分阶段推出的地方经济总览、全景分析、数据监测、知识服务等功能，可为政府决策提供有力的数据支撑。

阿里系蚂蚁金服旗下的芝麻信用已获得人民银行个人征信牌照批准筹备，未来将通过分析大量的网络交易及行为数据，如用户信用历史、行为偏好、履约能力、身份特质、人脉关系等信息，在对用户进行相应的信用评估，为授信服务及金融借贷等提供依据。

（资料来源：郭新华．阿里巴巴“互联网+”战略版图透视［J］．新闻传播，2015（10）．）

问题思考

2-1 企业愿景和使命都有哪些作用？

2-2 构成企业使命的各因素之间具有怎样的关系？

2-3 为什么在确定使命时需要考虑经营哲学？

2-4 企业董事会在战略管理上的作用表现在哪些方面？

2-5 存在哪些影响企业愿景的因素？

2-6 影响企业使命的因素与影响企业愿景的因素有什么不同？

2-7 试描述设立愿景和不设立愿景的企业在行为上可能存在的差别。

2-8 理解愿景、使命、目标之间的关系和差别。

2-9 对某一企业进行调查，为它设计企业使命和愿景。

3 外部环境分析：机会与威胁

战略就是资源分配问题。想要战略成功，就应该将优势资源分配给那些起决定作用的机会。

——Williiam Cohen

【学习要点】

（1）把握环境分析的主要内容；
（2）了解行业生命周期分析；
（3）掌握波特五力模型；
（4）理解关键成功因素对企业竞争行为的影响；
（5）领会利益相关者分析的主要内容；
（6）理解钻石模型；
（7）掌握 EFE 和 CPM 矩阵。

【开章案例】

顺丰上市后的竞争环境：基于波特五力模型

截至 2016 年 12 月 25 日，据国家邮政局网站数据显示，我国快递业务量突破 200 亿件大关，继续稳居世界第一。目前我国快递行业呈现出三足鼎立的局面。一是以中国邮政速递代表的国有快递企业，二是以“四通一达”为代表的民营快递企业，三是以 DHL 为代表的外资快递企业。2017 年 2 月，顺丰物流借壳上市，公司资本力量迅速提高，成为民营快递企业的龙头，顺丰速运能够在如此激烈的竞争中脱颖而出，值得我们思考和探究。

一、外部竞争（水平竞争）

1. 同业竞争者的竞争程度

根据官网数据显示，首重相同的情况下，“四通一达”省内价格为 8~9 元不等，省外平均价格为 14. 1~17. 3 元不等；而顺丰同城价格在 13 元，省外平均价格达 19. 7 元。在价格上，顺丰速运没有竞争优势。但顺丰速运利用技术优势在产品种类和服务方面，相继推出包括顺丰即日、顺丰次晨、顺丰次日、顺丰隔日、顺丰标快（港澳台）。另外，还有买卖保、代收货款、系统对接服务、包装服务、易碎保、安检报备等在内的 30 余类产品和增值服务，显示出顺丰速运自身的竞争能力。就运输基础设施而言，顺丰拥有自身的全货机机队，包括波音 767、757 在内的高端机型，机队规模保持逐年增长。至 2016 年 11 月，顺丰速运已拥有36架全货机。全货运机数量领跑国内货运航空公司。形成了其他快递企业无法抗衡的竞争优势。

2. 新进入者的威胁

但是想要自建物流需要有庞大的经济实力，就目前国内电商企业的经济实力而言，还很难有一家能够快速地实现自建物流。此外，2009年实施的新邮政法中相关规定导致的市场准入严格成为许多新进入者的阻碍；同时，外资快递公司不得经营国内信件业务也在新邮政法中列示，这也为外资快递行业入驻中国设置了壁垒。

3. 替代品威胁

"快递联盟网络"和部分企业自建配送中心是目前快递行业的两大替代品。"快递联盟网络"以2013年成立的阿里巴巴菜鸟网络为代表，菜鸟网络于2016年完成首轮融资，融资额超过百亿，更加接近了"打造开放型物流市场，全国任意地方24小时送达"的目标。强大的联盟实力构成了对顺丰的威胁，虽然顺丰也在联盟网络内，但是从近年来淘宝等电商平台的反映来看，与顺丰合作的商家逐年减少，这意味着，顺丰在联盟中并未能得到较多的利益。所以顺丰在上市后立即宣布退出菜鸟物流。企业自建配送中心以2012年取得快递许可的京东物流为代表，由于低廉的圈地成本和良好的正品信誉，京东物流得到了越来越多客户的好评。在较发达的地方，京东物流正一步步侵占顺丰的市场。

二、内部竞争（垂直竞争）

1. 供应商的议价能力

快递行业的供应商大致为包装袋生产商、运输商两者，在这两方面，顺丰与其他快递公司有很大的不同。顺丰包装袋全部由专业的供应商提供，包装袋使用特殊防水材料，文件封使用单独的防水运单包装，运输箱使用加厚纸板。由于顺丰用货量大，所以在与供应商的议价能力上有一定的优势。另外在运输商方面，由于顺丰速递从接到订单开始，到物品送达客户手中，一直由自己的运输设备运输，没有单独的运输供应商，从而在这一点上，顺丰的议价能力绝对强劲。

2. 购买者的议价能力

例如天猫、凡客诚品等电商平台，是快递行业的主要购买者，也是快递行业收入的主要来源，他们会根据快递的速度、服务、价格等方面来选择快递公司，特殊情况也会根据客户自己的需求做出选择。快递行业在发展过程中已经形成了一个梯度价格表，这一梯形价格表是根据日发货量制定的，再加上"四通一达"等快递公司的价格几乎一致，因此，在相当程度上，供应商的议价能力不会有多大区别。另外，根据消费者行为分析，绝大部分消费者在生活中会形成对某一商家的充分信任，因此，对于部分追求速度和服务的客户而言，他们会首选顺丰。从购买者议价能力分析，顺丰不打价格战，坚持在不断提高服务质量的基础上维持价格的动态稳定，拒绝讨价还价，做到让购买者相信一分价钱一分货的商业理念。

（资料来源：李方华，李金钟，华乙铃，李佳聪. 顺丰上市后竞争环境及发展战略的研究——基于波特五力模型［J］. 中国集体经济，2018（14）.）

企业的生存和发展受到外部环境的影响和制约，企业外部环境中的机会与威胁是决定企业战略的一个关键性因素。如果企业能够清晰地认识到这些机会和威胁，就有可能选择、实施一系列能给企业带来竞争优势的战略。因此，对企业所处的外部环境进行分析是战略管理中的一个重要环节。本章主要分析企业的外部环境要素，包括一般环境分析、产业环境分析、竞争环境分析、利益相关者分析、国家竞争优势分析以及外部环境评价技术。

3.1 一般环境分析

一般社会环境又称宏观环境，是企业各种间接影响因素的总称，宏观环境因素分析包括以下 4 个方面：（1）政治和法律环境（political environment）；（2）经济环境（economical environment）；（3）社会和文化环境（social & cultural environment）；（4）技术环境（technological environment）。

这 4 个因素的首字母组合起来是 PEST，所以一般环境分析又称为 PEST 分析。宏观环境与企业的关系如图 3-1 所示。

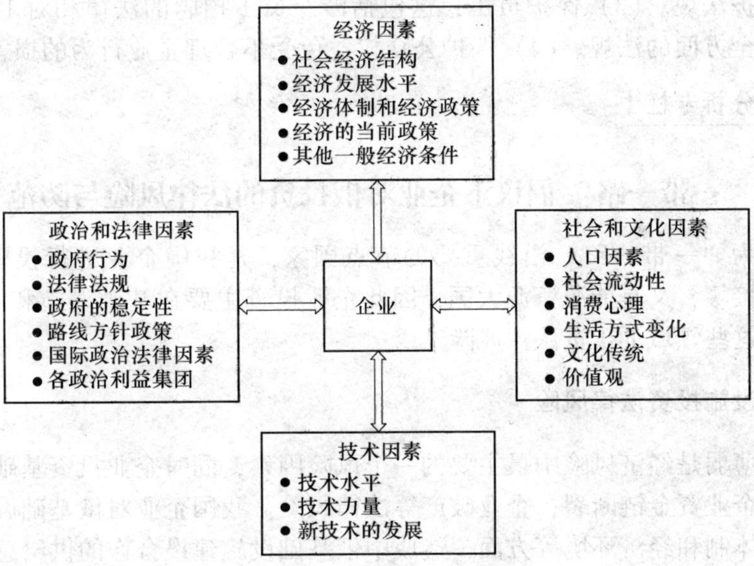

图 3-1 主要宏观环境因素

3.1.1 政治和法律环境

政治和法律环境要素是指一个国家或地区的政治制度、体制、方针政策、法律法规等方面的因素。这些因素常常制约、影响企业的经营行为，尤其是影响企业较长期的投资行为。政治环境引导着企业营销活动的方向，而法律环境则为企业规定经营活动的行为准则。

3.1.1.1 政治环境分析

政治环境分析一般包括以下 4 个方面：（1）企业所在地国家和地区的政局稳定状况。企业在进行国际化战略扩张时，特别是在对外贸易活动中，一定要考虑东道国政局变动和社会稳定情况可能造成的影响。（2）政府行为对企业的影响。作为供应者，政府拥有无法比拟的资源和国家储备等，它的偏好与决定极大地影响着一些企业的战略；作为购买者，政府很容易培育、维持、增强、消除许多市场机会，如政府购买。(3) 执政党推行的基本政策及其连续性和稳定性。例如，产业政策、税收政策、进出口限制、政府订货及补贴政策等。任何国家的政府都要通过这类基本政策来调整产业结构，引导投资方向和保护消费者、保护环境等，以此来表明政府在一段时间内鼓励做什么和不鼓励做什么。企业战略目标与方向必须顺应这种大方向，才能获得更好的发展。(4) 各政治利益集团对企业活动产生的影响。一方面，这些集团通过议员或代表来发挥自己的影响，政府的决策会去适应这些力量；另一方面，这些集团也可以对企业施加影响，例如诉诸法律、利用传播媒介等。

3.1.1.2　*法律环境分析*

法律环境是指与企业相关的社会法律系统及其运行状态。法律是政府管理企业的一种手段，政府主要是通过制定法律法规来间接影响企业的活动。这些法律法规有以下四大目的：(1) 保护企业，反对不正当竞争。法律既保护企业的正当利益，又监督和制约企业的行为。(2) 保护消费者，这包括许多涵盖商品包装、商标、食品卫生、广告及其他方面的消费者保护法规。(3) 保护员工，这包括涉及员工招聘的法律和对工作条件进行控制的健康与安全方面的法规。(4) 保护公众权益免受不合理企业行为的损害。

外部环境分析专栏 1：

“一带一路”倡议下企业对俄投资的法律风险与防范

俄罗斯作为“一带一路”沿线重要的节点国家，是我国企业进行投资的重要对象。俄罗斯与我国接壤，又是能源资源大国，因此企业投资主要在基础设施和能源投资方面。应重点关注在这些领域的投资法律风险。

一、基础设施投资法律风险

基础设施薄弱是经济风险中最主要的一个风险因素，同时企业投资基础设施资金不到位，也会引发企业资金链断裂，企业破产等法律风险。我国企业对俄基础设施的投资长期受制于投融资体制和经济环境等方面，造成中俄基础设施建设合作的供给总量跟不上经济社会的总体建设步伐，尤其是“一带一路”建设的需要。这其中最主要的原因，就是基础设施项目的建设资金不足，建设资金缺口问题成为制约基础设施发展的“瓶颈”，也成为企业投资失败、面临破产退出市场等的主要法律风险之一。

二、能源资源投资法律风险

首先，俄罗斯对海外投资企业环保能源投资规定了较高的投资标准。为确保能源产业的可持续发展，“俄罗斯联邦生态评估方法”（1959 年）自发布之日起已经修订了 30 多次，主要内容是不断完善环保标准，改进环保评估程序。俄罗斯有关法律规定，石油生产、经营有关天然气开采，需要按照许可证的规定确认符合俄罗斯环境技术规范，避免生产和经营活动造成的环境污染。其次，许可使用权已成为外商投资的重要法律风险区和主要博弈点。许可证标准的颁布和更新速度较快，并倾向于严格责任管理。例如，2007 年英国石油公司与俄罗斯合资的秋明 BP 公司的纠纷，根据《俄罗斯联邦地下资源法》13.1 条的规定，确定联邦土地资源采矿权的水平只能通过拍卖获得，而拍卖委员会设置使用权国家矿产资源，根据各地情况确定拍卖的程序和条件。英国石油公司未能达到其目标，被取消其在东西伯利亚开发的 Cvekta 气田的许可证，而导致交易受阻。最后，俄罗斯对进入其市场的企业进行严格管控。俄罗斯《国防和国家安全的战略性企业对外投资法》规定："为了保护俄罗斯联邦，国际组织和外国政府来控制俄罗斯的战略企业的投资机构，如超过 25%的表决权，直接或间接（除了企业的战略经营联邦矿产勘探和开采），或以其他方式获得否决权，或获得从事勘探和联邦水平超过 5%票的地下资源开采企业战略，依照法律规定的程序应事先批准的。"能源投资是俄罗斯战略性管控的重要方面，政府准入限制颇多。

三、战略投资审查风险

俄罗斯国家安全审查制度的基础法是《外国投资者对保障俄罗斯国防和国家安全具有战略意义的商业公司投资程序法》（简称《国家安全审查程序法》），该法于 2008 年颁布，在 2011 年进行了部分的修改，其对审查的程序、标准和目标对象都进行了十分详细的阐述。《国家安全审查程序法》规定，俄罗斯对于 40 多个行业进行战略性审查，进入这些行业的公司被限制为在俄罗斯联邦境内成立并且要至少从事国防军工领域、电信服务领域、出版领域、核领域、印刷领域、渔业领域、地球物理领域、传染病领域、航天领域、广播电视领域、航空领域、水文气象领域、自然垄断活动领域、矿产资源领域等 14 类 40 多项内容之一的公司。

（资料来源：刘天慧．"一带一路"战略下企业对俄投资法律风险与防范［J］．知与行，2017（8）．）

3.1.2　经济环境

经济环境是指影响企业生存和发展的社会经济状况及国家的经济政策。具体包括国家和地区的经济发展状况、国民经济结构、经济体制、经济政策和其他一般经济条件等要素。

（1）国际和地区的经济发展状况。指一个国家或地区经济发展的规模、速度和所达到的水平。反映一个国家经济发展水平的常用指标有国内生产总值（GDP）、人均 GDP 和经济增长速度等。

（2）国民经济结构。指国民经济中不同的经济成分、不同的产业部门及社会再生产各方面在组成国民经济整体时相互的适应性、量的比例以及排列关联的状况。社会经济结构一般包括产业结构、分配结构、交换结构、消费结构和技术结构等。

（3）经济体制。指国家经济组织的形式，它规定了国家与企业、企业与企业、企业与各经济部门之间的关系，并通过一定的管理手段和方法来调控或影响社会经济流动的范围、内容和方式等。

（4）经济政策。指国家、政党制定的一定时期内实现国家经济发展目标的战略与策略，它包括综合性的全国发展战略和产业政策、国民收入分配政策、价格政策、物资流通政策、金融货币政策、劳动工资政策、对外贸易政策等。

（5）其他一般经济条件。其他一般经济条件及其发展趋势对一个企业的成功也很重要。如工资水平、供应商及竞争对手的价格变化等经济因素，可能会影响行业内竞争的激烈程度，也可能会延长产品寿命、鼓励企业用自动化取代人工、促进外商投资或引入本土投资、使强劲的市场变弱或使安全的市场变得具有风险等。

3.1.3 社会和文化环境

社会文化环境是指社会道德观、价值观、人口变动趋势、文化传统、教育水平、社会生活方式变化等因素对企业的影响及其带来的机会和威胁。影响企业经营战略的社会文化因素主要有以下几个方面。

3.1.3.1 价值观

价值观是社会公众评价各种行为观念的标准，包括对物质利益的态度、对新生事物的态度、对企业经营风险的态度等。不同的国家和地区，其价值观是不同的。例如，西方国家的价值观的核心是个人能力和事业心，而东方国家的价值观的核心强调集体利益，注重企业内部关系的融洽、和谐。我国倡导富强、民主、文明、和谐，自由、平等、公正、法治，爱国、敬业、诚信、友善的社会主义核心价值观。

3.1.3.2 人口因素

人口因素包括人口总数、人口分布、人口密度、年龄构成、性别比例、教育水平、家庭状况、居住条件、民族结构等。大型企业通常会利用人口统计数据来进行客户定位，并用于研究应如何开发产品。人口因素对企业战略的制定具有重大影响。例如，人口总数直接影响着社会生产总规模；人口的地理分布影响着企业的厂址选择；人口的性别比例和年龄结构在一定程度上决定了社会的需求结构，进而影响社会供给结构和企业生产结构；人口的教育文化水平直接影响着企业的人力资源状况；家庭户数及其结构的变化与耐用消费品的需求和变化趋势密切相关，因而也就影响到耐用消费品的生产规模等。

3.1.3.3 文化传统

文化传统是一个国家或地区长期形成的道德、习惯、思维方式的总和，它强烈地影响着经济活动。不同的国家有不同的文化传统，即有不同的社会习俗和道德观念，从而会影响人们的消费方式和购买偏好。例如，中国的春节、西方的圣诞节就会给某些行业（贺卡、食品、玩具、服装等制造及零售业）带来商机。企业要通过分析当地的文化传统，把握商机。

3.1.3.4 社会生活方式变化

随着社会经济发展和对外交流程度的不断增强，人们的生活方式也会随之发生变化。人们对物质的需求会越来越高，对社交、自尊、求知、审美等精神需求也会越来越强烈。这将会给企业带来诸多新的机遇与挑战。

3.1.4 技术环境

技术环境可以从两个方面来划分，即一般技术环境和行业技术发展。一般技术环境大体上包括一个国家或地区的科技水平、科技投入、科技发展动向和科技体制及科技政策和科技立法。这些因素对企业的战略选择的影响是间接的。对企业战略有直接作用的是行业技术发展。技术环境对战略所产生的影响包括：

（1）技术进步使企业能对市场及客户进行更有效的分析。例如，使用数据库或自动化系统来获取数据，能够更加准确地进行分析。

（2）新技术的出现使社会对本行业产品和服务的需求增加，从而使企业可以扩大经营范围或开辟新的市场。

（3）技术进步可创造竞争优势。例如，技术进步可促使企业利用新的生产方法，在不增加成本的情况下，提供更优质和更高性能的产品和服务。

（4）技术进步可导致现有产品被淘汰，或大大缩短产品的生命周期。

（5）新技术的发展使企业可更多关注环境保护、企业的社会责任及可持续成长等问题。

3.2 产业环境分析

与一般环境相比，产业环境是企业面临的一个更为直接的环境因素。波特在《竞争战略》一书的开篇中指出："形成战略的实质就是将一个公司与其环境建立联系。尽管相关环境的范围广阔，包括社会的，也包括经济的力量，但公司环境的最关键部分就是公司投入竞争的一个或几个产业。产业结构强烈地影响着竞争规则的确立及潜在的可供公司选择的战略。"波特采用了一种关于产业的常用定义："一个产业是由一群生产相似替代品的公司组成的。"

产业环境在决定竞争原则和企业可能采取的战略等方面具有重要的影响。因此，产业环境分析是企业外部环境分析的一个重要方面。

3.2.1 行业生命周期

行业生命周期是指行业从产生至完全退出经济活动所经历的时间。行业生命周期主要包括四个发展阶段：导入期、成长期、成熟期、衰退期。图 3-2 所示为行业生命周期图。

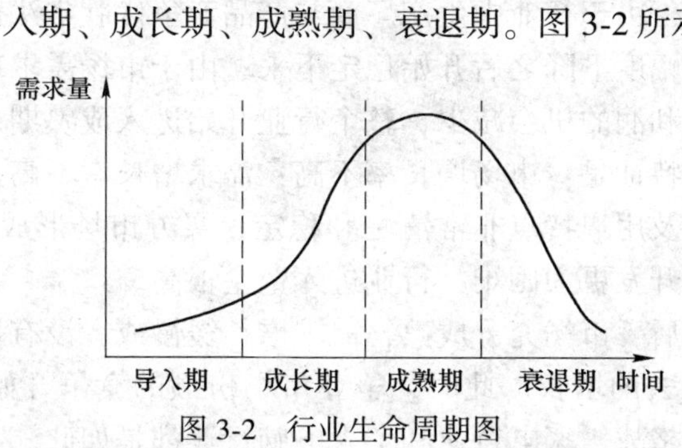

图 3-2 行业生命周期图

识别一个行业处于生命周期不同阶段的主要标志有市场增长率、需求增长率、产品品种、竞争者数量、进入或退出壁垒、技术变革、用户购买行为等。每一行业均有各自不同的生命周期，就是同一行业也会因其发展的不同而处于不同的阶段。在一个行业的生命周期的不同阶段，企业所面临的微观环境有较大差别，客观上要求企业必须制订相应的匹配战略。因此，在制订企业发展战略时，明确企业所处的生命周期阶段，是非常必要的。

3.2.1.1 第一阶段：导入期

行业处于导入期的特征有：市场增长率较高；需求增长较快；技术变动较大；行业中的企业主要致力于开辟新用户、占领市场，但此时技术上有很大的不确定性，在产品、市场、服务等策略上有很大的余地；对行业特点、行业竞争状况、用户特点等方面的信息掌握不多；企业进入壁垒较低。

在这一阶段，由于新行业刚刚诞生或初建不久，因而只有为数不多的创业公司投资于这个新兴的行业。由于在行业的初创阶段企业的创立投资和产品的研究、开发费用较高，大众对其尚缺乏了解而造成产品市场需求狭小，销售收入较低，因此这些创业企业在财务上可能不但没有盈利，反而普遍亏损。同时，较高的产品成本和价格与较小的市场需求还使这些创业公司面临很大的投资风险。另外，企业还可能面临因财务困难而引发破产的风险。因此，在导入期，企业的经营风险很高。

3.2.1.2 第二阶段：成长期

导入期后期，随着行业生产技术的提高、生产成本的降低和市场需求的扩大，新行业便逐步由高风险低收益的导入期转向高风险高收益的成长期。行业处于成长期的特征有：市场增长率很高，需求高速增长，技术渐趋成熟，行业特点、行业竞争状况及用户特点已比较明朗，企业进入壁垒提高，产品品种及竞争者增多。

在这一时期，拥有一定市场营销和财务力量的企业逐渐主导市场。这些企业往往是规模较大的企业，其资本结构比较稳定，因而它们开始定期支付股利并扩大经营。在成长阶段，新行业的产品经过广泛宣传和消费者的试用，逐渐以其自身的特点赢得了大众的欢迎或偏好，市场需求开始上升，新行业也随之繁荣起来。与市场需求变化相适应，供给方面相应地也出现了一系列的变化。由于市场前景良好，投资于新行业的厂商大量增加，产品也逐步从单一、低质、高价向多样、优质和低价方向发展，因而新行业出现了生产厂商和产品相互竞争的局面，产品生产成本不断下降，生产能力出现不足。

3.2.1.3 第三阶段：成熟期

在成长阶段的后期，由于行业中生产厂商与产品竞争优胜劣汰规律的作用，市场上生产厂商的数量在经过大幅度下降之后开始稳定下来。由于市场需求基本饱和，产品的销售增长率减慢，迅速赚取利润的机会减少，整个行业开始进入成熟期。

行业处于成熟期的特征是：市场增长率不高；需求增长率不高；技术上已经成熟，行业特点、行业竞争状况及用户特点非常清楚和稳定；买方市场形成；行业盈利能力下降；新产品和产品的新用途开发更为困难，行业进入壁垒很高。

行业进入成熟阶段后，市场充分成熟，需求增长缓慢或者没有增长，企业不能凭借现有的市场份额来实现过去的增长。此时，争夺市场份额的竞争开始了，这会导致价格下降。结果常常会发生价格战，家电行业和个人电脑行业都是如此。为了在激烈的市场竞争中存活下来，许多企业专注于成本最小化和建立品牌忠诚。例如，现在的很多家电行业都是通过良好的售后服务建立品牌忠诚，同时致力于改善成本结构（如规模效应）。进入成熟期后，产业中的企业已经建立了品牌忠诚，同时也致力于改善成本结构。

在行业成熟阶段，行业利润稳定但增长率不高，整体风险也会维持在一个较低的水平。但在某些情况下，整个行业的增长可能会完全停止，其产出甚至会下降。由于资本不再增长，致使行业很难较好地保持与国民生产总值同步增长，当国民生产总值减少时，行业甚至会蒙受更大的损失。值得着重指出的是，成熟阶段的行业有可能出现二次飞跃，重新进入快速成长期，前提是有新的重大技术突破使成本大大降低或者是开发出全新一代产品，重新产生巨大的市场需求。家电行业是典型的例子，已经进入成熟阶段的家电行业在数字技术的推动下，产生了向“信息家电”发展的新趋势，市场前景难以估量。

3.2.1.4 第四阶段：衰退期

行业处于衰退期的特征有：市场增长率下降；需求下降；销售和利润大幅下降，生产能力严重过剩；竞争激烈程度由于某些企业的退出而趋缓；企业可能面临难以预料的风险。

衰退期产品的客户大多很精明，对性价比要求很高。各企业的产品差别小，因此价格差异也会缩小。为降低成本，产品质量可能会出现问题。产能严重过剩，只有大批量生产并有自己销售渠道的企业才具有竞争力。有些竞争者先于产品退出市场。产品的价格、毛利都很低。只有到后期，多数企业退出后，价格才有望上扬。企业在衰退期的经营战略目标首先是防御，获取最后的现金流。战略途径是控制成本，以求能维持正的现金流量。如果缺乏成本控制的优势，就应采用退却战略，尽早退出。进入衰退期后，经营风险会进一步降低，主要的悬念是在什么时间节点产品将完全退出市场。

外部环境分析专栏 2：

煤炭行业生命周期

20 世纪 90 年代西方管理学认为，由于石油、天然气以及非化石能源的大量利用，煤炭行业一直被认为已经步入衰退期；而我国在过去的十几年，煤炭行业经历了从增量发展到存量优化，明显完成了从成长期向成熟期过渡的阶段，产生这种差异的原因在于西方发达国家和我国正经历不同的经济发展阶段。

一、发达国家煤炭行业的生命周期

西方发达国家已经步入后工业化时代，经济增长更多依赖于存量生产要素的整合和技术进步，一次能源消费增速较低，受限于环境和节能减排的约束，煤炭消费基本处于负增长状态，因而被认为进入衰退期。这一点从经济合作与发展组织（DECD）成员国煤炭消费的变化趋势可以得到确认，2007~2017 年 DECD 煤炭消费量由 1169.8 百万吨油当量下降至 893.4 百万吨油当量，下降 23.63%，其占一次能源消费比例从 21.02% 下降至 15.93%。

二、国内煤炭行业所处的生命周期

2002~2013 年，我国正处于工业化、城镇化的关键阶段，第二产业在国民经济中占有较大比重，受益于住房体制改革和加入 WTO 双重因素的影响，煤炭行业经历了前所未有的发展。煤炭消费量从 2002 年的 11.6 亿吨标准煤增长到 2013 年的 28 亿吨标准煤，年均增长 8.34%，此时煤炭行业无疑处于成长期。

2013 年以后，随着固定资产投资增速的逐年下降和节能减排技术的利用，一次能源消费增速逐年下降；而能源消费结构的调整，导致煤炭消费明显放缓，煤炭行业开始步入成熟期。当前，我国经济已经从高速发展迈向高质量发展阶段，着力于城乡经济统筹发展、区域经济均衡发展，经济增速放缓、节能减排约束、能源结构调整导致煤炭消费增速进一步降低，煤炭行业逐步进入成熟后期的稳态运行阶段。

《国家能源发展"十三五"规划》提出的目标是：一次能源消费年均增长2.0%。结合国家能源消费结构的调整，"十三五"时期前两年煤炭消费整体下降。如图3-3所示，煤炭行业在发达国家进入衰退期时，我国正从成长期进入成熟期，煤炭的产销将达到峰值，之后将逐渐下降，并转入衰退期，同时欠发达国家正处于导入期。

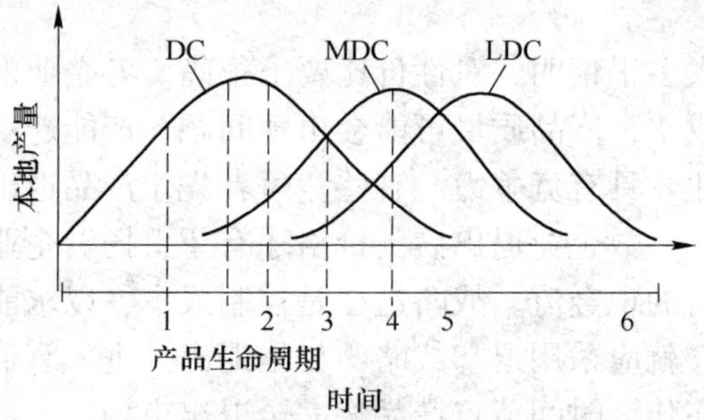

图3-3 不同经济发展阶段行业的生命周期

DC—发达国家；MDC—比较发达国家；LDC—欠发达国家

（资料来源：李相瑞．煤炭行业生命周期引发的思考［J］．内蒙古煤炭经济，2019（3）．）

3.2.2 产业五种竞争力

产业环境分析中的一个重要工作是分析产业环境中的竞争格局，找出机会和威胁。按照迈克尔·波特的观点，一个行业中的竞争，远不止在原有竞争对手中进行，而是存在五种基本的竞争力量，它们是潜在进入者的威胁、现有竞争者之间的竞争、替代品的替代威胁、买方讨价还价的能力以及供方讨价还价的能力，如图3-4所示。

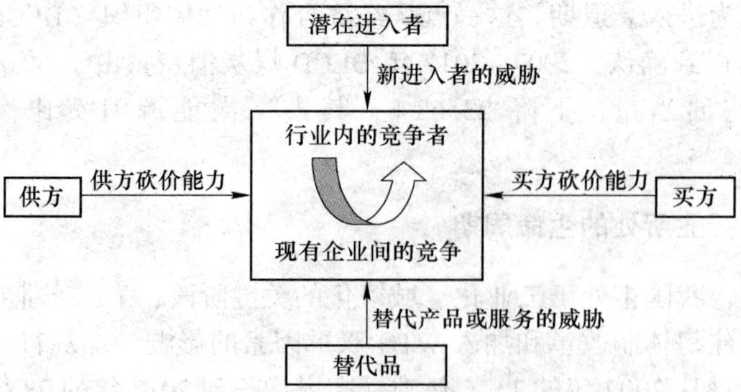

图3-4 波特五种竞争力模型

一般认为，这五种基本竞争力量的状况及其综合程度，决定着行业竞争的激烈程度，从而决定着行业中活力的最终潜力。波特指出，其中任何一种力量越强，则现有企业就越难以提价和赢利。在他的分析框架中，竞争力量强被视为威胁，因为它挤压利润；而竞争力量弱则被视为机会，因为公司可能获得更多的赢利。五种竞争力量的强弱可能会随时间和产业状况的变化而发生变化。管理者的任务是认清五种竞争力量的变化如何带来新的机会和威胁并作出适当的战略反应。

3.2.2.1 潜在进入者的进入威胁

如果一个行业的资本收益率超过其资本成本，那么，这个行业对行业外的公司来说就是一块磁石。而市场的新进入者往往会带来新的生产能力，期望获得市场份额，因此新进入者会对现存的企业构成威胁。潜在进入者威胁的严重程度取决于两个因素：进入壁垒和行业内现有企业预期的反应。

进入壁垒就是企业为进入某一个新行业所要克服的困难（或风险），高的进入壁垒会将潜在的竞争者挡在产业之外。阻碍新竞争者进入的主要壁垒形式包括规模经济、产品差异优势、资金需求、独立于规模的成本优势、顾客的转换成本、分销渠道和政府的政策保护等。企业竞争策略的构建总是围绕着构建进入壁垒（对于产业内的企业）和克服进入壁垒（对于新进入者）而展开。

（1）规模经济。规模经济是指在一定时期内，企业所生产的产品或劳务的绝对量增加时，其单位成本趋于下降。产品或服务的规模经济可以构成行业的进入障碍，迫使新加入者在考虑进入某行业时做出两种令人难以接受的选择：或者以大的生产规模进入该行业，并且冒着行业中现有企业强烈抵制的风险；或者以小的生产规模进入该行业，忍受着产品成本过高的劣势。因此，当现有企业拥有规模经济时可以减少进入的威胁。历史上，规模经济在世界钢铁产业中曾扮演了重要的进入壁垒角色。

（2）产品差异优势。当目前的竞争者拥有强大的品牌认知和顾客忠诚度时，差异化就会成为进入壁垒。产品的购买者往往忠诚于一定的既有品牌。如果一个既有品牌在物质或被感知的特性方面在消费者眼中是独一无二的，那么，新进入者必须要克服这一品牌忠诚度的影响。这些市场的新进入者必须花费重金，用于广告和促销，以获得与既有公司不相上下的品牌知名度。新进入者必须给予购买者更多的折扣或更好的质量或服务。这些都意味着新进入者的利润会比较低，从而增加了新进入者早期的风险。

（3）资金需求。资金也可以形成一种重要的进入障碍。在进入新的行业时，企业如果需要大量的投资，则会考虑是否进入或如何进入。特别是，对于资金密集型的行业来讲，企业如果筹不到足够的资金，便很难进入该行业。即使贸然进入，也要承担投资风险。

（4）独立于规模外的成本优势。对于新进入者，现有产业中的企业可能会拥有独立于规模经济的整体成本优势，从而可以获得超额利润。由于超越这些优势所付出的成本往往非常高昂，从而使现有企业可以免受潜在竞争者的进入威胁。这些成本优势可能来源于以下几个方面：专利产品技术、独占最优惠的资源、占据市场有利的位置、政府补贴、具有经验曲线以及政府的某些限制政策，等等。

（5）顾客的转换成本。它是指购买者从一个供应商的产品转换到另一个供应商的产品所支付的一次性成本。它包括重新训练业务人员、增加新设备、检测新资源的费用以及设备的再设计等。如果这些转换成本高，那么新进入者就必须为购买者在成本或服务上作出重大的改进，以便购买者可以接受。

（6）分销渠道。仅仅生产高质量的产品是不够的，新进入者还必须把产品通过分销渠道传递给顾客。但原有的分销渠道一般都是为已有的企业服务。新加入者必须通过让利、合作、等方式进入。为了克服这种进入障碍，企业必须开辟新的分销渠道，为自己的产品服务。

外部环境分析专栏3：

加多宝与王老吉渠道血拼　施压一线销售系统

2012年8月20日和31日，仅相隔10天，王老吉与加多宝的终端推广人员已先后在南昌和苏州发生了两起暴力冲突事件。在品牌更迭、旺季来临的背景下，这种冲突可能越发剑拔弩张。

从6月份王老吉进入的渠道来看，主要还是广药比较熟悉的医药渠道和超市渠道，而加多宝真正的核心渠道和核心市场，王老吉目前进入的还比较少，比如说餐饮渠道是加多宝的主要销售来源，王老吉未来要进入餐馆渠道将会面临很大的阻力。

另外，城市的餐饮渠道的运作都被大的经销商掌控着，这些大的经销商一般都在早期与加多宝建立了很好的合作关系，因此王老吉想进入大经销商体系，除非这些经销商与加多宝决裂，否则王老吉要想进入加多宝渠道，将付出非常昂贵的代价。这个代价对于新进入品牌来说将是巨大的。

再者，在经销商层面，从市场反馈和操作原则来看，加多宝和经销商的合作时间比较长，每个经销商和加多宝在感情上有很强的联系，毕竟凉茶市场是加多宝和它们自己做起来的，因此有共同的话语和情感纽带，另外，由于多年的品牌经营和合作，很多经销商和加多宝还有很多未尽的市场利益存在，如各种市场费用报销和处理，断然中止与加多宝合作，其代价比较高，而且会背上不好的名声，对于经销商来说存在名誉和利益的双重损失，因此很难迅速了断。

这种排他的渠道拦截，使得广药在推动王老吉凉茶的全国化发展时，面临很大的渠道压力，进入各个市场都将面临加多宝的抵抗。

（资料来源：李沛强主编；蒋洪印，李文娜副主编. 企业战略管理［M］. 上海：上海交通大学出版社，2015.）

（7）政府的政策保护。政府为了降低企业间的竞争激烈程度，或出于保护消费者利益和环境的要求，可能通过许可证或者政府补贴等多种方式对进入特定产业的企业进行控制。如在银行业、电信业、广播业等，进入市场要求获得公共权力机关颁发的执照；在知识密集型行业，专利、版权、商业机密是主要的进入障碍；在那些受到法律法规、环境和安全标准管制的行业，市场新进入者比起既有公司来说处于不利地位。

3.2.2.2　现有竞争者之间的竞争

竞争对手是产业内互相竞争市场份额的企业。企业竞争的表现可以是价格、广告和促销、售后服务和支持等。竞争激烈意味着价格下降、成本上升，这会导致整个产业利润下降。因此，现有企业间的竞争对产业的赢利能力构成威胁。在下列情况下，产业内现有企业间的竞争将会变得很激烈。

（1）产业中存在大量势均力敌的竞争者。由于产业中各企业的实力均衡，它们都具有支持竞争和进行强烈反击的资源，在这种情况该产业的竞争激烈程度往往较高。

（2）产业需求增长缓慢。产业需求的水平是现有企业间竞争强度的一项决定性因素。当产业需求增长较快时，新顾客的加入和老顾客的反复购买意味着市场范围的扩大，这有助于缓和竞争，形成较高的产业利润。相反，如果产业需求增长缓慢，有限的市场空间势必导致更加激烈的竞争，公司会不惜代价地争夺现有市场占有率。

（3）产能大幅增加。在一些固定成本很高的产业中，企业为了降低单位产品的固定成本，在规模经济的要求下不断扩大生产能力，最终必将打破行业供需平衡，造成产品的供过于求、产能过剩，从而迫使企业不断降价销售，强化现有竞争对手间的抗衡。

（4）企业产品的差异化程度较低。如果产业中企业产品的差异性较大，消费者会根据自己的偏好购买产品，企业间的竞争较为缓和；反之，无法实施产品差异化战略的企业，将被迫选择价格竞争，价格战是产品缺乏差异化的产业中常见的现象。

（5）产业内的转化成本低。产业内消费者的转换成本越低，竞争对手就越容易通过提供较低的价格和优质的服务来吸引消费者；相反，转换成本高，则可以在一定程度上保护企业，抵消竞争对手的压力。

（6）退出产业的障碍很大。退出障碍是阻止企业离开该产业的因素，包括经济的、战略的和情感的因素。如果产业的退出障碍很大，经营不佳的企业只能继续经营下去，这样会使现有企业间的竞争更加激烈。

3.2.2.3 替代品的替代威胁

一般来讲，一个产业的所有公司都在与生产替代产品的产业进行竞争。替代品是指来自其他企业或产业的能够满足顾客类似需求的产品。正是因为替代品具有相似的功能，所以替代品为产业内的产品设定了一个价格上限。除非此产业可以改进某产品的质量或其产品，与其他产品有差别，否则这个产业的利润和增长将受到限制。密切替代性产品的存在是一种强大的竞争性威胁，因为它限制了产业内产品的价格和盈利能力。当某种产品的价格高于替代品的价格时，客户会倾向于购买替代品。因此，管理者必须密切监控那些表明替代品在性能方面的改进或者价格降低的一些迹象。如果产业的产品几乎没有替代品，替代性产品的竞争力量较弱，则在其他条件不变的情况下，产业内的公司有更多的机会提高价格和赚取更多的利润。例如，正是因为微处理芯片没有密切替代品，像英特尔和 AMD 这样的企业才能保持较高的价格。替代品不仅在平时限制了某产业的利润，而且在产业高速发展时会带走更多利润。例如，由于能源价格上涨和寒冬的影响，玻璃纤维隔离材料生产者获得了巨大的商机，但此产业的涨价能力却被隔离材料的替代品限制住了，这些替代品包括纤维素、毛线、苯乙烯泡棉，它们联合起来形成了一股强大的力量进而限制了玻璃纤维隔离材料生产者的涨价能力。

3.2.2.4 买方讨价还价的能力

作为买方（顾客、用户）必然希望所购产品物美价廉、服务周到，且从产业现有企业之间的竞争中获利。因此，他们总是为压低价格，要求提高产品质量和服务水平而同该产业内的企业讨价还价，使得产业内的企业相互竞争，导致产业利润下降。

许多因素会提高买方在行业中的议价能力，从而提高公司在行业中的盈利性，这些因素包括以下方面。

（1）买方从卖方购买的产品占了卖方销售量的很大比例。

（2）买方所购买的产品对其生产经营来说不是很重要，而且该产品缺少唯一性，导致购买商不需要锁定一家供应商。

（3）转换其他供应商购买的成本较低。如果买方要改变供应商需要付出很高的转移成本，如更新设备或者可能失去供应商提供的相关服务，这样买方的讨价还价能力较低；相反，如果买方的转移成本很低，它就具有较高的讨价还价能力。

（4）买方所购买的产品或服务占其成本的比例较高，在这种情况下，买方更有可能进行谈判以获得最佳价格。

（5）买方所购买的产品或服务容易被替代，在市场上充满供货商的竞争者。如果买方购买的是标准化产品，它就有更大的自由度来选择对自己更有利的供应者，他们就能够在讨价还价中持强硬态度；如果买方购买的是差异性产品，在其他供应商处很难买到这种产品，这样供应者就会具有较高的讨价还价能力。

（6）买方后向一体化。若买方有采用后向一体化的倾向，宁愿自己生产而不去购买，会对销售者构成威胁，从而提高自己的议价能力。

（7）买方的采购人员具有高超的谈判技巧。

3.2.2.5　供方讨价还价的能力

供应商是指企业从事生产经营活动所需要的各种资源、配件等的供应单位。它们往往通过提高价格或降低质量及服务的手段，向产业链的下游企业施加压力，以此来榨取尽可能多的产业利润。供应商供应的产品的价格高低与质量高低，将对下游买方的盈利能力产生直接的影响。在买卖双方的关系中，供应商总是力图提高供应品的价格，尤其是在提高产品性能和质量时，更是导致价格的提高；而买方总是希望所购商品在不断提高质量的同时，还能够保持价格适度甚至下降。影响供应商讨价还价能力的因素主要包括：（1）供应商的集中度相对于买方的集中度高低。（2）产品的标准化程度。（3）买方的转移成本大小。（4）供应商进行前向一体化的能力。（5）供应商掌握的信息多少。

3.2.3　产业关键成功因素分析

关键成功因素分析法（key successful factors，KSF）是1970年由哈佛大学教授威廉（William Zani）提出的。一个产业的关键成功因素，是指影响产业中各个公司能否取得成功的关键因素，包括产品与服务属性、资源要求、竞争能力、特定战略等。它是产业内的公司取得成功的前提条件，但并不是充分条件。对以下三个问题的回答有助于找出产业的关键成功因素：

（1）顾客在各个竞争品牌之间进行选择的基础是什么？

（2）产业中的一个卖方厂商要取得竞争成功需要什么样的资源和竞争能力？

（3）产业中的一个卖方厂商获取持久的竞争优势必须采取什么样的措施？

关键成功因素会因产业不同而有所差异，而且即使是同一产业，也会因为产业状况的差异和竞争环境的变化而有所不同。对于某一特定产业而言，在某一特定的时候，产业关键成功因素一般为3~4个。作为公司领导者应该从诸多影响成功的因素里找出最为关键的因素，并且在日常管理中聚焦于这些因素。表3-1列出了几种最为常见的关键因素的清单。

表 3-1 常见的几种关键成功因素

与技术相关的关键成功因素： 科学研究技能（在制药产业、药品产业、空间探测以及其他一些高科技产业中尤为重要） 在产品生产工艺和过程中进行有创造性的改进的技术能力 产品革新能力 在既定技术上的专有技能 运用互联网发布信息、承接订单、送货或提供服务的能力
与制造相关的关键成功因素： 低成本生产效率（获得规模经济，取得经验曲线效应） 固定资产很高的利用率（在资本密集型/高固定成本的产业中尤为重要） 低成本的生产工厂定位 能够获得足够的娴熟劳动力 劳动生产率很高（对于劳动力成本很高的商品来说尤为重要） 成本低的产品设计和产品工程（降低制造成本） 能够灵活地生产一系列的模型和规格的产品照顾顾客的订单
与分销相关的关键成功因素： 强大的批发分销商和特约经销商网络（或者拥有通过互联网建立起来的电子化的分销能力） 能够在零售商的货架上获得充足的空间 拥有公司自己的分销渠道和网点 分销成本低 送货很快
与市场营销相关的关键成功因素： 广泛传播和良好形象的品牌 快速准确的技术支持 礼貌的、个性化的客户服务 顾客订单的准确满足（订单返回很少或者没有出现错误） 产品线和可供选择的产品很宽 商品推销技巧 有吸引力的款式和包装 顾客保修和保险（对于邮购零售、大批量购买以及新推出的产品来说尤为重要） 明智的广告策略
与专业技能相关的关键成功因素： 员工拥有卓越的才能（对于专业型的服务，如会计和投资银行，这一点尤为重要） 质量控制诀窍 设计方面的专有技能（在时装和服装产业尤为重要，对于低成本的制造也是一个关键的成功因素） 在某一项具体的技术上的专有技能 产品创新能力 能够使最近构想出来的产品快速地经过研究与开发阶段到达市场上的组织能力 卓越的信息系统（对于航空旅游业、汽车出租业、信用卡行业和住宿业来说是很重要的） 能够快速地对变化的市场环境做出反应（简捷的决策过程，将新产品推向市场的时间很短） 能够娴熟地运用互联网和电子商务的其他方面来做生意 拥有比较多的经验和诀窍
其他类型的关键成功因素： 在购买者中间拥有有利的公司形象声誉 总成本很低（不仅仅是在制造中） 便利的设施选址（对于很多的零售业务都很重要） 公司的职员在与所有顾客打交道的时候都很礼貌、态度和蔼可亲 很强的收支平衡和融资能力（对那些最新出现的有着高商业风险的新兴产业和资本密集型产业来说是很重要的） 专利保护

确定产业的关键成功因素是优先重要的。一个公司如果能够深刻地洞察产业的关键成功因素，就可以通过将公司的战略建立在产业的关键成功因素上，然后竭尽全力在这些因素的一个或者多个之上比竞争对手做得更好，以便获得持久的竞争优势。

3.3 竞争环境分析

作为产业环境分析的补充，竞争环境分析的重点集中在与企业直接竞争的每一个企业。竞争环境分析又包括两个方面：一是从个别企业视角去观察分析竞争对手的实力；二是从产业竞争结构视角观察分析企业所面对的竞争格局。

3.3.1 主要竞争对手分析

竞争对手是企业经营行为最直接的影响者和被影响者，这种直接的互动关系决定了竞争对手分析在外部环境分析中的重要性。分析竞争对手的目的是了解每个竞争对手的战略目标、可能采取的战略以及可能实施战略的方法；了解竞争对手所拥有的资源和能力；了解各竞争对手对其他公司的战略行动可能做出的反应，以及各竞争对手对可能发生的产业和环境的变化做出的反应等。

3.3.1.1 识别主要竞争对手

竞争对手主要是指目前或将来有可能与企业战略定位相同或类似的那些企业，即对企业自身战略能产生重大冲击或影响的竞争对手。因此，企业不仅要关注目前行业内的现有直接竞争者，还要密切关注来自行业之外的新的和潜在的进入者。要注意下列潜在的竞争对手：可以轻易克服进入壁垒的企业；进入本行业后可明显产生协同效应的企业；其战略的延伸必将导致加入本行业的企业；可能通过一体化进入行业的客户和供应商；可能通过并购而快速成长的企业。

对于主要的竞争对手，要进行有效的信息收集和分析活动。企业进行战略决策所需的信息中，绝大部分都可以从公开渠道获得。一些竞争信息的来源包括行业杂志、招聘广告、报纸、政府文件、行业资料、用户、供应商、分销商和竞争者本人。

3.3.1.2 主要竞争对手内容分析

对主要竞争对手的分析包括 4 个方面的主要内容，即主要竞争者的目标、战略假设、现行战略、资源和能力。如图 3-5 所示。

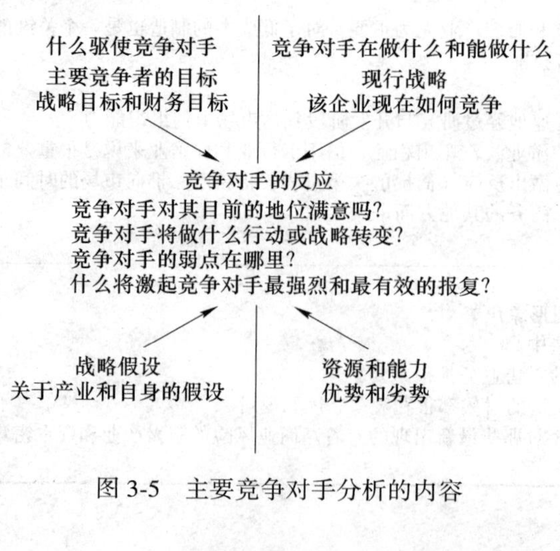

图 3-5 主要竞争对手分析的内容

外部环境分析专栏 4：

基于波特的竞争对手分析框架分析“众泰新能源”汽车

2015 年，比亚迪新能源汽车销量为 61722 辆，众泰新能源汽车销量为 24574 辆。比亚迪是插电式混合动力新能源汽车龙头，众泰是纯电动汽车细分市场老大。

一、竞争对手的假设分析

基于众泰汽车官网和媒体对众泰高管的新闻采访所获知的各种信息，可以看到众泰把自己定位于国内最早布局新能源汽车产业的企业之一，是国内纯电动车市场的领头羊。在一篇新闻中众泰汽车总经理苏金河还表示：众泰要做到第一，要实现直线超车。在未来它将大力发展智能汽车和新能源汽车，通过融合创新完善众泰 Tye-net 智控系统，争取在 3 年内打造出具有众泰特色的智能新型汽车。

二、竞争对手的目标分析

1. 官方网站分析

“众泰汽车将大力发展智能汽车和新能源汽车，通过融合创新完善众泰 Tye-net 智控系统，争取在 3 年内打造出具有众泰特色的智能新型汽车。2016 年众泰汽车的销量目标是突破 35 万辆，争取‘十三五’末销量突破 80 万辆。”从众泰的官网中，发现该公司新能源汽车产品的目标为：销量“增长”和做到国内同行业的“技术领先”。这意味着“众泰”在新能源汽车领域将以提高产品的销售量和扩大产品市场份额，保持科技创新和产品研发为首要任务和目标。

2. 人员招聘情况分析

在众泰汽车官网上 2017 年校园招聘职位类别为 4 类：研发类、技术类、IT 类和管理类。研发类和技术类岗位的学历要求是本科及研究生；IT 类和管理类岗位的学历要求是本科。研发类岗位所需的专业方向有车辆工程、机械设计制造及其自动化、热能与动力工程、工业工程等相关专业；未来的职业发展方向为底盘设计、车身设计、内外饰开发、动力、发动机、新能源等。技术类岗位所需的专业方向有车辆工程、机械设计制造及其自动化、热能与动力工程、电子信息工程、工业工程等相关专业；未来的职业发展方向为质量、工艺、设备、生产管理等。IT 类岗位所需的专业方向有计算机科学与技术、电子信息工程等；未来的职业发展方向为硬件、软件、电子工程师等。管理类岗位所需的专业方向有广告设计、财务管理、运营管理等相关专业；未来的职业发展方向为品牌、财务、采购、产品、项目管理等。

分析众泰汽车 2017 年的招聘简章，可以发现众泰现阶段最需要的人才仍然是技术研发类，说明公司最看重产品本身的技术，着力于自主研发生产；并且众泰汽车还设有专门的众泰汽车工程研究院，具备传统汽车、新能源汽车两大领域及发动机、变速箱、电机、电控等核心零部件设计开发能力。众泰汽车还建立了日本众泰研发中心株式会社和欧洲众泰造型中心，并与意大利宾尼法利纳等国际顶尖团队进行合作。

三、竞争对手的战略分析

从众泰的官方版战略宣言可以看出，众泰旨在塑造产品的质量，打造口碑产品，采取的战略应该是差异化和集中一点的战略，此时成本不是公司的首要战略目标，公司更多关注的是如何能够做到与众不同，并且以这种方式提供独特的价值，为顾客提供更多的选择，为市场提供了更多的创新。

四、竞争对手的能力分析

1. 设计和生产能力

众泰汽车在新能源领域进行研究创新，开发并产业化生产纯电动汽车，年生产能力达2万辆。目前已获得了电动汽车整体控制方法、电动汽车整车控制器、纯电动汽车用高压电器盒等80多项专利，并拥有电机驱动控制系统、整车控制策略等方面的核心技术，同时在整车控制器等核心零部件方面也实现了产业化。

2. 营销能力

集团先后获得“世界和平贡献奖”“中国低碳杰出贡献企业”“节能中国优秀示范单位奖”“中国优秀创新企业” “中国汽车节能环保成就大奖” “创新中国绿色先锋品牌”等。

近年来众泰汽车通过触电营销、公益营销、口碑营销、体验式营销、娱乐赛事营销等创新组合，走出了一条“口碑+体验式”的创新品牌营销之路，并在一系列的活动中得到了成功的验证。

通过对竞争对手上述四个方面的分析，可以看出众泰汽车将大力发展智能汽车和新能源汽车，着力于打造出具有众泰特色的智能新型汽车。众泰在新能源汽车领域雄心壮志，属于起步晚但进步很快的潜力者。遇到新形势，它会主动出击，是典型意义上的“攻击型”竞争对手。

（资料来源：丁川芮．新能源汽车比亚迪公司的国内竞争对手分析——基于波特的竞争对手分析框架［J］. 科技经济导刊，2018，26（4）.）

3.3.1.3 预测主要竞争对手下一步行动

在对以上4个方面的因素进行分析的基础上，应对各个竞争对手可能发动的战略行动和防御能力做出判断。

3.3.2 产业内的战略群组

竞争环境分析的另一个重要方面是要确定产业内所有主要竞争对手的战略诸方面的特征。波特用“战略群组”的划分来研究这些特征。一个战略群组是指某一个产业中在某一战略方面采用相同或相似战略，或具有相同战略特征的各公司组成的集团。一般来说，一个产业中仅有几个群组，它们采用完全不同的战略。

3.3.2.1 识别战略群组

根据企业基本战略或发展方向的异同，可以将行业内的企业划分成不同的群组，在同一群组内的企业的基本战略或发展方向都是相同与相似的。这种企业群组就是战略群组。

波特认为要确定战略群组，一般应通过分析两三组作为竞争基础的关键因素。这些考察的关键因素主要有产品或服务的多样化程度、销售渠道、地理覆盖程度、品牌数目、产品或服务的质量、技术领先程度、研究开发能力、成本地位、生产能力利用率、产品或服务的价格、所有制结构、组织规模等。这些因素中究竟哪些与某特定行业相关，需要根据该行业发展的历史及其发展现状、在现实环境中真正起作用的力量、企业的竞争活动等来辨别。

识别战略群组首先可以让企业识别直接的竞争威胁。由于在同一战略群组中的所有企业都遵循相近甚至相同的发展战略，用户常常将它们的产品或服务看成是可以互相直接替代的。因此，对于某一企业来说，其直接的竞争威胁来源于自己所属的战略群组。

另外，由于在不同的战略群组，波特竞争结构模型中的五种竞争力量存在较大的差异，如在汽车行业，规模小的厂家明显就缺乏大的生产厂家所具有的对供应商的讨价能力，因此，不同战略群组的竞争结构是不一样的，其中某些战略群组可能会比其他战略群组具有更大的获利能力和吸引力。这时企业就会面临究竟应该在哪一战略群组进行竞争的选择，或者说应该制定怎样的发展战略。如果其他的战略群组比企业现属战略群组更具发展前景，进入那些战略群组将是企业进行扩张的发展机会。但是，由于不同的战略群组之间存在移动壁垒，企业在行业内进行横向扩张时将会花费一定的成本代价。移动壁垒是指阻碍企业在行业不同战略群组之间移动的各种因素，包括企业进入其他战略群组的阻碍因素和退出现属战略群组的阻碍因素（如果企业在横向扩张的同时退出现属战略群组的话）。移动壁垒一般有固定资产的重新投入、用户对企业形象的现有认识的束缚等。

图 3-6 所示为 20 世纪 80 年代欧洲食品工业的战略群组图，该图用营销力度和地区覆盖两个战略特征将 4 个群体清楚地区分开来。A_1 是具有著名品牌、在全世界范围内进行经营的跨国公司；A_3是具有较强品牌和较高的营销能力的国内公司，比 A_1的范围要小得多；B_2在国内经营但通常不是市场领导者；C_3 在地区覆盖很小的范围内专门经营自己的低成本品牌。

3.3.2.2 分析战略群组

战略群组分析有助于企业了解相对于其他企业而言本企业的战略地位以及公司战略的变化可能引起的对竞争的影响。

（1）有助于很好地了解战略群组间的竞争状况，主动地发现近处和远处的竞争者，也可以很好地了解某一群体与其他群组间的不同。例如，从图 3-6（a）中可以看到，跨国公司 A_1 主要致力于营销（尤其是品牌的推广）及各国家之间生产资源的控制；而自有品牌的供应商 C_3特别注意保持低成本。

（2）有助于了解各战略群组之间的“移动障碍”。移动障碍即一个群组转向另一个群组的障碍。图 3-6（b）中列示了欧洲食品工业中企业在各群组间转移的各种障碍。进入 A_1 的市场阻力是很大的，在国内品牌不太知名、市场覆盖面较小的企业，很难保证其在国际市场中的地位，也很容易受到著名国际品牌和由规模经济导致的低价竞争的影响。

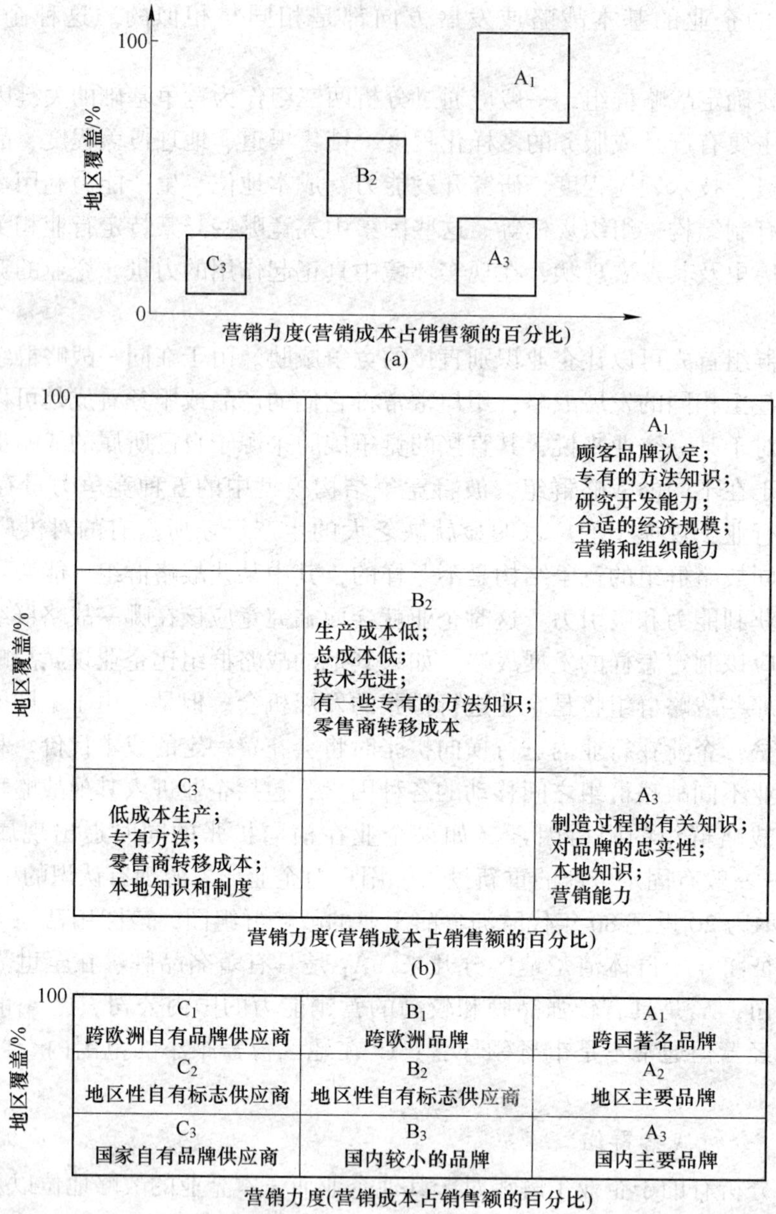

图 3-6　20 世纪 80 年代欧洲食品工业的战略群组图

（a）战略群组：20 世纪 80 年代的欧洲食品工业；（b）移动障碍汇总；（c）战略区间分析

（3）有助于了解战略群组内企业竞争的主要着眼点。同一战略群组内的企业虽然采用了相同的或类似的战略，但由于群体内各个企业的优势不同会形成各企业在实施战略的能力上的不同，因而导致实施同样战略而效果不同。战略群组分析可以帮助企业了解其所在战略群组的战略特征以及群组中其他竞争对手的战略实力，以选择本企业的竞争战略与战略开发方向。

（4）利用战略群组图还可以预测市场变化或发现战略机会。如图 3-6（c）显示，在欧洲食品产业中已存在着“空缺”，这些领域能为新战略或新的战略群体提供机会。当然，重要的是要了解这些领域所能提供的战略机会的可行性。如 B_1（著名的欧洲品牌）就很有吸引力，因为它能在跨市场中实现规模经济，难度也远远小于进入 A_1 群组。

3.4 利益相关者分析

利益相关者（stakeholders）是指能够影响企业的愿景和使命，同时受企业战略产出的影响，并对企业经营业绩拥有可实施的主张权的个人或群体，包括雇员、管理人员、股东、供应商、顾客及众多的社团等。

3.4.1 利益相关者对企业战略的影响

3.4.1.1 内部利益相关者对企业战略的影响

从理性的角度来说，企业的各利益相关方都认为企业战略的实施与实现将为个人的目标最大化提供基础，因此各个利益相关者都将从自身的目标出发，对企业战略的制定、执行等直接施加影响。董事会在企业战略管理中有着重要的地位和作用，被视为代表股东和其他利益相关者利益监督经理人员的有效机制。董事会在战略管理过程中的作用主要体现在两个方面：控制与服务。企业的管理决策层实际控制着企业战略的制定和实施。制定战略目标是战略管理的重要部分，而企业的管理决策层对企业制定战略目标有着决定性的权力，他们将根据不同的治理结构选择适合自己的战略方式。而企业内部的员工，更多的是作为战略执行者对战略进行产生相应的影响。企业激励机制（利益激励与目标约束）的核心是战略决策者提供给战略执行者的激励，从自身利益最大化角度出发。如果战略激励机制设计与安排合适，员工的努力方向将和企业战略方向相同；如果战略激励机制设计与安排不符合员工的需求，那么员工将对企业战略的执行产生不良的影响。

3.4.1.2 外部利益相关者对企业战略的影响

外部利益相关者不直接影响企业战略的制定和实施，往往是间接地影响企业战略。主要通过是否与企业合作、是否为其提供社会支持或政策支持等来影响企业的竞争状况（包括竞争环境、竞争优势和竞争标的），进而影响企业的战略。有利的竞争环境对企业战略的成功起辅助作用；拥有竞争优势使企业战略具有成功的基础；竞争标的的范围大小也影响着企业战略成功的可能性。外部利益相关者通过影响竞争环境来影响企业战略，通过影响企业的现有竞争状况、替代品的竞争状况和潜在竞争状况来影响其竞争环境。外部利益相关者通过影响企业的资金、原材料、知名度和人才等资源持有状况来影响企业的竞争优势。投资机构通过评价企业的战略活动来决定是否和企业合作，银行通过评价企业的战略活动来决定是否对其提供贷款；社区通过企业对本地区造成的社会影响、企业知名度来决定支持或者反对企业行为；政府对企业提供的政策，间接地增加或减少企业的资金资源，同时影响投资机构对企业的投资兴趣；供应商通过提供价格优惠性能优良的设备使企业能够生产出更好的产品，等等。外部利益相关者通过影响市场规模和获取资源的渠道来影响竞争标的。市场规模一般取决于消费者对产品的认知和购买能力。而外部利益相关者，如媒体，通过各种广告或者评论，使用户对产品企业逐渐知晓、认识、喜爱、偏爱、确信，从而解决用户对企业认知的瓶颈外部，利益相关者也可以通过各种支持行为对企业这些资源的来源渠道产生影响。

3.4.2 利益相关者的研究方法

由于利益相关团体所代表的利益不同，它们的期望必然有所不同。这就需要战略制定者了解和分析不同利益相关团体的期望，并根据它们的权力给出各自的权重。估计利益相关者期望的重要性是所有战略分析的重要组成部分，它必须在以下三个问题上做出判断：

（1）每个利益相关团体的期望对公司的重要性如何。

（2）他们是否有方法使公司重视其期望，这涉及利益相关团体的权力问题。

（3）利益相关者的期望对未来战略可能的影响。

下面具体介绍确定利益相关者的位置的两种方法：权力/动力矩阵和权力/利益矩阵。

3.4.2.1 权力/动力矩阵

图 3-7 所示为一个权力/动力矩阵，在这个矩阵上可以画出各利益相关者的位置。利用这种方法可以很好地评估和分析在新战略的发展过程中在哪儿应该引入“政治力量”。

权力	低	A 问题很少	B 不可预测，但可管理
	高	C 影响很大，但可预测	D 最大的危险或机会

图 3-7 权力/动力矩阵

（1）最难应付的团体是处于 D 区内的那些团体，因为它们可以很好地支持或阻碍新战略，但是它们的观点却很难预测。其隐含的意思非常明显：在已建立一个不可改变的地位前一定要找到一种方法，来测试这些利益相关者对新战略的态度。

（2）相反，在细分市场 C 内的利益相关者，可能会通过管理人员的参与过程来影响战略，这些管理人员同意他们的观点并建立那些代表他们期望的战略。

（3）虽然细分市场 A 和 B 内的利益相关者权力很小，但是这并不意味着它们不重要。事实上，这些利益相关者的积极支持本身会对权力更大的利益相关者的态度产生影响。

3.4.2.2 权力/利益矩阵

权力/利益矩阵的一个有价值的发展如图 3-8 所示，它根据利益相关者与其持有的权力的关系，以及从何种程度上表现出对组织战略的兴趣对其分类。这个矩阵指明了组织需要建立的与各利益相关者之间的关系的种类。

		利益水平 高	利益水平 低
权力	低	A 最小的努力	B 保持信息灵通
	高	C 保持满意	D 主要参与者

图 3-8 权力/利益矩阵

（1）显然，在制定和发展新战略的过程中，应重点考虑主要角色（细分市场 D）是否接收该战略。

（2）那些最困难的利益相关者经常是细分市场 C 内的利益相关者，虽然这些利益相关者总的来说是相对被动的，但要注意利益相关者影响战略的方式受特定事件的影响，即特定事件促使他们对战略产生影响。因此，全面考虑利益相关者对未来战略的可能的反应非常重要。如果低估了他们的利益，他们突然重新定位于细分市场 D 内并且阻止采用新战略，那么情况就会很糟。

（3）类似地，需要正确地对待细分市场B中利益相关者的需要——主要通过信息来满足。在影响更有权力的利益相关者的态度时，他们是非常重要的“联盟”。这种确定利益相关者位置的方法的价值，在于其能分析以下问题：政治、文化状况是否可能会阻止采纳特定的战略；谁可能会是变化的主要阻止者和推进者，为了重新确定特定的利益相关的位置，是否需要坚持备战。

（4）需要维持活动来阻止利益相关者对他们自己重新定位。这就意味着要保持与细分市场C有关的利益相关者的满意程度，减少与细分市场B中的利益相关者保持联系的程度。

3.5 国家竞争优势（钻石模型）分析

1990年波特在《国家竞争优势》一书中对能够加强国家在产业中的竞争优势的国家特征进行了分析。他给出了国家竞争优势的4个决定因素：（1）生产要素——包括人力资源、天然资源、知识资源、资本资源、基础设施。（2）需求条件——主要是本国市场的需求。（3）相关产业和支持产业的表现——这些产业和相关上游产业是否有国际竞争力。（4）企业战略、结构、竞争对手的表现。波特认为，这四个要素具有双向作用，形成钻石体系（图3-9）。在四大要素之外，还存在两大变数：政府与机会。机会是无法控制的，政府政策的影响是不可忽视的。

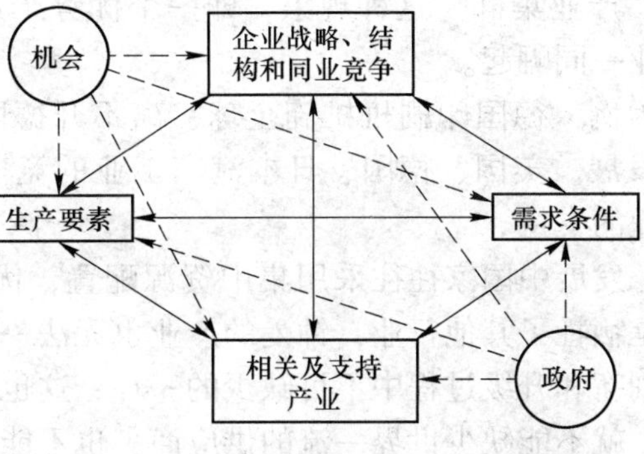

图3-9 用于国家竞争优势分析的钻石图

3.5.1 生产要素

波特将生产要素划分为初级生产要素和高级生产要素。初级生产要素是指天然资源、气候、地理位置、非技术工人、资金等，高级生产要素则是指现代通信、信息、交通等基础设施，以及受过高等教育的人力、研究机构等。

波特认为，初级生产要素重要性越来越低，因为对它的需求在减少，而且跨国公司可以通过全球的市场网络来取得（当然初级生产因素对农业和以天然产品为主的产业还是非常重要的）。高级生产要素对获得竞争优势具有不容置疑的重要性。高级生产要素需要先在人力和资本上大量和持续地投资，而作为培养高级生产要素的研究所和教育机构，本身就需要高级的人才。高等级生产要素很难从外部获得，必须自己来投资创造。

生产要素从另一个角度被分为一般生产要素和专业生产要素。高级专业人才、专业研究机构、专用的软、硬件设施等被归入专业生产要素。越是精致的产业越需要专业生产要素，而拥有专业生产要素的企业也会产生更加精致的竞争优势。

一个国家如果想通过生产要素建立起强大而又持久的产业优势，就必须发展高级生产要素和专业生产要素，这两类生产要素的可获得性与精致程度也决定了竞争优势的质量。如果国家把竞争优势建立在初级与一般生产要素的基础上，则通常是不稳定的。

3.5.2　国内需求市场

国内需求市场是产业发展的动力。国内市场与国际市场的不同之处在于企业可以及时发现国内市场的客户需求，这是国外竞争对手所不及的。因此波特认为全球性的竞争并没有减少国内市场的重要性。

波特指出，本地客户的本质非常重要，特别是内行而挑剔的客户。假如本地客户对产品、服务的要求或挑剔程度在国际上数一数二，就会激发出该国企业的竞争优势。这个道理很简单：如果能满足最难缠的顾客，其他客户的要求就不在话下。另外一个重要方面是预期性需求。如果本地的顾客需求领先于其他国家，这也可以成为本地企业的一种优势，因为先进的产品需要前卫的需求来支持。

3.5.3　相关和支持产业

对形成国家竞争优势而言，相关和支持性产业与优势产业是一种休戚与共的关系。波特的研究提醒人们注意“产业集群”这种现象，即一个优势产业不是单独存在的，它一定是同国内相关强势产业一同崛起。

以德国印刷机行业为例，德国印刷机雄霸全球，离不开德国造纸业、油墨业、制版业、机械制造业的强势发展。美国、德国、日本汽车工业的竞争优势也离不开钢铁、机械、化工、零部件等行业的支持。

有的经济学家指出，发展中国家往往采用集中资源配置，优先发展某一产业的政策，孤军深入的结果往往就是牺牲了其他行业，钟爱的产业也无法一枝独秀。

本国供应商是产业创新和升级过程中不可缺少的一环，这也是它最大的优点所在，因为产业要形成竞争优势，就不能缺少世界一流的供应商，也不能缺少上下游产业的密切合作关系。同时，有竞争力的本国产业通常会带动相关产业的竞争力。波特指出，即使下游产业不在国际上竞争，但只要上游供应商具有国际竞争优势，对整个产业的影响仍然是正面的。

3.5.4　企业战略、结构和同业竞争

波特指出，推进企业走向国际化竞争的动力很重要。这种动力可能来自国际需求的拉力，也可能来自本地竞争者的压力或市场的推力。创造与持续产业竞争优势的最大关联因素是国内市场强有力的竞争对手。

波特认为，这一点与许多传统的观念相矛盾，例如一般认为，国内竞争太激烈，资源会过度消耗，妨碍规模经济的建立；最佳的国内市场状态是有两到三家大企业，用规模经济和外商抗衡，并促进内部运作的效率化；还有的观点认为，国际型产业并不需要国内市

场的对手。波特指出，在其研究的10个国家中，强有力的国内竞争对手普遍存在于具有国际竞争力的产业中。在国际竞争中，成功的产业必然先经过国内市场的搏斗，迫使其进行改进和创新，海外市场则是竞争力的延伸。而在政府的保护和补贴下，放眼国内没有竞争对手的“超级明星企业”通常并不具有国际竞争能力。

3.5.5 机会

机会是可遇而不可求的，机会可以影响四大要素发生变化。波特指出，对企业发展而言，形成机会的可能情况大致有几种：基础科技的发明创造、传统技术出现断层、外因导致生产成本突然提高（如石油危机）、金融市场或汇率的重大变化、市场需求的剧增、政府的重大决策、战争。机会其实是双向的，它往往在新的竞争者获得优势的同时，使原有的竞争者优势丧失，只有能满足新需求的厂商才能有发展“机遇”。

3.5.6 政府

波特指出，从事产业竞争的是企业，而非政府，竞争优势的创造最终必然要反映到企业上。即使拥有最优秀的公务员，也无从决定应该发展哪项产业，以及如何达到最适当的竞争优势。政府能做的只是提供企业所需要的资源，创造产业发展的环境。

政府只有扮演好自己的角色，才能成为扩大钻石体系的力量，政府可以创造新的机会和压力，政府直接投入的应该是企业无法行动的领域，也就是外部成本，如发展基础设施、开放资本渠道、培养信息整合能力等。

从政府对四大要素的影响看，政府对需求的影响主要是政府采购，但是政府采购必须有严格的标准，扮演挑剔型的客户；采购程序要有利于竞争和创新。在形成产业集群方面，政府并不能无中生有，但是可以强化它。政府在产业发展中最重要的角色莫过于保证国内市场处于活泼的竞争状态，制定竞争规范，避免托拉斯状态。

3.6 外部环境评价技术

3.6.1 外部因素评价矩阵（EFE）

外部因素评价（external factor evaluation，EFE）矩阵是对企业外部环境进行分析常用的一种方法。它是由美国战略学家弗雷德·R·戴维在其《战略管理——概念与案例》一书中提出的。EFE矩阵可以帮助战略管理者总结和评价经济、社会、文化、人口、环境、政治、政府、法律、技术和竞争等方面的信息。建立EFE矩阵的五个步骤如下：

（1）外部分析时，列出影响企业和产业的15~20个主要外部因素，包括机会与威胁两方面。首先列举机会，然后再列出威胁，尽可能采用百分比、比率和对比性数字。

（2）根据各因素的重要程度赋予每个因素以权重数值，从0.00（不重要）到1.00（非常重要）。

权重意味着该因素对于企业在行业中取得成功的相对重要性。通常，机会的权重往往高于威胁，但当威胁因素特别严重时也可取得高权重。确定恰当权重的方法，包括对成功的竞争者和不成功的竞争者进行比较，以及通过集体讨论而达成共识。所有因素的权重之和必须等于1。

（3）对关键的外部因素进行评分，分值范围为1~4分。其中，4=很好，3=高于平均水平，2=为平均水平，1=很差。评分应反映企业战略的有效性，即该评分是以企业为基准的，而第二步中的权重是以行业为基准的。还有很重要的一点，就是威胁和机会都可以获得1分、2分、3分或4分。

（4）用每个因素的权重乘以其评分，即得到每个因素的加权分数。

（5）将所有因素的加权分数相加，可得到企业的加权总分。

无论EFE矩阵包含的因素有多少，一个企业总的加权分数最高为4.0，最低为1.0，总加权分数的平均值为2.5。总加权分数为4.0，表示现行公司战略对外部环境的机会与威胁做出了最出色的反应。也就是说，企业的战略有效利用了现有的机会并将外部威胁的潜在不利影响降至最小。而总加权分数为1.0，则表示公司的战略没有很好地利用外部机会或化解外部威胁。

表3-2为一家企业的外部因素评价矩阵的例子。表中的UST公司是一家生产无烟烟草的公司。请注意，克林顿政府被视为是影响该产业最重要的因素，权重为0.20。UST公司并没有采用可以有效利用这一机会的战略，如评分1.00所示。总加权分为2.10，表明UST公司在利用外部机会和回避外部威胁方面低于平均水平。

表3-2 UST公司外部因素评价矩阵

关键外部因素		权重	评分	加权分数
机会	（1）全球无烟烟草市场实际上还未被开发	0.15	1	0.15
	（2）禁烟活动导致的需求增加	0.05	3	0.15
	（3）无法估计的网上广告的增加	0.05	1	0.05
	（4）Pinkerton是折扣烟草市场的领先者	0.15	4	0.60
	（5）更大的社会禁烟压力使吸烟者转向替代品	0.10	3	0.30
威胁	（1）不利于烟草工业的立法	0.10	2	0.20
	（2）对烟草业的限产加剧了生产竞争	0.05	3	0.15
	（3）无烟烟草市场集中在美国东南部地区	0.05	2	0.10
	（4）粮食和药物管理局进行的不利于公司的媒体宣传	0.10	2	0.20
	（5）克林顿政府政策	0.20	1	0.20
总 计		1.00		2.10

3.6.2 竞争态势矩阵（CPM）

竞争态势矩阵（competitive profile matrix，CPM）主要用于确认企业的主要竞争对手及其相对于本企业战略定位的特殊优势和劣势。CPM中因素的权重和总体加权分数的含义与EFE矩阵中相同。但是，CPM中的关键成功因素既有内部因素也有外部因素。打分从优势到劣势进行，4=较大优势，3=较小优势，2=较小劣势，1=较大劣势。CPM的关键因素没有按照机会和威胁进行分组，因为这些在EFE矩阵中已得到体现。在CPM矩阵中，可以将竞争对手的评分和加权总分与企业自身的相应指标进行比较，这一比较分析为企业提供了重要的内部战略信息。

外部环境分析专栏 5：

CPM 矩阵的示例

表 3-3 给出了一个 CPM 的例子。此例中，要实现产业成功的最重要因素是广告和全球扩张，权重均为 0.2。注意，如果没有权重一栏，则默认每个因素都同等重要。设置权重可以使分析更为准确，可以使分析者为把握感知的或实际的重要程度而赋予因素较高或较低数值。表 3-3 中，企业 1 在“产品质量”上表现最佳，所以评为 4 分；而企业在“广告”方面实力最强。总体上，企业 1 最强，总分为 3.15。

表 3-3　一个 CPM 矩阵的示例

关键成功因素	权重	企业 1		企业 2		企业 3	
		评分	权重得分	评分	权重得分	评分	权重得分
广告	0.20	1	0.20	4	0.80	3	0.60
产品质量	0.10	4	0.40	3	0.30	2	0.20
价格竞争力	0.10	3	0.30	2	0.20	4	0.40
管理	0.10	4	0.40	2	0.20	3	0.30
财务状况	0.15	4	0.60	2	0.30	3	0.45
客户忠诚度	0.10	4	0.40	3	0.30	2	0.20
全球扩张	0.20	4	0.80	1	0.20	2	0.40
市场份额	0.05	1	0.05	4	0.20	3	0.15
总计	1.00		3.15		2.50		2.70

除例子中 CPM 所列出的关键要素，分析中还需考虑其他一些因素，如产品线的丰富程度、销售、配送效率、知识产权或专利、厂房选址、生产能力和效率、经验、劳资关系、技术优势和电子商务专业知识等。

此例中，不能仅仅因为一家企业在 CPM 中评分为 3.2 而另一家为 2.8，就判定第一家比第二家好 20%。数字只表明企业的相对优势，但其隐含的精度是一种假象，数字不是魔术。CPM 的目的不是获得一个数字，而是用比较有意义的方式对信息做出评价，为决策制定提供帮助。在 CPM 中应该避免任何一列有重复的分数。

其实，无论 CPM 矩阵还是 EFE 矩阵，都只是分析方法之一。思路、做法都不错，可以借鉴。用这些方法获得的数字也有一定参考价值，但不能认为一定准确。在分析过程中，因素的选择、权重的确定和评分等环节主观因素太多，很难做到真正反映实际情况。

【章末案例】

小米公司差异化战略的外部环境分析

小米公司，全称北京小米科技有限责任公司，是一家由前 Google、金山、微软等公司的顶尖高手组建的，专注于新一代智能手机软件开发与产品研发的公司。小米科技的成功很大一部分源自其战略的成功，特别是避开竞争对手厮杀的红海而采取的差异化战略。这种战略的重点是创造被全行业和顾客都视为独特的产品和服务。小米公司综合采用多种营销手段进行营销，形成了独具特色的营销模式。其中最具代表性的是口碑营销和饥饿营销。

小米公司差异化战略的外部环境分析。

一、政治环境分析

在如今工业化和信息化深度融合的背景下，信息消费日趋庞大。党的十八大报告中明确提出，将创新驱动发展战略作为完善我国社会主义市场经济体制以及转变社会主义经济增长方式的重要举措；鼓励创新、鼓励高附加值的经济发展。电子信息制造业凭借与生俱来的创新特性，必然得到支持和发展。电子信息制造业的发展是时代的呼声，也是时代的必然，占据着重要的战略地位，拥有着良好的发展前景。这为小米的发展提供了良好的政治环境。

二、经济环境分析

在世界经济仍处于调整恢复的情况下，我国采取的投资与出口拉动经济增长的发展模式的贡献率会逐渐降低。经济的持续发展，应当倚靠经济增长模式的转变。国家已经出台了一系列政策措施刺激国内消费，扩大内需。此外，世界各国为解决本国债务问题、失业问题和维持本国经济的稳定，不惜过量增加货币发行。这无疑增加了人民币升值的压力。手机制造行业平均利润率低，且因市场竞争加剧进一步压缩利润空间，其汇率风险的承受能力较弱，人民币升值对于手机制造业的发展有较大的影响。

三、社会文化环境分析

改革开放进入到第41个年头，人们的生活水平有了很大的提高，衣食住行等需求基本得到满足。手机过去只是通话和信息传送的工具，而如今打电话、发短信已然成为再基本不过的配置，人们要求手机多元化、个性化、智能化。消费需求的变化，促进了新型智能手机及相关服务的发展。随着信息化的发展，移动互联网逐渐融入人们的生活。企业可以通过微博、论坛等渠道，获取消费者的意见、建议和反馈。总体来说，当前的社会环境为属于电子信息制造业的小米公司的发展提供了适宜的土壤。

四、技术环境分析

信息技术的创新从未停止，甚至步伐越来越快。智能手机的更新换代速度更是超乎想象。不断涌现的新产品、新服务和新业态，无时无刻不在激发新的消费需求，成为消费热点。技术环境为智能手机的消费提供了良好的发展基础及巨大的发展潜力，也为小米手机的研发提供了机会。

（资料来源：胡大立主编．企业战略管理［M］．南京：南京大学出版社，2016.）

问题思考

3-1 企业外部环境包括哪些内容，分析企业外部环境的目的是什么？

3-2 企业所处的宏观环境有哪些，企业应如何根据所处的宏观环境确立自身的战略？

3-3 可以从哪些因素分析一个行业的经济特性？

3-4 竞争对手分析的内容及作用是什么？

3-5 企业的利益相关者主要包括哪些，他们各自对企业的期望如何，满足利益相关者期望的关键因素是什么？

3-6 讨论进行钻石模型分析对企业战略的重要性。

3-7 举例说明如何建立外部因素评价矩阵和竞争态势矩阵？

4 内部环境分析：资源与能力

知己知彼，百战不殆；不知彼而知己，一胜一负；不知己不知彼，每战必殆。

——《孙子兵法谋攻篇》

【学习要点】

（1）理解有形资源、无形资源的内容；
（2）理解企业核心能力的特点；
（3）了解内部资源和能力如何转化为竞争优势；
（4）掌握价值链的基本模型，构造企业自身的价值链；
（5）掌握波士顿矩阵分析、SWOT 分析方法。

【开章案例】

伊利的“核心内力”

伊利的“核心内力”具体体现在伊利奶源战略、渠道战略、创新战略、品牌战略和稀缺资源战略五大战略上。

第一，奶源战略的核心是已经拥有不同规模的优质牧场 800 多个。这些牧场主要分布在我国三大黄金奶源带：内蒙古、黑龙江及新疆等地。天然优良的牧场为伊利不断地输送出高品质的奶源，通过资产纽带和契约方式使企业与输入端企业联合，从而达到降低交易费用，提高经济效益的目的。

第二，渠道战略的核心是早在 2006 年就在全国开展了“织网计划”，率先完成了“纵贯南北、辐射东西”的战略布局，成为第一家真正有能力同时覆盖全国市场的乳品企业。2007 年，伊利作为唯一一家乳品企业，被商务部推荐加入“万村千乡”活动中，覆盖农家店近 25 万个。一纵一深两个战略使伊利彻底夯实了企业渠道，也使其有足够的能力为合作者提供比同行更优越完善的道路。2009 年，与中国石油达成战略合作，利用中国石油便利店销售旗下产品。

第三，创新战略的核心是产品结构和产业结构不断升级，实现消费者多元价值的最大化。例如，相继推出了金典有机奶、营养舒化奶、谷粒多和金领冠婴幼儿配方奶粉、“优品嘉嘉人”酸奶等一系列高附加值、高科技含量的产品。伊利主打的是质量差异，也就是差异化战略。

第四，品牌战略的核心是始终坚持伊利品牌形象的建设和打造，并以不断地加强企业社会责任体系建设为核心。在 2007 年率先发布了乳品行业的首份《企业公民报告》，提倡一种“企业与环境，与社会和谐进步”的理念，并为中国食品行业提供了一种可供参照的责任标准。而这也有助于在整个行业被三鹿奶粉事件波及的危机中，能够审时度势，迅速构建一种针对消费者的透明化战略。同时加强自身的责任体系建设，从而率先从危机的阴影中走出来。

第五，稀缺资源战略的核心是积极主动地把握住关键性的稀缺资源。例如，除了奥运会和世博会被选定之外，还有就是被内蒙古“一杯奶生育关怀行动”和新疆“学生饮用奶计划”锁定为唯一专供乳制品企业等。因为这些稀缺资源有助于实现伊利的持续创新和升级。

（资料来源：根据网易财经资料改编。）

所谓企业的内部环境或条件，是指企业能够加以控制的内部因素。企业内部环境或条件是企业经营的基础，是制定战略的出发点、依据和条件，是竞争取胜的根本。对企业的内部环境进行分析，其目的在于掌握企业目前的状况，明确企业的长处和弱点，以便使确定的战略目标能够实现。

4.1 企业内部资源与能力

4.1.1 资源分析

资源（resources）指的是企业用以为顾客提供有价值的产品与服务的生产要素。资源可以分为有形资源、无形资源、人力资源三大类，见表4-1。

表4-1 企业资源分类

有形资源	实物资源	厂房、设备等固定资产
	财务资源	现有资金和可融通的资金
无形资源	组织资源	企业内部组织结构与采购、销售网络
	技术资源	技术储备，如专利、商标、版权、交易秘密、成功所必需的知识、革新需要的资源，如技术人员、研究条件
	企业形象	在顾客和社会公众等利益相关者心目中的形象
	企业文化	宗旨、理念、价值观
人力资源	人力资本	企业管理者与员工的技能、知识及推理和决策能力等。

4.1.1.1 有形资源

有形资源是看得见、摸得着、可以数量化的资源。它们通常可以在账面上反映出来。在评估有形资源的战略价值时，必须注意以下两个关键问题。

第一，是否有机会更经济地利用财务资源、库存和固定资产。即能否用较少的有形资源获得同样的产品或用同样的资源获得更大的产出。

第二，怎样才能使现有的资源更有效地发挥作用。事实上，企业可以通过多种方法增加有形资产的回报率，如采用先进的技术和工艺，增加资源的利用率；通过与其他企业的联合，尤其是与供应商和客户的联合，充分地利用资源。如我国的数据通信行业可以通过与集成商和企业的联合充分地利用光缆和网络资源。当然，企业也可以把有形资产卖给可以利用这些资产获利的公司。实际上，由于不同的公司掌握的技术不同，人员构成和素质也有很大差异，因此它们对一定的有形资产的利用能力也是不同的。也就是说，同样的有形资产在不同能力的公司中表现出不同的战略价值。

4.1.1.2 无形资源

无形资源则主要包括诸如专利、商标、版权等知识产权，网络、企业文化及与产品（服务）和公众利益相联系的企业形象等方面，通常并不在（或不能在）账面上反映出来。无形资源虽然具有不可见性和隐蔽性，但是同样能给企业带来效益，因此同样具有战略价值。例如在产品质量和服务对潜在的顾客利益的影响并不明显的行业，企业信誉和知名度往往是最重要的资源。

在这里需要着重强调的是技术这种无形资源。技术包括先进性、独创性和独占性。一旦公司拥有了某种专利、版权和商业秘密，它就可以凭借这些无形资产去建立自己的竞争优势。企业所具有的技术能否成为重要的无形资产，除与其先进性和独创性有关之外，还与其是否易于转移有密切的关系。如果某项技术易于被模仿，或者主要由某个人所掌握，而这个人又很容易流动，那么该项技术的战略价值将大大降低。

4.1.1.3 人力资源

所谓人力资源，主要指组织成员向组织提供的技能、知识及推理和决策能力，通常把这些能力称为人力资本。在评价企业成员的人力资本时，不仅要根据他们的工作业绩、经验和资历来评价，还要评估他们是否具有挑战未来的信心、知识和能力，以及个人的工作时间、热情、职业习惯和态度等。

人力资源分析的主要内容包括以下几个方面：（1）企业人力资源结构的分析。主要指对企业人力资源的自然结构（如年龄、性别等）、文化结构、专业技能结构、工种结构等进行多角度、全方位的分析。（2）企业人力资源配置状况的分析。包括：1）企业成员是否各就各位、各顶各岗、各司其职，是否存在富余人员。2）为了保证企业各项工作的配合衔接，企业人力资源配置是否存在比例失调、轻重失衡的状况。3）为了适应行业发展对企业员工的要求，企业是否能够准确把握人力资源配置的变化方向，并做出人力资源战略性规划。（3）企业战略管理者的分层分析。重点分析高层战略管理者的决策能力、创新能力、指挥能力及灵活应变能力。分析中层战略管理者的协调能力、沟通能力及对相关技能的熟悉程度。分析基层战略管理者的专业技能、沟通能力、组织水平及培养团队工作作风的能力。（4）企业薪酬制度的分析。主要是针对企业工资、奖金、福利等一系列内容，分析企业员工对薪酬制度的不同看法，分析设计的薪酬制度的公平性、合理性和激励效果。

一般情况下，无形资源是在企业的长期经营实践中逐步积累起来的，花费的时间成本比较高，因此比较不容易获得。在技术飞速发展和信息化加快的知识经济时代，人力资源在企业中发挥的作用越来越突出。因此构建企业持久竞争优势的重点应当是无形资源和人力资源的获取，而不是有形资源的获取。

4.1.2 能力分析

企业能力是指整合企业资源，使价值不断增加的技能。一般而言，资源本身并不能产生竞争能力和竞争优势。竞争能力和竞争优势源于对多种资源的特殊整合。企业的竞争优势源于企业的核心竞争力，核心竞争力又源于企业能力，而企业能力源于企业资源。

在人们识别、判定一个企业的核心竞争力之前，首先要弄清一个企业的基本能力状况。这种企业的基本能力指的就是企业对资源的利用。资源利用率很大程度上取决于企业将它们整合的能力。这种能力是指在整个价值链活动中使资源不断增值的能力。对企业基本能力状况的分析，可从企业生产经营所必需的各项功能的角度分别进行。在评估企业的资源使用和控制能力时，经常采用的是对企业的研发能力、财务能力、生产管理能力和营销能力的分析。

4.1.2.1 科研与开发能力分析

科研与开发能力是企业的一项十分重要的能力。企业科研与开发能力分析主要包括以下几个方面：(1) 科研与开发能力分析。企业是否有能力根据自己的发展需要开发和研制新产品，是否有能力改进生产设备的生产工艺。企业的科研开发能力和水平由企业科技队伍的现状和变化趋势来决定。(2) 科研与开发组合分析。企业的科研与开发在科学技术水平方面有四个层次，即科学发现、新产品开发、老产品改进和设备工艺技术改造。一个好的科研或开发部门，应该能够根据企业战略的要求和自身研发实力决定选择哪一个或哪几个科研层次的有效组合。(3) 企业科研成果与开发成果分析。如技术改造、新技术、新产品、专利以及其商品化的程度、给企业带来的经济效益等。(4) 科研经费分析。企业决定科研预算经费的方法一般有三种：按照总销售收入的百分比，根据竞争对手的状况来制定，根据实际需要来确定。

4.1.2.2 财务能力分析

要分析判断一个企业的经营能力，首先必须分析企业的财务状况。企业的财务报表和资料记录了企业经营的整个过程和绩效水平。分析企业财务状况广泛使用的方法是财务比率分析。财务比率分析通常从两个方面进行：一是计算本企业有关财务比率，并与同行业中的竞争对手进行比较或与同行业的平均财务比率进行比较，借以了解本企业同竞争对手或同行业一般水平相比的财务状况和经营成果。二是将计算得到的财务比率同本企业过去的财务比率和预测未来的财务比率相比较，借以测定企业财务状况和经营成果在一个较长时间内的变动趋势。

财务比率分析评价体系主要由五大类指标构成，即收益性、安全性、流动性、成长性和生产性指标。分别计算出五类指标并画出雷达图，就能够清楚、直观、形象地揭示出企业的财务及经营状况的优势和劣势，对于制定正确有效的企业战略具有十分重要的意义。

4.1.2.3 生产管理能力分析

生产是企业的基本功能，是厂商为客户提供价值的基础。企业的生产功能包括将投入品转变为产品或服务并能够为消费者带来价值和效用的所有活动。在不同的行业，由于各自的特点不同，企业生产涉及的投入品、物质转换过程及产出品也不相同。在绝大多数行业，企业生产经营的大部分成本产生于生产过程中，因此生产管理能力的高低决定着公司战略的成败。而生产管理的首要任务就是开发和管理一个有效的生产体系。美国管理学者罗杰施罗德认为，生产管理主要包括五种功能或决策领域：生产过程、生产能力、库存、人力和质量。

4.1.2.4　营销能力分析

一个企业营销能力的强弱往往体现在其销售活动能力、产品竞争能力、新产品开发能力和市场决策能力上。因此，营销能力分析通常从这四个方面来进行。

从战略角度进行的营销能力分析，主要包括三方面的内容：一是市场定位的能力，二是营销组合的有效性，三是管理能力。市场定位的能力直接表现为企业市场定位的准确性。它又取决于企业在以下四个方面的能力：（1）市场调查和研究的能力。（2）把握市场细分标准的能力。（3）评价和确定目标市场的能力。（4）占据和保持市场位置的能力。企业战略管理应结合市场营销人员这些能力的状态及自身的经验来评价在这些方面的长处和短处。评价市场营销组合的有效性主要应把握两个方面：一是是否与目标市场中的顾客需求一致，二是是否与目标市场产品的寿命周期一致。

4.1.2.5　企业能力的比较分析

企业应通过与其他企业，特别是本行业领先企业的具体对比，评价自身的能力和发展。自身能力的评价是战略分析方法中的重要工具，这种方法主要涉及4个方面。（1）弄清楚企业需要改进的活动和功能。（2）找到在这些活动和功能方法方面领先的企业。（3）与这些企业接触，包括访问企业高层，与管理人员、工人等交谈，分析他们做得如此出色的原因。（4）应用学到的东西重新修订企业的目标，重新设计工作程序，并改变对企业有关功能和活动的期望。

这种比较分析的方法在提高企业能力方面一直起着至关重要的作用，许多企业之所以成功是因为它们能够清醒地认识到自己在某些方面一定能做得更加优秀，而且把那些需要改进的方面作为企业战略的一部分加以完善。相反，许多企业失败的原因在于它们不能清晰地认识到自己的不足，更不知道如何加以改进，甚至根本就未曾想过如何进行修改，从而导致企业关键能力的衰退。

4.2　核心能力与外包

4.2.1　企业核心能力的概念

核心能力实际上是隐含在公司核心产品或服务里面的知识和技能，或者是知识和技能的集合体。核心竞争力又被称为“核心能力”或者“核心竞争优势”。希特等在其著名教科书《战略管理：竞争与全球化》中，把核心竞争力定位为能够为企业带来竞争优势的资源和能力。并非企业的所有资源和能力都可以转化为竞争优势。这种资源和能力只有在有价值的、稀缺的、难以模仿的和无法替代的情况下，才有可能成为竞争优势。资源和能力一旦达到以上四个标准，便成为核心竞争力（图4-1）。

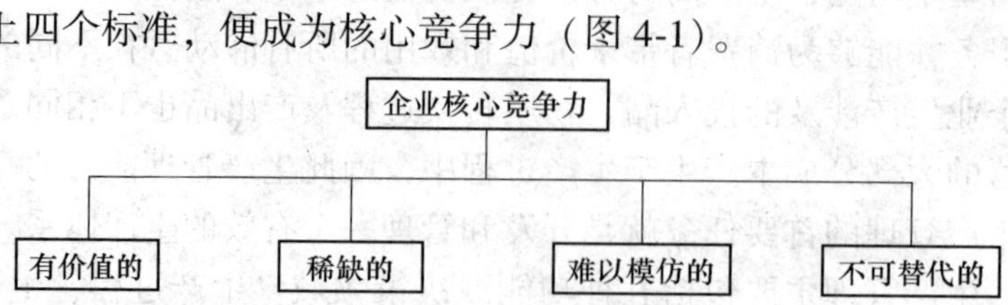

图4-1　企业核心竞争力的判别标准

4.2.2 核心竞争力的判别标准

（1）有价值的。有价值的资源和能力是指那些能为企业利用环境机会、降低威胁而创值的资源和能力。企业的资源和能力在过去有价值并不意味着这些资源和能力会一直有价值。顾客口味、行业结构，或者工艺的改变都会导致企业资源和能力价值的下降。当且仅当企业的资源和能力能够降低企业的净成本或提高企业收入的时候，企业的资源和能力才有价值。

（2）稀缺的。如果一个特定的资源和能力为大多数企业所掌握，那么资源就不太可能成为任何一家企业的竞争优势的来源。

（3）难以模仿的。有价值的稀有组织资源可能是竞争优势的一个源泉。实际上，能够构思和实施其他企业无法构思和实施的战略。企业常常是战略创新者，因为其他企业缺乏相关的资源和能力。

（4）不可替代的。不可替代的资源和能力是指那些不具有战略同等作用的资源和能力。如果两种资源或能力在执行相同战略的情况下能够产生相同的价值，那么它们就称作战略对等的资源和能力。

当然，核心竞争力是企业持续竞争优势的来源。但是若想使核心竞争力变成竞争优势，还需要组织结构和运作体系的支持。也就是说，企业应该围绕着充分利用其资源和能力组织起来。

4.2.3 核心能力分析

核心能力分析，主要是指分析支持企业主营业务和核心产品的核心技术与专长是什么；企业管理人员是否对此达成共识；这些核心技术和专长的价值性、独特性及难于模仿性和不可替代性如何；这些核心技术和专长是否得到了充分发挥，为企业带来何种竞争优势，强度如何；保护、保持和发展这些核心技术和专长的现时做法、方案和未来计划是什么。

核心能力具有动态性，昔日的核心能力今天可能已退化为一般能力。企业为了具有长久的竞争优势，必须不断保护和发展自己的核心能力。因此对企业核心能力的分析，还应涉及更深层次的内容，即企业发展核心能力的能力分析，主要包括对企业培育和管理核心的进行能力分析。

目前企业培育核心能力的方法主要有三种：一是外部购买，即从其他企业或组织购入与核心能力有关，并有利于其发展的技能与资源。它的实质是外部核心能力的内部化。具体方式有购买技术与专有知识、并购拥有这种核心技能的企业。二是组成战略联盟实现企业间资源共享，降低研发成本，相互获得彼此的特定技术、资源和技能，以实现核心能力的快速发展。但在结盟中，企业还必须注意对自己核心技术的保护，以防培养出潜在竞争对手。三是，通过企业自身力量发展核心能力。依靠外部购买或成立战略联盟的方法来发展核心能力，或多或少都存在着产生依赖性和核心技术外泄的问题，因而三种方法中，利用自身力量培育和发展核心能力应是主要方法，而另外两种则只是辅助方法。企业核心能力的培育分析，一要分析企业所选培育方法的合理性、收益性和风险性。二要分析企业培育和发展核心能力的长期目标性和计划性。培育和发展核心能力本身是一项长期系统工程，它涉及多个业务领域、多个职能部门、多种资源及能力的长期协同整合，必须用明确的战略目标和严密的战略规划来做保证。一些学者已经提出了制定企业核心能力战略的构想，认为应把如何保护、保持、培育和发展企业核心能力作为企业发展战略的主要内容。

对企业的核心能力进行管理，一般包括五项工作：（1）辨别现有的核心能力。（2）制订获取核心能力的计划。（3）培育核心能力。（4）部署、扩散核心能力。（5）保护并保持核心能力的领先地位。分析企业核心能力的管理状况，也应围绕这五个方面来逐一进行。依据分析结果，判断企业核心能力管理方面的长处和弱点。

4.2.4 VRIO 框架

继哈默尔和普拉哈拉德的核心竞争力评价标准之后，基于资源基础理论，杰伊和巴尼（Jay、Barney）在 1991 年发表的《公司资源与持续竞争优势》（Firm resources and sustained competitive advantage）一文中提出了 VRIO 框架。他认为，对于任何尝试以资源或能力作为竞争优势来源的企业而言，VRIO 代表了它们必须审视这四个方面的问题：价值问题（value）、稀缺性问题（rarity）、可模仿性问题（imitability）、组织问题（organization）。VRIO 框架，是在 SWOT 分析的基础上进一步研究企业内部能力的分析框架。

（1）价值问题。即某项资源是否有助于企业开发外部环境中蕴含的机会，化解环境中存在的威胁。能够使企业利用环境机会或消减环境威胁的资源和能力就是有价值的，就是企业的优势；而使企业难以利用环境机会或消减威胁的资源和能力则是无价值的，是企业的劣势。因此，价值问题是把企业的内部优势与劣势分析同外部环境的机会和威胁分析联系起来。

（2）稀缺性问题。某项资源是否仅被少数行业参与者所掌握。即使一种资源或能力是有价值的，即对于企业降低成本或提高收益有显著贡献，但是如果为众多的企业所拥有，这种资源或能力就不大可能称为企业竞争优势的源泉。因此，资源是否处于供应短缺状态，是影响企业竞争优势的另外一个重要条件。

（3）可模仿性问题。即企业政策和其他活动是否围绕着有效地利用其有价值的、稀缺的和难以模仿的资源加以组织，缺乏某项资源的企业是否面临资源获取或开发的成本劣势。有价值且稀缺的组织资源能否给企业带来持续的竞争优势，关键在于那些不具有此类资源的企业在尝试获得或开发此类资源时是否面临着成本劣势，如果其他企业需要付出很大的成本才能取得这些资源，那么这些资源就给现有的企业创造了取得持续竞争优势的可能。

（4）组织问题。一个企业如果拥有了有价值、稀缺性且难以模仿的资源和能力，则企业就具有取得竞争优势的潜力。但是仅仅简单的堆积满足这些条件的资源能确保企业获得持续竞争优势或租金吗？答案是否定的。要充分实现这一潜力，企业就必须进行有效的组织以利用这些资源和能力。

价值性、稀缺性、模仿性和组织性问题可以汇总到一起，形成以简单的框架来理解与利用所有企业的资源或能力有关的回报潜力见表 4-2。VRIO 框架与企业优势和劣势的联系见表 4-3。

表 4-2 VRIO 框架

该资源和能力				
有价值?	稀缺?	模仿昂贵?	被组织利用?	竞争意义?
否	—	—	否	竞争劣势
是	否	—	—	竞争均势
是	是	否	—	短暂竞争优势
是	是	是	是	持续竞争优势

表 4-3 VRIO 框架与组织优势和劣势的联系

该资源和能力				
有价值?	稀缺?	模仿昂贵?	被组织利用?	优势或劣势?
否	—	—	否	劣势
是	否	—	—	优势
是	是	否	—	优势和独特竞争能力
是	是	是	是	优势和持续独特竞争能力

如果企业拥有的资源或能力缺乏价值，则该类资源或能力将无法支撑企业选择或实施能开发环境优势或缓解环境威胁的战略，组织开发这种资源和能力将只能增加企业的成本或减少其收入。从这个意义上讲，此类资源是企业的弱势，企业在选择或实施战略时需要避免使用此类资源或对他们进行修补。如果企业利用了此类弱势资源和能力，那么与那些不拥有这些无价值资源，或尚未将它们应用于构建和实施战略的企业相比，它们将处于竞争劣势地位。

如果企业拥有的资源或能力是有价值的，但并不是稀缺的，则利用此类资源加以构建和实施的战略将给企业带来竞争中的均势地位。利用此类资源通常不会给企业带来竞争优势，但是，倘若企业无法利用这些资源，它们将在竞争中处于劣势地位，换句话说，这些资源尽管不能给企业带来竞争优势，但忽视了它们企业将会陷入困境。因此从这个意义上讲，有价值但并不稀缺的资源可被视为是组织的强势。

如果资源或能力是有价值的、稀缺的但并不是难以模仿的，那么开发此类资源将给企业带来暂时的竞争优势。在某种重要意义上，开发此类资源的企业将获得先动优势，这是由于它们是第一家开发这种特定资源的企业。但是，一旦其他竞争企业发现这种竞争优势，他们将在与先行企业相比没有成本劣势的情况下，通过直接模仿或替代来获得或开发所需资源，进而实现其战略。随着时间推移，先行企业获得的任何竞争优势都会因其他企业对关键资源的模仿而消耗殆尽。因此，这类资源或能力可被视为组织的强势以及独特能力。

如果资源和能力是有价值的、稀缺的且难以模仿的，那么开发此类资源将产生持续竞争优势。此时，竞争企业在模仿成功企业的资源和能力时会面临巨大的成本劣势。这类竞争优势会反映出成功企业特定的历史、资源的因果不明、资源和能力的社会复杂性或拥有的专利优势。在任何情况下，试图开发、利用此类资源以获取竞争优势的竞争性努力，将不可能给模仿企业带来竞争优势或竞争均势，即使企业能获得或开发此类资源或能力，但为此付出的巨大成本也将使其处于竞争劣势。因此这类资源和能力是组织的强势及持续独特能力。

在VRIO框架中，组织问题被视为调节因素。例如，如果一个企业拥有有价值、稀缺且难以模仿的资源和能力，但是却未能将其组织起来进而充分利用这些资源，那么一些潜在的竞争优势可能消失。极度混乱的组织可能使得拥有潜在竞争优势的企业最终只获得竞争均势，甚至处于竞争劣势。

内部环境分析专栏1：

京东集团发展战略

一、品牌效应

京东目前已经拥有了良好的平台效应，为了打造“多快好省”的用户体验和用户原则，投入了自身所有的资源和努力，一直坚持“诚信经营，正品保障”，杜绝任何假货在京东平台上经营。而且京东为了品类的齐全，做到京东商品的应有尽有，不断加速品类的扩张。京东在2015年开展了O2O业务，与唯品会、沃尔玛、小米合作，并且投资了永辉超市等企业，保证在京东平台上可购买到各种各样的商品。因此随着规模的不断扩大以及市场地位的增强，京东在获取稀缺商品销售权等方面会有更有胜算。此外京东为消费者提供了更多的购物入口，2015年京东集团与腾讯集团联合推出了全新的战略合作项目，共同打造创新模式的生意平台。目前京东在移动端已形成了微信购物、手机QQ购物等完整的格局。同时京东金融也提高了消费者的购物能力，为用户提供全方位的金融解决方案。如京东推出的京东白条，为消费者提供信用赊购服务，目前已成为国内消费金融的创新典范。

二、运营管理能力

京东拥有成功的运营管理的能力，是基于京东不断地优化产业链、建立强大的物流配送设施、提供良好的售后服务以及对员工强大的管理能力等方面。而且京东一直坚持合作、诚信、交友的经营理念，强调正道成功、客户为先、只做第一的核心价值观，很好地完成对员工的组织管理，同时不断培养员工的凝聚力，提高员工薪资等方面的待遇。

京东内部资源分析见表4-4。

表4-4 京东内部资源分析

能　力	价值性（value）	稀缺性（rarity）	可模仿性（imitabiliy）	组织（organization）
管理团队能力	√	×	√	√
技术研发能力	√	×	×	√
财务管理能力	√	×	×	√
组织管理能力	√	√	√	√
内容创造能力	√	×	×	×
市场决策能力	√	√	√	×
营销能力	√	√	×	√
企业文化	√	√	×	×

根据京东的愿景“成为全球最值得信赖的企业!”可知，京东的发展战略目标是做中国，乃至全球最大的电子商务公司，其市场定位是中国最大的直营类电商网站。虽然目前还有差距，但京东一直在努力向前发展，坚守自己的发展理念和经营理念，贯彻公司核心价值观。不断整合资源，进行产业转型与升级，选择适合自身的发展战略，京东才能形成核心竞争力，持续在电商行业中保持领先地位。京东的战略定位比较清晰，覆盖了诸多方面。具体包括：(1) 产品定位：继续保持3C品类这一传统优势领域；(2) 消费者定位：针对3C品类产品的主要消费人群，学生、各公司白领及其他网上购物的消费群体；(3) 销售模式：全力投入电子商务发展，致力于自营。在未来，京东的发展方向将更加全方位，目前持续发力自己比较有优势的业务：京东商城、京东到家等电商板块，京东金融等金融板块及京东智能、云计算等技术板块。而且京东在2019年还发展了京东房产、京东农牧等业务，不断扩大规模，打造属于自己的核心竞争力，所以在未来京东将发展得越来越好。

(资料来源：丘兆珊．京东集团发展战略浅析——基于VRIO框架［J］．现代经济信息，2019 (7).)

4.2.5 外包

作为企业获得零部件、成品或者服务的一种方式，外包（outsourcing）是指从外部供应商那里购买的一种可创造价值的服务。营利组织和非营利组织都在积极地将外包作为一项决策。有效的外包可以使企业提高灵活性，降低风险，并减少资本投资量。在全球范围内的各种行业中，向外包趋势迈进的步伐正在不断加快。此外，在某些行业中，几乎所有的企业都在通过有效的外包方式来寻求更高的商业价值。同其他战略管理的决策程序一样，在企业决定是否进行外包之前，仔细而又全面的研究是必不可少的。并且，如果决定采用外包战略，企业必须明白到，只有那些不能创造价值或与其他竞争者相比处于持续性劣势的部分才能被外包。

外包之所以有效的一个主要原因是，极少有企业在所有的主要活动和辅助活动中都拥有实现竞争优势所需要的一切资源和能力。例如，研究表明，极少有企业能够独自在内部开发出那些能够在将来为企业带来竞争优势的所有技术。通过少数几种核心竞争力的开发，企业就可以提高其建立竞争优势的可能性，因为企业不会过度地分散自己的精力和资源。同样，通过将自身缺少竞争能力的一些业务活动外包出去，企业可以完全专注于那些能够创造价值的核心竞争力。

除此之外，外包也会带来其他一些问题。在大多数情况下，这些问题都与企业创新能力的缺失和工作职位的减少有关，因为企业必须把原本由自身承担的一部分生产活动外包给其他企业。这样一来，创新和技术的不确定性就成为企业在制定外包决策时必须考虑到的两个重要问题。不过，企业也能从外包供应商那里学习到如何提升自身的创新能力。企业必须认识到这些问题，并且当面对各利益相关者（如企业员工）的不满和质疑时做好充分的准备，以面对这些由外包活动带来的问题。当企业将活动或功能外包给国外的供应源（通常称为离岸外包）时，这些机遇与担忧也许会变得尤为重大。班加罗尔和贝尔法斯特是技术外包的最新热门地区，它们与其他地区，例如在中国的业务展开竞争。现在，很多企业，包括苹果公司和通用电气，正将外包业务撤回美国或保留在美国本土，而不是将其转移到国外。这是因为，一方面是由于像中国一样的国家的劳动力价格普遍上涨，另一方面也是因为美国能源丰富且天然气价格较低。

4.3 企业价值链分析

价值链分析法由波特教授提出。他认为企业的生产是一个创造价值的过程，企业的价值链就是企业所从事的各种活动：设计、生产、销售、发运以及支持性活动的集合体。一个价值链显示了对于消费者来说产品生产的整体价值，它是由价值活动和边际利润两部分组成的。

4.3.1 价值链的概念

企业的每项生产经营活动都是其创造价值的经济活动，企业所有的互不相同但又相互联系的生产经营活动，便构成了创造价值的一个动态过程，即价值链。波特将价值链描述成一个企业用来进行设计、生产、营销、交货及维护其产品的各种活动的集合，所有这些活动都可以用图 4-2 所示的价值链表示出来。价值链列示了总价值，包括价值活动和边际利润。价值活动又可以分为两大类：基本活动和支持性活动。

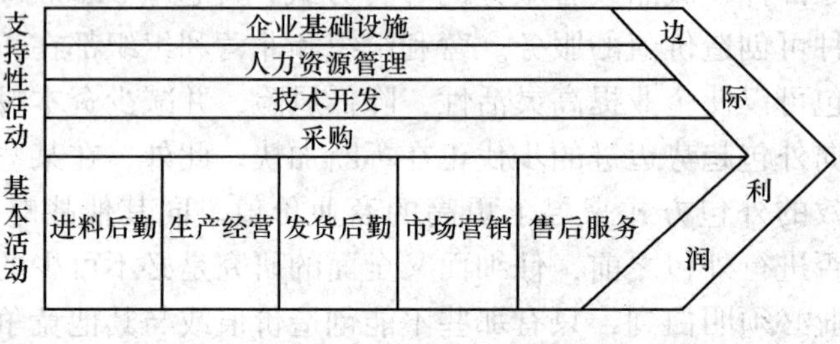

图 4-2 价值链

价值链中的价值活动可分成两大类，即基本活动和支持性活动。基本活动涉及生产实体的产品、销售产品给购买者以及提供售后服务等活动；而支持性活动是以提供生产要素投入、技术、人力资源以及公司范围内的各种职能等，来支持企业的基本活动。

（1）基本活动要素：

1）进料后勤。进料后勤包括这样一些活动收货、储藏、原材料整理、发放材料于产品生产单位、库存控制、运输车辆的调度以及原料退货等。

2）生产。生产是将生产要素投入转变成最终产品的活动，如机械加工、装配、包装、组装、机器，维修、产品检验、打印和厂房设施管理等。

3）发货后勤。发货后勤是有关集中、存储和将产品实际分销给客户的活动，它包括。收集成品、入库储存、订单处理、发货车辆的调度等活动。

4）市场营销。市场营销是为顾客提供购买本企业产品的途径或方式并促使其购买的各种活动。如广告、促销、销售人员安排、分配定额、分销渠道的选择、与销售渠道的公共关系、定价策略等。

5）售后服务。售后服务是提供各种服务以提高或保持产品价值的活动。如安装、修理、人员培训、零配件供应以及产品的调试等。

(2) 支持性活动要素：

1）采购。购买用于价值链各种投入的活动。外购的投入既包括原材料、储备物资和其他易耗品，也包括各种资产，如机器、实验设备、办公设备和建筑物，还包括对其他资源投入的管理。如企业聘请咨询公司为企业进行广告策划、市场预测、法律咨询等都属于采购管理。

2）技术开发。包括旨在改进产品和生产过程的一系列技术活动。既包括生产性技术，也包括非生产性技术，如工程技术、信息技术、决策技术。技术开发活动不仅与企业最终产品直接相关，而且支持着企业全部的活动，成为判断企业竞争实力的一个重要因素。

3）人力资源管理。人力资源管理涉及：人员的选拔、录用、培训、技能发展以及制订各类人员的报酬制度等。

4）企业基础设施。企业基础设施包括总体管理、企业计划、企业财务、会计核算、法律事务、与政府间的事务以及质量控制等。

4.3.2 价值链分析

通过价值链可以分析企业内部条件，从而找出对顾客最有价值、企业最有优势的活动，加以改进提高，从而提高企业竞争力。

(1) 价值链分析的基础是价值。从竞争角度而言，竞争优势的市场表现主要反映在顾客价值的创造上。所谓顾客价值是顾客认知利益与顾客认知价格之差。顾客认知利益指的是顾客感觉到的收益总和；顾客认知价格指顾客感觉到的支出总和。为顾客创造价值是企业的基本战略目标。所以，要站在最终用户的角度来评价企业的价值链，从而可以通过价值链分析了解企业资源增值过程。

(2) 一条基本价值链可以进行再分解，如作为基本活动的市场营销就可再分为营销管理、广告、销售队伍管理、销售业务、技术文献、促销等活动。

(3) 虽然同一产业内的企业有相似的价值链，但竞争对手的价值链常常有所不同。例如，人民快递公司和联合航空公司都在航空业开展竞争，但他们有完全不同的价值链，体现为登机手续操作、机组人员政策和飞机作业方面的显著差异。竞争者价值链之间的差异是竞争优势的一个关键来源。

(4) 虽然价值活动是构筑竞争优势的基石，但是价值链并不是一些独立活动的集合，而是相互依存的活动构成的一个系统。价值活动是由价值链的内部联系连接起来的。这些联系是某一价值活动进行的方式与成本或与另一活动之间的关系。竞争优势也可以来源于活动间的联系。例如，成本更昂贵的产品设计、更严格的材料规格或更严密的工艺检查也许会减少服务成本。尽管价值链内部的各种联系对竞争优势十分关键，它们却常常难以捉摸，无法被认识。对各种联系的利用常常要求信息或信息系统允许最优化或协调配合的发生。信息系统对于从联系中获取竞争优势至关重要。协同效应促使被分解的各项战略活动实现有机整合，促使企业成本降低，创新能力增强，竞争优势的模仿性难度加大，从而使企业长期处于竞争优势。对各种联系的管理是一项比管理各种价值活动本身更为复杂的任务。

（5）联系不仅存在于一个企业价值链内部，而且存在于企业的价值链与供应商、顾客的价值链之间。波特认为，单个企业的价值链是镶嵌在更大范围的价值系统中的。整个价值系统包括提供投入品的供应商、分销渠道和购买者，如图 4-3 所示。供应商在创造和供应公司所购买的原材料、零部件时，其成本和质量会影响到公司的成本和差异化的能力。而渠道的价值链也是很重要的，它会直接影响用户的满意程度，因此，企业必须与上下游公司紧密合作，改造或重新设计其价值链，以共同提高上下游公司的竞争力。供应商、顾客价值链与企业价值链之间的联系为企业增强竞争优势提供了机会。

图 4-3　企业价值链系统

（6）在企业众多的“价值活动”中，并不是每一个环节都创造价值。企业创造的价值，实际上来自企业价值链的某些特定的价值活动，这些真正创造价值的战略活动，就是企业价值链的“战略环节”。这种战略环节既可以是生产环节、营销环节或研发环节，也可以是某些支持性活动环节。保持企业的战略优势，关键是控制企业价值链的战略环节。耐克公司是世界上最大也是著名的经营运动鞋的跨国企业之一，但它自己不生产耐克鞋，而是抓住设计、营销两个环节，把生产制造外包给发展中国家的企业，目前韩国、中国是它的最大生产基地。它的总部不到 70 人，主要从事产品设计与营销，构建自己的核心能力，使之长盛不衰。铃木汽车 1980 年进入美国市场，只管生产制造，销售外包给通用公司，他的核心能力就是精细化生产。意大利的皮尔卡丹公司的核心能力是研发和设计，其在全世界市场上销售的产品，有 90%以上是外包给发展中国家企业生产的，每年仅通过品牌和设计标准的输出收入近 2 亿美元。

4.4　波士顿矩阵

4.4.1　波士顿矩阵的基本原理

波士顿矩阵分析法（BCG matriixx）由美国大型商业咨询公司——波士顿咨询集团（Boston Consulting Group）提出的，又称为波士顿咨询集团法，由于它是一种规划企业产品组合的方法，又称为增长率-市场份额矩阵法、产品系列结构管理法。

选择战略组合的关键问题是企业如何将有限的各种资源与企业能力分配到不同的战略业务单元中，在各项业务之间合理地配置企业资源。在资源分配过程中不能仅凭主观判断，而应当通过理性地分析，明确各项业务在企业中所处的地位和发展前途，从而决定资源的分配。波士顿矩阵法就提供了这样一种选择战略组合的分析工具。

波士顿矩阵分析法的基本原理是对企业拥有的产品从销售增长率和市场占有率的角度进行分析，继而再实行组合，如图 4-4 所示。

图 4-4 中，横坐标表示相对市场占有率，即企业某项业务的市场份额与最大竞争对手市场份额之比，高市场份额意味着竞争力强，处于市场领先地位；纵坐标表示行业市场增

长率，即前后两年市场销售额增长的百分比，表示每个经营单位（SBU）所在行业的相对吸引力；圆圈代表企业的经营单位（SBU），其收益占企业全部收益之比以圈的大小来表示。

波士顿矩阵的纵横两轴和市场占有率、增长率高低的分界线将坐标图划分为四个象限，形成四种业务组合，如图 4-4 中所示，依次为“明星业务（产品）”“问题业务（产品）”“瘦狗业务（产品）”“现金牛业务（产品）”。根据波士顿矩阵的原理，产品市场占有率越高，该业务创造利润的能力越大，市场增长率越高，企业为维持其增长及扩大市场占有率所需投入的资金也就越多。

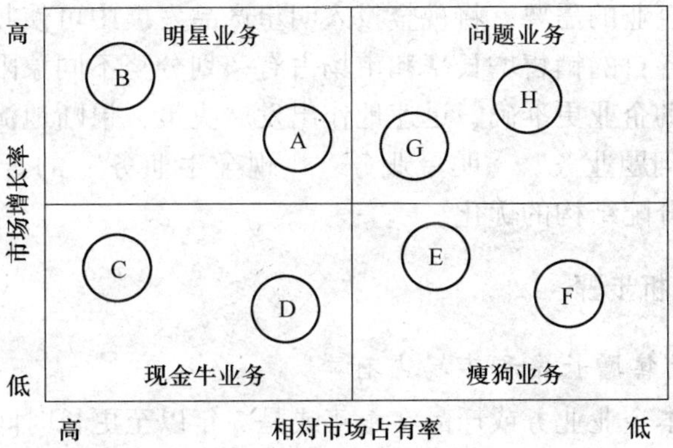

图 4-4 波士顿矩阵

4.4.1.1 明星业务（产品）（stars）

明星业务具有高市场增长率、高相对市场份额的特征。它主要是指高投入、高成长率但现在利润贡献不大的一类业务或产品。明星业务是由问题业务继续投资发展起来的，因为明星业务的市场处于高速成长期，它们的市场增长率非常高，故企业必须继续对明星业务进行投资，以帮助其市场占有率继续增长，在市场竞争中获得优势。随着市场份额的扩大，一部分明星业务会演变成现金牛业务（即低成长率、高利润贡献的业务），并取代部分衰退的现金牛业务，这些衰退的现金牛业务将会成为瘦狗业务。

4.4.1.2 问题业务（产品）（question marks）

问题业务具有高市场增长率、低相对市场份额的特征。高市场增长率说明该业务的市场机会大、前景好，低相对市场份额说明该业务在市场营销上存在这样或那样的问题。因此问题业务在财务上往往表现为利润率较低、所需资金不足、负债比率高。通常问题业务是一个企业的新业务，新业务在产品生命周期中处于引进期，市场局面尚未打开，企业为了发展问题业务，往往必须建立工厂，增加设备和人员，因此企业对问题业务必须辅以大量的资金投入，造成负债率比较高的状况。

对问题产品企业应采取选择性投资战略。即对问题业务进行慎重考察，确定其是否值得继续投资，若符合企业发展长远目标，能够增强企业核心竞争力，便可对其进行重点投资，以提高市场占有率，使之转变成“明星产品”。

4.4.1.3 瘦狗业务（产品）（dogs）

瘦狗业务也称衰退类产品。它具有低市场增长率、低相对市场份额的特征。瘦狗业务在财务上表现为利润率低、负债比率高，处于保本或亏损状态，无法为企业带来收益。瘦狗业务通常要占用很多资源，如资金、管理时间等，多数时候是得不偿失的。企业往往出于感情上的因素，像对养了多年的狗一样不忍放弃该业务。对瘦狗业务企业应采用撤退战略。对那些销售增长率和市场占有率均极低的瘦狗产品应立即淘汰，将瘦狗业务与其他事业部合并，进行统一管理，并且将剩余资源向其他产品转移，使企业资源得到合理利用。

4.4.1.4 现金牛业务（产品）（cash cow）

现金牛业务又称厚利产品、金牛产品。它具有低市场增长率、高相对市场份额的特征。金牛产品已经进入成熟期，发展速度放缓，拥有稳定的市场，因此企业不必对其继续大量投入；同时现金牛业务凭借其规模经济和高边际利润的优势，还可为企业提供大量的现金收入，满足整个企业的需要。将现金投入明星产品发展中可使其成为金牛产品。

将业务或产品按各自的销售增长率和市场占有率划分至不同象限，就能对现有产品组合一目了然，从而帮助企业更准确、迅速地作出发展决策，果断地淘汰没有发展前景的产品，保持有前途的“问题业务”“明星业务”“现金牛业务”的合理组合，实现产品结构、业务结构和资源分配结构的优化。

4.4.2 波士顿矩阵分析步骤

4.4.2.1 统计销售增长率和市场占有率

销售增长率可用本企业业务或产品在 1 年或是 3 年以至更长时间中的销售额或销售量增长率表示，市场占有率，可用业务或产品的相对市场占有率或绝对市场占有率表示，但要注意的是，在对资料和数据进行选择时应选取最新资料。其中市场占有率的基本计算公式为：

绝对市场占有率=本企业销售量/市场销售总量

相对市场占有率=本企业市场占有率/竞争对手市场占有率

4.4.2.2 绘制波士顿矩阵四象限图

以纵坐标轴表示市场增长率，以横坐标轴表示市场占有率，以 10%的销售增长率和 20%的市场占有率作为高低标准的分界线，将坐标图划分为四个象限。

把企业全部业务或产品按各个业务或产品的销售增长率和市场占有率大小，在坐标图上标出其相应的位置。在定位所有业务或产品的位置后，以各业务或产品当年的销售额为面积单位，绘成大小不等的圆圈，标上代号。所有业务或产品根据其所处的象限将被划分为四种类型，即“问题业务”“明星业务”“现金牛业务”“瘦狗业务”。

4.4.2.3 针对各类型产品作出战略决策

（1）对明星产品采取发展战略。由于明星产品处于高增长率、高市场占有率象限内，这类业务或产品很有可能成为企业的现金牛产品，因此企业需要加大投资以支持其迅速发展。所以对明星产品应该采用发展战略，即立足全局、着眼于长远，利用其高速发展的市场增长率，积极扩大该业务或产品的经济规模，积极寻找市场机会，提高明星产品的市场占有率，加强明星产品的竞争优势和市场地位。

（2）对现金牛产品采取稳定战略。现金牛产品处于低增长率、高市场占有率象限内，已进入成熟期，现金牛产品具有销售量大、产品利润率高、负债比率低的特征。处于成熟期的现金牛产品市场增长已放缓，故没有必要为其增大投资；同时因其市场占有率很高，可以持续地为企业发展提供所需资金，企业可将这些回收的资金用于支持其他产品。但在现金牛产品中也有可能存在销售增长率仍有所增长的产品，对于这类现金牛产品则可进一步进行市场细分，以维持这类产品现有的市场增长率或延缓其下降的速度。

(3) 对问题产品采取选择性投资战略。问题产品处于高增长率、低市场占有率象限内，高增长率说明该类业务或产品市场机会大、前景好，但是低市场占有率说明该类业务或产品在市场营销上存在问题。因此其财务往往表现为利润率较低、所需资金不足、负债比率高。对这类产品不能一刀切，而应有选择性地进行投入。首先，对问题产品进行分类定性，以便有针对性地采取相应战略。可将问题产品分为有发展前途的和没有发展前途的两类。有发展前途的问题产品又分为经过改进短期内可能成为明星的产品和将来有希望成为明星的产品。其次，对经过改进短期内可能成为明星的产品重点进行投资，提高其市场占有率，以帮扶其转变成下一个“明星产品”；对于将来有希望成为明星的产品则可将扶持计划列入企业的长期计划，在一段时期内采取扶持政策；对没有发展前途的问题产品采取收缩甚至撤退战略，使企业资源得到充分合理的配置。

(4) 对瘦狗产品采取清退战略。瘦狗产品处在低增长率、低市场占有率象限内，其财务特点是利润率低、处于保本或亏损状态，负债比率高，不仅无法为企业带来收益，还要花费企业的资源来维持其运营。因此对瘦狗产品应该减少批量，逐渐撤退。对于瘦狗产品中销售增长率和市场占有率都极低的产品应立即淘汰。瘦狗产品清退后企业可将资源转移到其他类型的产品中去，帮助其他类型产品更好地发展。

4.4.3 对波士顿矩阵的评价

4.4.3.1 波士顿矩阵的优点

波士顿矩阵分析工具简单明了，可使企业更迅速、更准确地确定其总体战略。

第一，波士顿矩阵有助于直观分析每项经营业务在竞争中的地位，使企业了解不同业务的特点，指导企业有针对性地选择不同战略，以实现对有限资源的合理利用和优化配置。

第二，波士顿矩阵有利于迅速总结出不同类型业务的特色和发展方向，使企业建立全局性观念，确定经营业务的投资组合和战略资源分配的优先次序。

第三，提示企业追求比较理想的组合结构，即拥有较多的“明星”业务和“现金牛”业务，减少“问题”业务和“瘦狗”业务所占比例。

4.4.3.2 波士顿矩阵的缺陷

第一，波士顿矩阵对企业的各类经营业务进行战略评价，是基于市场增长率和市场占有率来确定经营单位的地位和战略，仅仅依靠这两个指标往往不能全面反映市场竞争状况，况且有些综合性产业的市场占有率很难准确确定。

第二，波士顿矩阵采用固定分界点来划分市场增长率和相对市场占有率的高低，未免过于简单，这会使一些业务仅仅一线之隔就形成截然不同的两种战略，更何况不同行业有着不同的增长率，偏差就在所难免了。

第三，波士顿矩阵中竞争对手的选择取决于企业自身，企业自认为最大的竞争者并不一定是市场上的主导者，故未免带有主观性。在知识经济和全球化时代，产品生命周期大大缩短，技术更新迅速，新产品不断涌现，企业竞争变数加大，竞争对手可能会经常改变，不利于企业制定长远战略。

第四，波士顿矩阵对扩展、维持还是放弃某项业务或产品的决策依据是市场增长率和市场占有率，但实际运作中市场占有率高或增长率高的产品或业务不一定利润就高，没有利润作保证，这些数据再高对企业也毫无实际意义。

鉴于波士顿矩阵分析方法的局限性，企业在运用时应该灵活把握，对决策所依据的量化分析因素进行适当调整，比如相对市场占有率调整为针对细分市场或特定市场进行统计，固定分界点调整为以行业平均市场增长率作为评价高低的分界点。同时，将多种方法结合运用，取长补短，从而获得最佳分析效果。

4.5　IFE 矩阵分析法

IFE 矩阵分析法（internal facor evaluation matrix）是对内部战略管理的分析进行总结的方法。这一战略制定工具总结和评价了企业各职能领域的优势与弱点，并为确定和评价这些间的关系提供基础。在建立 IFE 矩阵时通常需要靠战略分析者直觉性的判断，因此企业往往具有局限性。企业可以按照下面五个步骤建立 IFE 矩阵。

第一，列出通过内部分析确定的关键因素。选择 10~20 个内部因素，包括优势和劣势两方面的因素，先列优势因素，后列劣势因素。尽可能具体，并使用百分比、比率和可比较的数字。

第二，给出每个因素的权数。权数从 0.0（不重要）到 1.0（非常重要）。权数表明企业在某一产业取得成功的过程中各种因素的相对重要性。无论一项关键因素是内部优势还是劣势，只要对企业绩效有较大的影响，就应当给出较高的权数。所有权数之和等于 1.0。

第三，对各因素给出 1~4 分的评分。1 分代表重要劣势，2 分代表次要劣势，3 分代表次要优势，4 分代表重要优势。请记住，优势给 4 分或者 3 分，劣势给 2 分或者 1 分；评分基于公司，而第二步中的权数则基于产业。

第四，以每个因素的权数乘以其评分，得到每个因素的加权分数。

第五，将所有因素的加权分数加总，得到企业的总加权分数。

无论 IFE 矩阵包含多少因素，总加权分数的范围都是从最低的 1.0 到最高的 4.0，平均分为 2.5。总加权分数大大低于 2.5 的企业的内部状况处于弱势，而分数大大高于 2.5 的企业的内部状况则处于强势。因素数不影响总加权分数的范围，因为权重总和永远等于 1。

下面我们来看一个企业内部要素评价矩阵的例子，表 4-5 为 H 企业内部条件战略要素评价矩阵分析情况。

从表 4-5 中可以得出 H 集团公司的总加权分数为 2.639，表明该公司整体战略水平高于行业平均水平。从其优势和劣势分值来看，其优势还是大于劣势，说明该公司可以通过发挥优势，克服劣势，谋求企业不断发展。这是被简化了的矩阵，一般来说 IFE 矩阵应包含 10~20 个关键因素。

当某种因素既构成优势又构成劣势时，该因素将在 IFE 矩阵中出现两次，而且被分别给予权重和评分。

表 4-5 H 集团公司的内部因素评价矩阵

关键内部因素		权重	评分	加权分数
优势	1. 西部地区最大的家电生产企业	0. 156	3	0. 468
	2. 新技术推广、应用反应良好	0. 139	4	0. 556
	3. 上月利润增加 10%	0. 024	4	0. 096
	4. 财务状况有所好转	0. 039	3	0. 117
	5. 改善公司原有管理流程，提高了效率	0. 081	4	0. 324
	6. 强有力的管理团队	0. 061	3	0. 138
	加权分数			1. 744
劣势	1. 地理位置导致的企业声誉的局限性	0. 232	2	0. 464
	2. 现代企业机制尚不完善	0. 058	2	0. 116
	3. 售后服务不够完善，影响销售	0. 105	2	0. 21
	4. 价格战给企业产品质量带来压力	0. 105	1	0. 105
	加权分数			0. 895
合　计		1. 0		2. 639

注：1. 评分的含义如下：1=重要劣势，2=次要劣势，3=次要优势，4=重要优势。
2. 总加权分数 2. 639 大于 2. 5 的平均值。

4.6 SWOT 分析

SWOT 分析法是一种常用的企业战略分析方法，又称为态势分析法。是对企业自身内在条件和外部环境进行分析，找出企业的优势和劣势、机会和威胁，从而明确企业核心竞争力的方法。SWOT 四个英文字母分别代表优势（strength）、劣势（weakness）、机会（opportunity）、威胁（threat）。其中，S、W 为内部因素，O、T 为外部因素。运用 SWOT 分析法，可以对研究对象所处的情景进行全面、系统、准确的研究，从而根据研究结果制定相应的发展战略、计划以及对策。

SWOT 分析方法的运用过程是调查企业内部优势、劣势和外部机会、威胁四个方面的具体因素，并依照矩阵形式将其排列出来，以系统理论将这些因素关联匹配起来进行分析。优、劣势分析主要着眼于企业自身的实力及其与竞争对手的比较，机会和威胁分析则着眼于企业外部环境的变化及其对企业的影响。把所有的内部因素（即优、劣势）集中在一起，用外部的力量对其进行评估，从中得出相应的决策性结论。

SWOT 分析方法的形成基础是资源学派和能力学派的分析方法。迈克尔·波特在其竞争理论中提出了“企业竞争战略”的完整概念，他认为战略应是一个企业“能够做的”和“可能做的”两者之间的有机组合。所谓“能够做的”是指组织的强项和弱项，“可能做的”是指环境带来的机会和威胁。迈克尔·波特从产业结构的角度出发对一个企业“可能做的”方面进行了透彻的分析和说明。而能力学派学者则是运用价值链解构企业的价值创造过程，着重于企业资源和能力的分析。SWOT 分析法就是在综合了资源学派和能力学派两者观点的基础上，以资源学派学者为代表，将企业内部分析与产业竞争环境分析结合起来形成的。

4.6.1　优势与劣势分析

企业的优势（S）是指企业特别擅长的，能够提高企业竞争力的各个方面。比如企业特有的有形资源、人力资源、企业文化、良好的企业形象、品牌、企业的专利技术、企业的营销能力等。企业竞争优势就是一个企业超越其竞争对手的能力，这种能力有助于实现企业的主要目标——赢利。比如，当几个企业处在同一细分市场或者都有能力向同一顾客群体提供产品和服务时，如果其中一个企业有更高的赢利率或赢利潜力，这个企业就比其他企业更具有竞争优势。在消费者眼中，企业的竞争优势是其产品有别于其竞争对手的任何优越的东西，如产品线的宽度、产品的质量、可靠性、适用性、风格、形象、服务质量、服务人员的专业素质等。

企业的劣势（W）是指企业不具备或不擅长的，导致企业竞争力落后的各个方面。例如管理能力欠缺、企业形象不佳、设备落后、人才短缺等。

由于企业是一个整体，同时企业竞争优势的来源十分广泛，故对企业的优势、劣势进行分析时必须将整个价值链的各个环节与竞争对手做详细的对比。如产品的新颖度、制造工艺的复杂度、销售渠道的畅通度、价格的竞争性等。如果一个企业在某一方面或几个方面的优势正是该行业企业应具备的关键成功要素，那么，该企业的综合竞争优势就有可能更强。

企业往往在建立起了某种竞争优势之后，就处于维持这种竞争优势的状态中。而随着市场竞争的激烈化，其竞争对手则开始逐渐作出反应。如果竞争对手直接进攻企业的优势所在，或采取其他更为有力的策略，就会使企业优势受到削弱。因此企业在维持竞争优势的过程中，必须深刻认识自身的资源和能力，并采取适当的措施以保持自己的优势。

4.6.2　机会与威胁分析

社会、经济、科技等各个方面都在日新月异的发展，尤其是随着是全球经济一体化进程的加快，世界信息网络的建立和市场需求的多样化，导致企业所处的宏观环境更为开放和复杂多变。这种变化对所有企业都将产生深刻的影响。正因为如此，外部环境分析对企业而言更加至关重要。

环境发展趋势会给企业带来两方面影响：一方面是造成环境威胁，另一方面是提供环境机会。

环境威胁（T）指的是环境中不利的发展趋势对企业形成的挑战，如竞争对手的壮大、市场增长的缓慢、消费力水平降低、设备的老化、政府的限制等。如果不采取果断的战略行为，这种不利趋势将导致企业的竞争地位受到削弱。

环境机会（O）是指对企业富有吸引力的领域，如政府政策的支持、新技术的应用、新行业的产生等。在这一领域中，企业将拥有竞争优势。

4.6.3　SWOT 的四种组合

SWOT 分析有四种不同类型的组合，即优势-机会（S-O）组合、劣势-机会（W-O）组合、优势-威胁（S-T）组合、劣势-威胁（W-T）组合，从而形成四种战略类型。见表 4-6。

表 4-6 SWOT 矩阵

外 部	内 部	
	优势	劣势
机会	优势-机会（S-O）战略（增长战略）	劣势-机会（W-O）战略（稳定战略）
威胁	优势-威胁（S-T）战略（多元化战略）	劣势-威胁（W-T）战略（紧缩战略）

4.6.3.1 优势-机会（S-O）战略

优势-机会（S-O）战略是增长型战略，是一种理想的战略模式。这是一种发展企业内部优势与利用外部机会相结合的战略。当企业具有某方面的优势，而同时外部环境又为企业发挥这一优势提供了有利机会时，企业就可以采取这种战略。例如某企业的市场份额持续提高，同时外部条件对其非常有利，比如企业生产或拥有的产品市场前景良好、供应商规模扩大或者企业的竞争对手有财务危机等，那么此时企业就可以通过收购竞争对手、扩大生产规模等战略方式来实现自身的发展、壮大。

4.6.3.2 劣势-机会（W-O）战略

劣势-机会（W-O）战略是稳定型战略，是试图通过利用外部机会来弥补自身缺陷与不足，通过改变企业劣势来获得竞争优势的战略。即便企业内部有缺陷、有不足，但是如果外部存在适当的机会，企业便可以利用这一机会获得发展。如果企业自身的缺陷妨碍了企业利用该机会，那么企业就应该采取一定的措施，克服或修正这些缺陷与不足。例如，某企业原材料供应不足，而原材料供应不足会导致生产能力闲置，导致单位成本上升，这是企业自身的弱点。但如果此时产品市场前景比较好，企业可利用这个外部机遇，通过扩大供应商规模、降低新技术设备的价格、利用竞争对手的财务危机等机会，进行上下游的整合，重新构建企业的价值链，以保证原材料供应，这样就能通过利用各种外部机遇来克服企业自身的弱点，从而赢得竞争优势。

4.6.3.3 优势-威胁（S-T）战略

优势-威胁（S-T）战略的多元化战略，该战略试图利用自身优势，来回避或减轻外部威胁对企业造成的影响。当企业有明显的竞争优势时，如果外部威胁较大，企业可以选择多元化的路线来分散风险，减少危害。譬如某企业资金充足、生产能力强、产品开发能力较强，但同时企业面临严重的威胁，其竞争对手利用新技术大幅度降低了生产成本，同时企业原材料供应紧张，消费者要求大幅度提高产品质量等，这些外部因素都导致企业成本状况进一步恶化，威胁和动摇企业在竞争中的地位。此时，企业就可以采用优势-威胁（S-T）战略，一方面利用其生产能力和研发优势来开发新工艺，简化生产过程，提高原材料利用率，从而降低材料消耗、降低生产成本；另一方面，企业可以开发新技术产品。新技术、新材料和新工艺的开发与应用是最具潜力的降低成本措施，同时可提高产品质量，满足消费者对产品质量的新需求。

4.6.3.4 劣势-威胁（W-T）战略

劣势-威胁（W-T）战略是紧缩型战略，是一种防御性的战略。该战略的主要目的是通过减少企业内部的弱点，来回避或减轻外部环境对企业带来的威胁。当企业自身困难重重，同时又面临外部威胁时，为了维持企业的生存，企业往往会通过降低成本来挽回局面。但如果企业无法通过降低成本挽回局面，比如企业资金状况恶化、原材料供应不足、生产能力不够、无法实现规模效益、设备老化等，企业通常会采取目标聚集战略或差异化战略，通过为某一细分市场服务或者提供某与众不同的产品或服务来回避成本方面的劣势，并回避由于成本劣势所带来的一系列威胁。

SWOT 分析法自形成以来，广泛应用于战略研究与竞争分析，成为战略管理和竞争情报的重要分析工具。SWOT 分析法的优点在于分析直观、使用简单。运用 SWOT 分析法进行分析可以使研究者在缺乏精确数据支持和更专业化分析工具的条件下得出有说服力的结论。

SWOT 分析法的缺陷是缺乏精确度。SWOT 分析主要是通过罗列 S、W、O、T 的各种表现，对企业的竞争地位作出模糊的描述，这是一种定性的分析方法，因而作出的判断会带有主观臆断的成分。故在使用 SWOT 分析方法时要做到尽量的真实、客观、精确，并尽可能提供充分的定量数据，这样才能有效避免或弥补 SWOT 定性分析的缺陷与不足。

【章末案例】

海底捞的管理智慧

1994 年，还是四川拖拉机厂电焊工的张勇在家乡简阳支起了 4 张桌子，利用业余时间卖起了麻辣烫。10 多年过去，海底捞在全国 6 个省市开了 30 多家店，张勇成了 6000 多名员工的董事长。张勇认为，人是海底捞的生意基石。客人的需求五花八门，单是用流程和制度培训出来的服务员最多能达到及格的水平。制度与流程对保证产品和服务质量的作用毋庸置疑，但同时也压抑了人性，因为它们忽视了员工最有价值的部位——大脑。让雇员严格遵守制度和流程，等于只雇了他们的双手。大脑在什么情况下才有创造力？心理学家的研究证明，当人用心的时候，大脑的创造力最强。于是，服务员都能像自己一样用心就变成张勇的基本经营理念。怎么才能让员工把海底捞当成家？答案很简单：把员工当成家里人。

海底捞的员工住的都是正规住宅，有空调和暖气，可以免费上网，步行 20 分钟到工作地点。不仅如此，海底捞还雇人给员工宿舍打扫卫生，换洗被单。海底捞在四川简阳建了海底捞寄宿学校，为员工解决子女的教育问题。海底捞还想到了员工的父母，优秀员工的一部分奖金，每月由公司直接寄给在家乡的父母。要让员工的大脑起作用，除了让他们把心放在工作上，还必须给他们权力。200 万元以下的财务权都交给了各级经理，而海底捞的服务员都有免单权。不论什么原因，只要员工认为有必要，都可以给客人免费送一些菜，甚至免掉一餐的费用。聪明的管理者能让员工的大脑为他工作，当员工不仅仅是机械地执行上级的命令，他就是一个管理者了。

海底捞不仅让这些处在社会底层的员工得到了尊严，还给了他们希望。海底捞的几乎所有高管都是服务员出身，这些大孩子般的年轻人，独立管理着几百名员工，每年创造几千万元营业额。没有管理才能的员工，通过任劳任怨的苦干也可以得到认可，普通员工如果做到功勋员工，工资收入只比店长差一点。海底捞把培养合格员工的工作称为“造人”。张勇将造人视为海底捞发展战略的基石。海底捞对每个店长的考核，只有两个指标，一是客人的满意度，二是员工的工作积极性，同时要求每个店按照实际需要 110%配备员工，为扩张提供人员保障。海底捞这种以人为本、稳扎稳打的发展战略值得不少中国企业借鉴。

（资料来源：商业评论数据库。）

思考和讨论

（1）海底捞的核心竞争力是什么，与其使命有什么关系，对其有什么价值？
（2）海底捞是怎么构建并强化这种竞争力的？在当今竞争环境下，是否可持续？

问题思考

4-1 以你熟悉的某企业为例，分析企业的内部资源。
4-2 什么是价值链？
4-3 如何通过价值链分析来评价企业的竞争地位，形成自己的核心竞争力？
4-4 以你熟悉的某企业为例，分析该企业的价值链。
4-5 什么是企业的核心能力？它有哪些主要特征？
4-6 以你熟悉的某企业为例，分析该企业的核心能力。
4-7 以你熟悉的某企业为例，运用 SWOT 分析工具对该企业进行战略环境分析。

5 公司层战略：明确价值创造方向

【学习要点】

（1）理解公司层战略的概念；
（2）掌握公司层战略的主要类型及联系；
（3）掌握稳定型战略的类型及优劣势；
（4）掌握增长型战略的类型及途径；
（5）掌握紧缩型战略的类型及优劣势；
（6）了解混合型战略的类型；
（7）建立波士顿矩阵和GE矩阵分析公司层战略。

【开章案例】

北京同仁堂的战略选择

一、发展战略

（一）一体化战略

1. 纵向一体化战略——前向一体化战略

在过去几十年的营销模式工作中、同仁堂一直采取的是“推销”策略，2000年之前，同仁堂在北京实行的是前店后厂的经营模式，在全国各地的销售模式也是用的传统代理商渠道。如今同仁堂正积极求变，开始采用纵向一体化战略——前向一体化战略，逐渐获得下游企业的控制权或加强对下游企业的控制。目前，同仁堂在全球的连锁药店逐渐增加，现已经达到350多家，其中有70多家药店位于北京。同时，同仁堂还在其他药店设立专柜，借助区域代理商在其他药店连锁进行铺货工作。现今，同仁堂顺应网络发展，逐渐建立起自己的网络销售渠道，包括开设网上药店，入驻淘宝、京东等网站，进行产品的销售。

2. 纵向一体化战略——后向一体化战略

同仁堂的主要经营业务是中成药的生产制造，但是原材料质量方面不好掌控，而且近年来中药原材料的价格逐渐上涨，波动较大，对公司中药生产特别是成本方面有很消极的影响，制约公司的发展。所以，公司近些年开始采用一体化战略——后向一体化战略，集团公司开始建造属于自己的中药材种植基地。公司自己建造的中药材种植基地，可以保障部分药材的稳定供应，受市场的影响变小，降低了生产的成本，有助于公司抑制部分原料价格波动的影响，增加利润，并保证了药材质量。

3. 横向一体化战略

同仁堂为了减少竞争压力、实现规模经济和增强自身实力以获取竞争优势，进行了企业兼并、收购和联合竞争企业的战略——横向一体化战略。在新西兰、韩国等国家进行了大量收购和兼并、联合；在国内同仁堂科技有限公司收购了兴安盟，开始进军保健品产业。

（二）密集型战略

1. 市场开发——现有产品和新市场

从1995年初开始，同仁堂陆续投入数亿元资金进行药品机器设备的改造，经过修整，全部生产线均已通过国家认证，并且其中有10条生产线通过了澳亚认证，为同仁堂产品进军国际市场打下了基础。同仁堂药品数量多、品种繁，且剂型多样，不同类型的市场都可以适应、都可以发展。同仁堂通过现有的产品，运用不同的营销策略进入新的市场。

2. 产品开发——新产品和现有市场

在现有的中成药市场，同仁堂利用先进的技术，研发出更加符合消费者需求的新产品。例如皮肤病血毒丸、藏青果喉片、止咳降糖胶囊、琼浆药酒等。

（三）多元化战略

在产品多元化上，同仁堂不断开发新品种，已经研制出了同仁牛黄清心丸、安宫牛黄丸、紫雪散、愈风宁心片、国公酒等许多优秀的药品，并且开始涉及其他领域：化妆品、健康白酒、营养保健品、药膳餐饮等。同仁堂也在近几年开始涉及中成药。相关工作业务包括货物储运，购销西药、医疗器械、卫生保健用品，经营所属企业自产产品及相关技术的出口业务，开展对外合资经营、合作生产、来料加工、来样加工及补偿贸易业务，出租汽车业务，经营经贸部批准的其他商品的进出口业务等。2006年，同仁堂与崇文区卫生局合作，于6月18日揭牌命名，建立北京同仁堂崇文中医医院，象征着同仁堂在完成中医中药有机结合方面取得了积极的成绩和效果。

二、收缩战略

同仁堂分拆上市。通过拆分同仁堂A股上市，此次实施收缩战略得到的除了公司盈利，还有同仁堂从中国走向世界所需要的经验、资源和渠道。

三、战略联盟

2013年12月18日，科技发展集团以“同心、聚力、发展、共赢”为主题，举办了营销战略联盟成立大会。科技发展集团、40余家营销战略联盟成员单位及科技发展集团三个销售公司参加了此次会议。联盟在营销模式创新、品种开发推广、文化推广服务、规范经营秩序、危机协调处理、政府公共关系等诸多方面将开展深层次合作探索，搭建起厂商互利共赢、深度合作的通道和平台。

（资料来源：闫艳，等. 关于中国北京同仁堂有限公司的战略选择分析［J］. 现代经济信息，2015（12）.）

公司层战略，又称总体战略，是企业最高层次的战略，由企业最高管理层决定，时间跨度较长。它是指企业根据愿景、使命及目标，结合所处的环境和自身的资源和能力，选择企业可以竞争的经营领域，合理配置企业经营所必需的资源，使各项经营业务相互支持、相互协调。

公司层战略所要解决的问题就是确定公司的经营范围和公司的资源在不同经营单位之间的分配事项。公司层战略可以划分成三种基本类型：稳定型战略、增长型战略和收缩型战略。同时，企业还可以把三种基本的公司层战略结合起来使用，形成组合战略。在特定的内外环境下，这四种战略都是合适的选择方案，也是明智的选择。在企业的实践中，这四种战略并不是被相同地采纳。美国管理学家格鲁克在对 358 位企业经理 15 年的战略选择进行深入研究之后发现，以上四种战略被使用的频率分别为：稳定型战略 9. 2%；增长型战略 54. 4%；紧缩型战略 7. 5%；混合型战略 28. 7%。

图 5-1 所示为公司层战略态势。

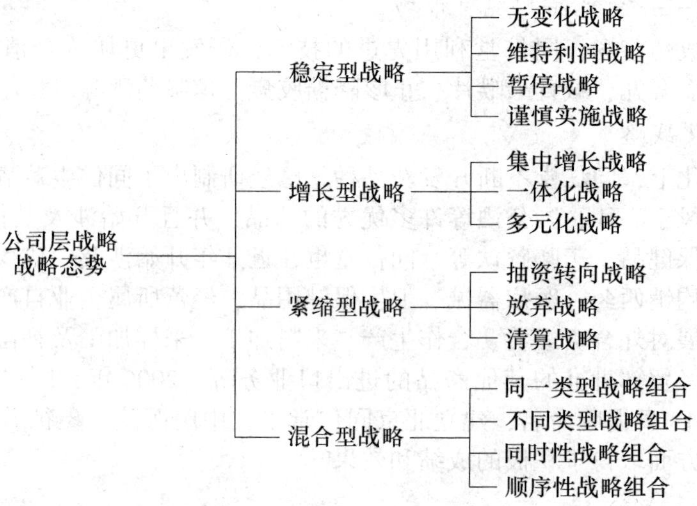

图 5-1　公司层战略态势

5. 1　稳定型战略

5. 1. 1　稳定型战略基本概述

稳定型战略是指在内外环境的约束下，企业准备在战略规划期使企业的资源分配和经营状况基本保持在目前状态和水平上的战略。

企业采取稳定型战略，即企业保持目前的经营方向及正在经营的产品和面向的市场领域，并且在其经营领域内达到的产销规模和市场地位都大致不变或以较小的幅度增长或减少。该战略的显著特征是公司很少发生重大改革或变化，具体表现包括持续地向同类顾客提供同样的产品或服务，保持现有产销规模和市场占有率，稳定和巩固现有的竞争地位等。公用事业、运输、银行和保险等部门的企业多采取稳定型战略。

稳定型战略主要依据前期成功战略。它坚持前期战略对产品和市场领域的选择，以前期战略达到的目标作为本期希望达到的目标。因而，实行稳定型战略的前提条件是企业过去的战略是成功的。对企业来讲，不可能永远采取稳定型战略，稳定型战略较适宜在短期内或者一个战略规划期内运用，长期实施存在较大风险。对于处于行业或产品的成熟期的企业来说，产品需求、市场规模趋于稳定，产品技术成熟，新产品的开发和以新技术为基础的新产品的开发难以取得成功，因此以产品为对象的技术变动频率低，同时竞争对手的数目和企业的竞争地位都趋于稳定，这时提高企业的市场占有率、改变市场的机会很少，因此较为适合采用稳定型战略。

5.1.2 稳定型战略的类型

在具体实施方式上，稳定型战略又可依据其目的和资源分配方式的不同，分为无变化战略、维持利润战略、暂停战略和谨慎实施战略。

5.1.2.1 无变化战略

无变化战略似乎是一种没有战略的战略。采用它的企业可能是基于以下两个原因：一是企业过去的经营相当成功，并且企业内外环境没有发生重大的变化；二是企业并不存在重大的经营问题或隐患，因而企业战略管理者没有必要进行战略调整，或者害怕战略调整会给企业带来利益分配和资源分配的困难。在这两种情况下，企业的管理者和职工可能不希望企业进行重大的战略调整，因为这种调整可能会在一定时期内降低企业的利润总额。采用无变化战略的企业除了每年按通货膨胀率调整其目标以外，其他都暂时保持不变。

5.1.2.2 维持利润战略

这是一种以牺牲企业未来发展来维持目前利润的战略。维持利润战略注重短期效果而忽略长期利益，其根本意图是渡过暂时性的难关，因而往往在经济形势不太景气时被采用，以维持过去的经营状况和效益，实现稳定发展。但使用不当的话，维持利润战略可能会使企业受到伤害，影响长期发展。美国铁路行业在 20 世纪 60 年代处于十分困难的状况。许多铁路公司通过减少铁路维修和保养来减少开支，实行稳定型战略，维持分红。然而，不幸的是这一困难时期延续到了 70 年代，铁路的状况持续恶化，最终使得这些铁路公司的经营受到了影响。

5.1.2.3 暂停战略

经过一段时期的快速成长之后，企业可能变得缺乏效率，或者难以管理。通过购买或内部发展而新增的事业部或分公司可能使管理人员过度紧张，造成各种资源过于分散。暂停战略就是在一段时期内降低企业目标水平，放慢快速成长的步伐，使企业能够将各种资源合并在一起使用。

5.1.2.4 谨慎实施战略

如果企业外部环境中的某一重要因素难以预测或变化趋势不明显，企业的某一战略决策就要有意识地降低实施进度，步步为营，这就是所谓的谨慎实施战略。比如，某些受国家政策影响比较严重的行业中的企业，在面临国家的一项可能的法规公布之前，就很有必要采用谨慎实施战略，一步步稳固地向前发展，而不是不问青红皂白地大干快上，置未来政策于不顾。

5.1.3 稳定型战略的优势和劣势

就一般意义上来说，稳定型战略具有自己的优势和劣势。其优势主要表现为以下几个方面：

(1) 企业经营风险相对较小。保持战略的连续性和稳定性，减小了风险。由于企业基本维持原有的产品和市场领域，从而可以利用原有的生产经营领域、渠道，避免开发新产品和新市场所必需的、巨大的资金投入，激烈的竞争抗衡和开发失败的巨大风险。

(2) 能避免因改变战略而改变资源分配的困难。由于经营范围和规模与过去大致相同，因而稳定型战略不必考虑原有资源的增量或存量调整，相对其他战略态势来说，显然要容易许多。

(3) 能避免因发展过快而导致的弊端。在行业发展迅速时，许多企业无法清醒地看到潜伏的危机而盲目发展，结果造成资源的大量浪费。我国许多彩电和空调企业就犯过这种毛病，造成了设备闲置效益不佳的后果。

(4) 能给企业一个较好的休整期，使企业积聚更多的能量，以便为今后的发展做好准备。从这点上说，适时的稳定型战略是将来的增长战略的一个必要的酝酿阶段。

但是，稳定型战略也有很多的缺陷，主要表现为以下几个方面：

(1) 稳定型战略的执行是以包括市场需求、竞争格局在内的外部环境的基本稳定为前提的。一旦企业的这一判断没有被验证，就会打破战略目标、外部环境、企业实力三者之间的平衡，使企业陷入困境。因此，如果环境预测有问题的话，稳定型战略就具有很大的风险。

(2) 特定细分市场的稳定型战略往往也隐含着较大的风险。由于资源不够，企业会在部分市场上采用稳定型战略，这样做实际上是将资源重点配置在这几个既定的子市场上，因而如果对这部分特定市场的需求把握不准，企业可能更加被动，会丧失外部环境提供的一些可以快速发展的机会。

(3) 稳定型战略也容易使企业的风险意识减弱，甚至形成惧怕风险、回避风险的企业文化。这就会大大降低企业对风险的敏感性和适应性，减少冒风险的勇气，从而也增大了以上所述风险的危害性和严重性。

稳定型战略的优点和弊端都是相对的，企业在具体的执行过程中必须权衡利弊，准确估计其收益和风险，并采取合适的风险防范措施。只有这样，才能保证稳定型战略优点的充分发挥。

5.1.4 稳定型战略的适用性

采取稳定型战略的企业，一般处在市场需求及行业结构稳定或者动荡较小的外部环境中，因而企业所面临的竞争挑战和发展机会都相对较少。但是，有些企业在市场需求以较大幅度增长或外部环境提供了较多发展机遇的情况下也会采用稳定型战略。一般来说，这些企业是由于资源状况不足以使其抓住新的发展机会而不得不采用相对保守的稳定型战略态势。

5.1.4.1 外部环境

外部环境的相对稳定会使企业更倾向于稳定型战略。影响外部环境稳定性的因素很多，大致包括以下几个方面：

(1) 宏观经济状况。如果宏观经济在总体上保持总量不变或总量低速增长，那么企业所处行业的上游、下游产业也往往只能以低速增长，这就势必影响到该企业所处行业的发展，增长速度也随之降低，这使得该产业内的企业倾向于采用稳定型战略，以适应这一外部环境。

（2）产业的技术创新度。如果企业所在的产业技术相对成熟，技术更新速度较慢，企业过去采用的技术和生产的产品无需经过太大的调整就能满足消费者的需求并能与竞争者抗衡，这样产品系列及其需求也随之保持稳定，从而促使企业采取稳定型战略。

（3）消费者需求偏好的变动。这一点其实是决定产品系列稳定度的一个方面：消费者频繁的偏好转移势必使企业在产品特性和营销策略上采取的做法与过去有所不同，否则将会被竞争对手击败，而这种策略上的变动毫无疑问将影响到企业的经营战略，因而企业若继续采用稳定型战略态势，很可能陷入被动。从这点来看，稳定型战略适用于消费者需求偏好较为稳定的企业。

（4）产品生命周期。对于处于行业或产品的成熟期的企业来讲，产品需求、市场规模趋于稳定，产品技术较为成熟，新产品的开发和以新技术为基础的新产品开发难以取得成功，因此以产品为对象的技术变动频率低，同时竞争对手的数目和企业的竞争地位都趋于稳定，这时提高市场占有率、改变市场地位的机会很少，因此较为适合采用稳定型战略。

（5）竞争格局。如果某企业所处行业的进入壁垒非常高或由于其他原因使得该企业所处的竞争格局相对稳定，竞争对手之间很难有较为悬殊的业绩改变，则企业采用稳定型战略可以获得最大的收益，因为改变竞争战略带来的业绩增加往往是不尽如人意的。

5.1.4.2 企业内部实力

企业战略的实施一方面需要与外部环境相适应，另一方面要有相应的资源和实力来实施，也就是既要看到外部的威胁与机会，又要看到自身的优势与劣势。除了分析企业所处的外部环境之外，还要分析企业的内部环境。具体来说，应分析以下几个方面，看其是否适合使用稳定型战略。

（1）企业资源。如果外部环境较好，为企业提供了有利的发展机会，企业就可以采取提高市场占有率的策略。但是，如果企业资源不充分，如资金不足、研究开发能力较差，人力资源不足等，就无法采取提高市场占有率的战略。此时，企业可以采取以局部市场为目标的稳定型战略。

（2）资源分配。当外部环境较为稳定时，资源较为充足的企业可以在广泛的市场上选择自己的战略资源分配；而资源相对稀缺的企业可以在相对狭窄的细分市场上集中资源，它们都可以采用稳定型战略，以适应外部环境。

（3）竞争优势。当外部环境较为不利时，资源丰富的企业可以采用一定的稳定型战略；资源不够充足的企业，如果它在某个细分市场上具有独特的竞争优势，则可以考虑采用稳定型的战略；但如果不具备相应的特殊竞争优势，则不宜采用稳定型战略。

当外部环境较为稳定时，资源较为充足的企业与资源相对较为稀缺的企业都应当采用稳定型战略，以适应外部环境，但两者的做法可以不同。前者可以在更为宽广的市场上选择自己战略资源的分配点，而后者则应当在相对狭窄的细分市场上集中自身资源，以求稳定发展。

企业稳定型战略的一般条件模型见表5-1。

表 5-1 企业稳定型战略的一般条件模型

企业内部	企业外部	
	（相对稳定）机会	（相对稳定）威胁
优势	稳定增长	稳定不变
劣势	稳定不变	稳定收缩

公司层战略专栏 1：

方兴地产的稳定型战略

方兴地产是中化集团旗下的商业地产子公司，于 2007 年 8 月 17 日在香港联合交易所上市。2015 年 9 月，方兴地产更名为中国金茂控股集团有限公司（简称中国金茂）。借助中化集团在地产业务方面的市场及技术优势，方兴地产上市伊始就在房地产开发领域大展拳脚。截至 2008 年 11 月，方兴地产在短短一年多的时间里已收购多处高档物业，其在商业地产领域的影响力也逐渐显现。在地产新媒体观点网推出的“2008 年中国房地产企业年度 30 强企业”榜单中，方兴地产雄踞榜首。

随着 2008 年国际金融危机愈演愈烈，嗅觉敏锐的方兴地产于 2008 年 11 月宣布暂停收购母公司中化集团持有的中国世贸投资有限公司 15%的股权。正当众多资本市场投资者纷纷揣测此举的意图时，方兴地产发布公告解释称，由于中化集团在中国世贸投资有限公司中“不具有任何管理角色”，所以此次收购不符合公司的一贯策略。实际上，自 2007 年上市以来，方兴地产从未停止收购母公司旗下资产的步伐；况且，中国世贸投资有限公司的主要物业为地处北京中央商务区核心地段的中国国际贸易中心，收购其股份并不与方兴地产之前公布的“一线城市、黄金地段、高端物业的核心战略定位”相冲突。

此外，方兴地产还宣布暂停上海汇山码头整合开发项目。此前方兴地产曾宣称在落实和完成对上海银汇的收购后，将利用其所持有的上海汇山码头西块的土地使用权，连同早先持有的该码头东块及中块的土地使用权，对整个汇山码头进行进一步的整合开发。

（资料来源：肖平，马建威. 稳定型战略的应用及风险防范［J］. 财务与会计（理财版），2010（8）.）

5.2 增长型战略

5.2.1 增长型战略基本概述

增长型战略又称扩张型战略、进攻型战略、发展型战略、成长战略。它是指企业在现有的战略基础水平上向更高一级的方向发展，从企业发展的角度来看，任何成功的企业都应当经历过长短不一增长型战略实施期，因为从本质上说只有增长型战略才能不断地扩大企业规模，使企业从竞争力弱小的小企业发展成为实力雄厚的大企业。增长型战略有以下特征：

（1）实施增长型战略的企业不一定比整个经济增长速度快，但他们往往比其产品所在的市场增长得快。市场占有率的增长可以说是衡量增长的一个重要指标，增长型战略具体体现在：不仅应当有绝对市场份额的增加，更应有在市场总容量增长的基础上相对份额的增加。

（2）实施增长型战略的企业往往取得了高于社会平均利润率的利润水平。由于发展速度较快，这些企业更容易获得较好的规模经济效益，从而降低生产成本，获得超额的利润率。

（3）采用增长型战略态势的企业试图延缓甚至消除行业中价格竞争的危险。由于采用了增长型战略的企业不仅仅在开发市场上下了功夫，而且在新产品开发、管理模式上都力求具有竞争优势，因而其赖以作为竞争优势的并不会是损伤自己的价格战，而一般来说总是以相对更为创新的产品和劳务以及管理上的高效率作为竞争手段。

（4）增长型战略鼓励企业立足于创新。这些企业常常开发新产品、新市场、新工艺及旧产品的新用途，以把握更多的发展机会，谋求更大的风险回报。

（5）与简单的适应外部条件不同，采用增长型战略的企业倾向于通过创造以前并不存在的某物或对某物的需求来改变外部环境，并使之适合自身。这种去引导或创造合适的环境是由其发展的特性决定的，要真正实现既定的发展目标，势必要有特定的合适的外部环境，被动适应环境显然不一定有帮助。

5.2.2 集中成长战略

早在1957年，战略管理学家安索夫就在《哈佛商业评论》中提出了“产品与市场组合”的概念。他认为集中成长战略有四种要素，即现有产品、新产品、现有市场和新市场。这四项要素又有四种组织，即市场渗透战略，将现有产品和现有市场进行组合；市场开发战略，将现有产品和新市场进行组合；产品开发战略，将新产品和现有市场进行组合；一体化战略，将新产品和新业务组合是向经营业务的深度和广度发展的一种战略。见表5-2。

表5-2 产品-市场2×2矩阵

市　场	产　品	
	现有产品	新产品
现有市场	市场渗透	产品开发
新市场	市场开发	一体化经营

应当指出尽管在全球经济增长时期，安索夫提出的战略帮助企业获得了很大发展，但该矩阵并未完全包括企业创新、发展战略的所有类型，而这些类型都是企业发展必不可少的。

5.2.2.1 市场渗透战略

市场渗透战略是以现有产品在现有的市场范围内，通过更大的营销努力提高现有产品或服务的市场份额。企业战略研究人员应该系统地考虑市场、产品及营销的组合策略以促进市场渗透。

（1）市场渗透战略的适用条件。市场渗透战略被广泛地单独使用或同其他战略结合使用，尤其适合下列五种情况：1）当企业的产品或服务在当前的市场中还未达到饱和时，企业采取市场渗透战略就具有潜力。2）当现有消费者对产品的使用率还可显著提高时，企业可以通过营销手段进步提高产品的市场占有率。3）在整个行业的销售额增长时，企业竞争对手的市场份额却呈现下降局面，这样，企业就可获得市场份额的增加。4）企业在进行产品营销时，随着营销力度的增加，其销售呈上升趋势，两者的高度相关能够保证市场渗透战略的有效性。如果营销的投入并不能带来销售额的增加，则采取这一战略很难达到预期目标。5）企业通过市场渗透战略谋取企业市场份额的增加，使企业达到销售规模的增加，这种规模能够给企业带来显著的市场优势时，渗透战略才是有效的；否则，这种战略就是失败的。

（2）市场渗透的主要途径。企业提高产品销售量主要有以下基本途径：1）增加产品使用者的数量。2）增加产品使用者的使用频率。3）改善现有产品特性，吸引新用户和增加原有用户的使用量。

5.2.2.2 市场开发战略

市场开发战略是由现有产品和相关市场组合产生的战略。它是发展现有产品的新顾客群或新的地域市场从而扩大产品销售量的战略。

（1）市场开发战略的适用条件：1）在空间上存在着未开发或未饱和的市场区域发展的空间；2）企业可以获得新的、可靠的、经济的、高质量的销售渠道；3）企业必须拥有扩大经营所需的资金、人力和物质资源；4）企业存在过剩的生产能力；5）企业的主营业务属于正在迅速全球化的行业。

当然，除满足以上条件外，更重要的一点是企业在目前的经营领域内获得了极大成功，有实力进行新市场的开发。

（2）市场开发战略的主要途径：1）进行市场的再开发；2）创造市场；3）创新销售渠道；4）转移市场。

5.2.2.3 产品开发战略

产品开发战略是通过改进和改变产品或服务而增加产品销售。进行产品开发通常需要大量的研究和开发费用。

（1）适用范围：1）企业参与竞争的产业属于迅速发展的高技术产业；2）企业具备较强的研究和开发能力；3）企业拥有很高的市场信誉度；4）企业所处的产业高速增长；5）企业在开发产品时，提供的产品能够以较高的性价比比竞争对手更好地满足市场需求。

（2）实施产品开发战略一般有两种途径：1）产品革新；2）产品发明。

5.2.3 一体化战略

一体化战略就是将独立的若干部分加在一起或者结合在一起成为一个整体的战略。当实力增强，市场占有率越来越大时，企业就要考虑如何扩大规模、向什么方向发展的问题，于是一体化战略便应运而生。一体化战略的基本形式有横向一体化和纵向一体化，如图 5-2 所示。一体化战略如图 5-3 所示。

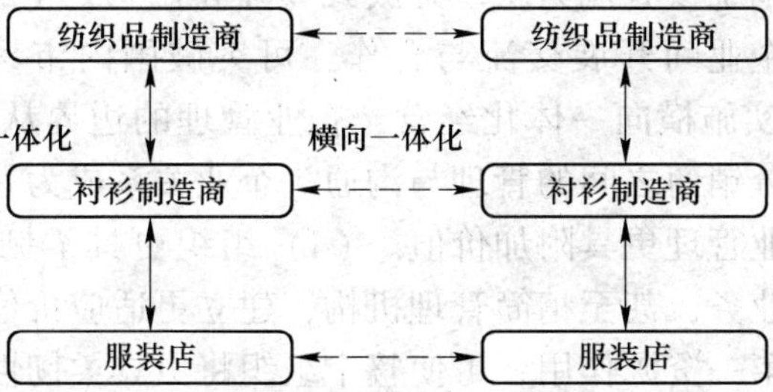

图 5-2 纵向一体化和横向一体化

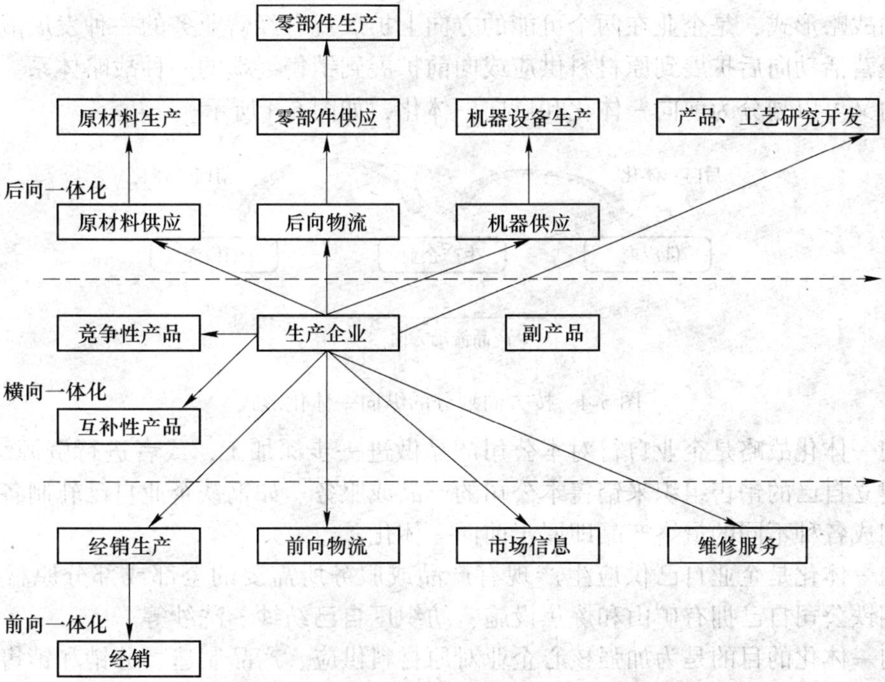

图 5-3 一体化战略

5.2.3.1 横向一体化

横向一体化战略也叫水平一体化战略，是指为了扩大生产规模、降低成本、巩固企业的市场地位、提高企业竞争优势、增强企业实力而与同行业企业进行联合的一种战略。实质是资本在同一产业和部门内的集中。目的是实现扩大规模、降低产品成本、巩固市场地位。国际化经营是横向一体化的一种形式。

采用横向一体化战略，企业可以有效地实现规模经济，快速获得互补性的资源和能力。此外，通过收购或合作的方式，企业可以有效地建立与客户之间的固定关系，遏制竞争对手的扩张意图，维持自身的竞争地位和竞争优势。

横向一体化类的增长可以从三个方面进行：（1）扩大原有产品的生产和销售；（2）向与原产品有关的功能或技术方向扩展；（3）与上述两个方向有关的向国际市场扩展或向新的客户类别扩展。

横向一体化可以给企业带来如下优势：（1）生产更具专业性。企业能集中有限的资源专注于核心业务，围绕核心能力从事开放式专业化经营。(2) 市场更加广泛。在经济全球化的大环境下，企业间开展交流与合作，可突破国内市场的局限，开拓国际市场。(3) 管理更具价值。实施横向一体化经营，企业管理的边界从企业内部的各职能部门扩展到企业与供应商、分销商之间的管理与沟通。企业关系成为一种共生共存、互惠互利的协作关系，从而使企业管理更具附加价值。(4) 组织更具柔韧性。企业通过剥离不具竞争优势的低收益附属业务，甚至精简管理机构，建立更适应价值链管理的现代扁平化组织结构，充分发挥人的第一资源作用，可使整个组织将更具柔韧性。

5.2.3.2　纵向一体化

纵向一体化又称为垂直一体化，指企业将生产与原料供应，或者生产与产品销售联合在一起的战略形式，是企业在两个可能的方向上扩展现有经营业务的一种发展战略，是将公司的经营活动向后扩展到原材料供应或向前扩展到销售终端的一种战略体系。按产品流动的方向又可以划分为前向一体化和后向一体化，如图 5-4 所示。

图 5-4　按方向划分的纵向一体化形式

前向一体化战略是企业自行对本公司产品做进一步深加工，或者进行资源综合利用，或公司建立自己的销售组织来销售本公司的产品或服务。如钢铁企业自己轧制各种型材并将型材制成各种不同的最终产品即属于前向一体化。

后向一体化是企业自己供应生产现有产品或服务所需要的全部或部分原材料或半成品，如钢铁公司自己拥有矿山和炼焦设施，纺织厂自己纺纱、洗纱等。

纵向一体化的目的是为加强核心企业对原材料供应、产品制造、分销和销售全过程的控制，使企业能在市场竞争中掌握主动，从而达到增加各个业务活动阶段利润的目的。

纵向一体化是一种典型的价值链体系，在这种体系下可产生完整的价值传递过程，作为企业的战略制定者可以不断向纵深渗透，如伊利奶业已经向后进入了奶源基地的建设，奥康和美特斯邦威已经向前进入了专卖店建设。现实中，多数大型企业均有一定程度的纵向一体化。

纵向一体化是公司增长到一定阶段的主要扩张战略。据战略专家班诺克的观点，公司通过横向一体化打败竞争对手，达到市场多头垄断地位后，便会进入纵向一体化扩张。一旦公司在一生产部门占领重要地位之后，向多种部门扩张便成为其唯一的增长战略。

纵向一体化可以给企业带来如下优势：(1) 带来内部控制和协调的经济性、信息的经济性、节约交易成本的经济性、稳定关系的经济性。(2) 有助于开拓上游或下游经营相关技术。(3) 确保供给和需求，减少上下游企业随意中止交易的不确定性。(4) 削弱供应商或顾客的价格谈判能力。(5) 提高差异化能力。通过在管理层控制的范围内提供一系列额外价值，改进本企业区别于其他企业的差异化能力（核心能力的保持）。(6) 提高进入壁垒。使关键的投入资源和销售渠道控制在自己的手中，防止竞争对手进入本企业的经营领域，同时还限制了所在行业的竞争程度，使企业的定价有了更大的自主权。

公司层战略专栏2：

百丽鞋业的纵向一体化战略

百丽鞋业于1991年10月创立，主要从事订单加工及鞋类产品的制造。1997年，在鞋类制造方面积累了丰富经验后，百丽开始拓展全球零售网络，并开始打造自有品牌。之后几年，百丽女鞋逐渐成为中国市场同类产品中的领先品牌。2008年5月，百丽在中国香港联交所挂牌上市。推动百丽强势成长的重要因素是什么？它占据了价值链上哪个最具价值的环节。

一、掌控整体产业链

纵向一体化模式是百丽在中国鞋企中脱颖而出的重要发展模式——从产品的设计到开发、生产、营销、推广、分销、零售等产业链上的各个环节，全部由百丽自己承担。在倡导产业链分工协作的今天，这种模式似乎有点另类。实际上，它是百丽获得高额利润的保证。

在这种模式支撑下，百丽赚足了产业链上每一个关键环节的利润，企业的综合毛利率高于行业平均水平，比国内鞋业的其他优秀企业高出10个百分点左右。更重要的是，在瞬息万变的市场环境中，对零售网络的直接控制，使百丽在企业与消费者之间搭起了一个随处可见的高效运作平台，能够随时获得和掌控市场信息，把握市场趋势，在竞争中赢得主动。

同时，这种模式还可以让百丽最大限度地控制供应链，使产品一开始就比在国外研发的产品提前4个月左右上市。

在对销售环节进行强势掌控的同时，百丽并没有忽视对制造环节的投入。“2006年，百丽投资5亿元兴建百丽工业园。这样做的目的，是将制造环节牢牢地掌握在自己手中，可以使企业在供应链后端发力，辅助前端很好地迎合市场。”百丽CEO盛百椒说。

二、打造急速供应链

目前在百丽，一款鞋从生产到上架只需20多天；任何一款产品的首批订单永远只做50%，其余通过补单的形式完成——首批产品上架后，各地零售终端的销售情况会迅速反馈到企业，根据这些信息，来决定其余50%产品的生产。

百丽打造极速供应链的重要保障是遍布全国各地的零售网点，大城市多开店，小城市开大店，百丽的开店理念是“做品牌首要的是抓好产品的供应链”。盛百椒说：“大城市开店成本高，且进入的品牌多，竞争激烈，一个品牌无法以压倒性的优势占领市场，我们的策略是多开店，让品牌逐渐深入人心；小城市房租和人工都便宜，在较好的位置开大店，形成旗舰。”

扁平化决策。为了迎合各地消费者的不同需求及审美情趣，百丽将全国分为10大销售区，并将采购及销售权彻底下放。这种扁平化的决策程序，使百丽得以快速适应市场变化，提升了销售和盈利能力。

利用品牌、供应链和强势渠道，再加上精细化的管理，使百利摆脱了多数鞋企所遭遇的微利尴尬。“凡是女人路过的地方，都要有百丽。”这是盛百椒的目标——他计划每年在全国新开1000家新店，其中包括建立更多的零售商城。

（资料来源：百丽鞋业：赢在纵向一体化［J］. 中国品牌与防伪，2009（5）.）

5.2.4 多元化战略

多元化战略，也称为多样化战略，是指企业在新的产品领域和新的市场领域形成发展的态势，即企业同时采取增加新产品种类和开拓新市场的战略，分为相关多元化与非相关多元化两种类型。

5.2.4.1 相关多元化战略

相关多元化战略是企业为了追求战略竞争优势，增强或扩展已有的资源、能力及核心竞争力而有意识采用的一种战略。实行这种战略的企业增加新的，但与原有业务相关的产品与服务，这些业务在技术、市场、经验、特长等方面相互关联。例如，我国的海尔、长虹等知名的家电企业都实行相关多元化的战略，它们同时生产电视机、冰箱、空调器、洗衣机等多种家电产品。

相关多元化的战略匹配关系给企业带来优势。战略匹配存在于价值链非常相似以致能为公司各方面带来机会的不同经营业务之间，它主要从两个方面给相关多元化的企业带来优势：一是产生范围经济；二是增加市场力量。

范围经济是指由于企业经营范围的扩大而带来的经济性，本质上在于企业多项业务可以共享企业的资源，如分享技术，对共同的供应商形成更强的讨价还价的力量；分享共同的销售力量，共同使用一个知名商标，将竞争性的有价值的技术秘诀或生产能力从一种业务转移到另一种业务等。从理论上来讲，范围经济主要来自技术匹配性、市场匹配性、运营匹配性和管理匹配性。

市场力量是指企业对市场的控制力或影响力。当一个企业在多个相互关联的领域内经营时，它通常比那些在单一领域内经营的企业更有市场力量。如一个同时生产电视机、冰箱、洗衣机、空调器、微波炉等多种家电产品的企业，往往比只生产冰箱的企业更有市场力量。

5.2.4.2 非相关多元化战略

非相关多元化战略是指企业增加新的、与原有业务不相关的产品或服务的经营战略，又称混合型多元经营战略或复合多元化、跨产业经营战略等，即企业所开拓的新业务与原有的产品、市场都没有相关之处，所需要的生产技术、经营方法、销售渠道等必须重新取得。

非相关多元化战略给企业带来的优势可以从以下三个方面体现：（1）分散经营风险。企业可以通过向不同的行业渗透和向不同的市场提供产品与服务，来分散企业的经营风险。（2）能够使企业迅速利用各种市场机会，向更有效率的行业转移，以改善企业的整体盈利能力和灵活性。（3）拓展企业成长发展空间。企业可以通过多样化发展战略，进入高增长、高收益、高附加值的新兴产业，以减轻在现有产品市场上的竞争压力。

同时，非相关多元化战略也存在以下的劣势：（1）企业资源分散。多样化发展必定导致企业将有限的资源分散于每一个发展的业务领域，从而使每个欲发展的领域都难以得到充足的资源支持，加大企业失败的风险。（2）管理难度加大。由于企业在不同的业务领域经营，不可避免地要面对多种多样的产品与市场，这些产品在生产工艺、技术开发、营销手段上可能不尽相同，这些市场在开发、渗透、扩张等方面也都可能有明显的区别，要管理好它们难度显著增加。此外多元化经营企业内部管理的复杂化还表现在对不同业务单位的业绩评价、集权与分权的界定以及不同业务单位间的协作等。（3）运营费用增加。当一个原先在单一产业领域运营的企业准备进入另一个或多个产业领域时，必然要增加运营费用，主要包括学习费用、设备与技术的购置费用，以及市场营销方面的费用等。

5.3 紧缩型战略

所谓紧缩型战略，是指企业从目前的战略经营领域和基础水平收缩撤退，且偏离战略起点较大的一种经营战略。与稳定型战略和增长型战略相比，紧缩型战略是一种消极的发展战略。一般来说，企业实行紧缩型战略只是短期性的，其根本目的是使企业挨过风暴后转向其他的战略选择。有时，只有采取收缩和撤退的措施，才能抵御对手的进攻，避开环境的威胁和迅速地实行自身资源的最优配置。可以说，紧缩型战略是一种以退为进的战略态势。各时期退出的可能原因见表 5-3。

表 5-3 各时期退出的可能原因

产品生命周期	引入期	成长期	成熟期	衰退期
可能的退出原因	市场潜力不大 进入壁垒大 政策、营销等风险	竞争对手增多 市场份额低 市场前景不佳新技术替代 战略转移	竞争激烈 无竞争优势 市场前景不佳战略转移	市场萎缩 深度开发困难新产品出现 经营困难 战略转移

紧缩型战略有以下特征：

（1）对企业现有的产品和市场领域实行收缩、调整和撤退战略，比如放弃某些市场和某些产品线系列，因而从企业的规模来看是在缩小的；同时一些效益指标，比如利润率和市场占有率等，都会有较为明显的下降。

（2）对企业资源的运用采取较为严格的控制和尽量削减各项费用支出，往往只投入最低限度的经管资源，因而收缩型战略的实施过程往往会伴随着大量的裁员、一些奢侈品和大额资产的暂停购买，等等。

紧缩型战略具有明显的短期性。与稳定和发展两种战略相比，紧缩型战略具有明显的过渡性，其根本目的并不在于长期节约开支，停止发展，而是为今后的发展积蓄力量。

5.3.1 紧缩型战略的类型

根据紧缩的方式和程度不同，紧缩型战略可以分为三种类型：抽资转向战略、放弃战略和清算战略。

5.3.1.1 抽资转向战略

抽资转向战略是企业在现有的经营领域不能维持原有的产销规模和市场而不得不采取缩小产销规模和市场占有率，或者企业在存在新的、更好的发展机遇的情况下，对原有的业务领域进行压缩投资、控制成本以改善现金流为其他业务领域提供资金的战略方案。另外，企业在财务状况下降时也有必要采取抽资转向战略，这一般发生在物价上涨导致成本上升或需求降低使财务周转不灵的情况。

针对这些情况，抽资转向战略可以采取以下措施：（1）调整企业组织；（2）降低成本和投资；（3）减少资产；（4）加速回收企业资产。抽资转向战略会使经营主方向转移，这有时会涉及经营基本宗旨的变化，其成功的关键是管理者明晰战略管理概念，即必须决断是对现存的企业业务给予关注还是重新确定企业的基本宗旨。

5.3.1.2 放弃战略

在采取抽资转向战略无效时，企业可以尝试放弃战略。放弃战略是指将企业的一个或几个主要部门转让、出卖或者停止经营。这个部门可以是一个经营单位、一条生产线或者一个事业部。

5.3.1.3 清算战略

清算是指卖掉其资产或停止整个企业的运行而终止一个企业。显然，清算战略对任何企业来说都不是最有吸引力的战略，而且通常只有当所有其他战略都失败时才启用它。但在确实毫无希望的情况下，尽早地制定清算战略，企业可以有计划地逐步降低企业股票的市场价值，尽可能多地收回企业资产，从而减少全体股东的损失。因此，清算战略在特定的情况下，也是一种明智的选择。

放弃战略与清算战略并不一样。由于放弃战略的目的是要找到肯出高于企业固定资产时价的买主，所以企业管理人员应说服买主，认识到购买企业所获得的技术或资源能使对方利润增加。而清算一般意味着只包括对资产的有形价值部分的清算。需要特别指出的是，清算战略的净收益是企业有形资产的出让价值，而不包括其相应的无形价值。

5.3.2 紧缩型战略的优势和劣势

收缩型战略的优势有：

（1）能帮助企业在外部环境恶劣的情况下节约开支和费用，顺利地渡过不利的处境。

（2）能在企业经营不善的情况下最大限度地降低损失。在许多情况下，盲目而且顽固地坚持经营无可挽回的事业，而不是明智地采用收缩型战略，会给企业带来致命的打击。

（3）能帮助企业更好地实行资产的最优组合。如果不采用收缩型战略，企业在面临一个新的机遇时，只能运用现有的剩余资源进行投资，这样做势必会影响企业在这一领域发展的前景；相反，通过采取适当的收缩型战略，企业往往可以将不良运作处的资源转移部分到这一发展点上，从而实现企业长远利益的最大化。

与上述优点相比，收缩型战略也会为企业带来一些不利之处：

（1）实行收缩型战略的尺度较难以把握，因而如果盲目地使用收缩型战略，可能会扼杀具有发展前途的业务和市场，使企业的总体利益受到伤害。

（2）一般来说，实施收缩型战略会引起企业内外部人员的不满，从而引起员工情绪低落。因为实施收缩型战略常常意味着不同程度的裁员和减薪，而且实施收缩型战略在某些管理人员看来意味着工作的失败和不利。

5.4 混合型战略

5.4.1 混合型战略基本概述

混合型战略就是指稳定型战略、增长型战略、紧缩型战略三种战略的组合，是几种战略形成的一个有机整体。其中组成该混合型战略的各战略称为子战略。事实上，大多数有一定规模的企业并不只实行一种战略，大部分企业也并不是长期使用同种战略态势。从混合型战略的特点来看，一般是较大型的企业采用较多，因为其拥有较多的战略业务单位。由于企业业务可能分布在完全不同的行业和产业群之中，所面临的外界环境和资源条件不完全相同，因此采取混合型战略。

5.4.2 混合型战略的类型

根据不同的分类方式，混合型战略可以分为不同的种类，见表5-4。

表5-4 混合型战略分类

项目	战略的构成	战略组合的顺序
混合型战略类型	同一类型的战略组合	同时性战略组合
	不同类型的战略组合	顺序性战略组合

按照各自战略的构成不同，混合型战略可以分为以下几类：

（1）同一类型的战略组合。所谓同一类型的战略组合是指企业采取稳定、增长和紧缩中的一种战略态势作为主要的战略方案，具体的战略业务单位由不同类型的同一种战略态势来指导。因此，从严格意义上来说，同一类型的战略的组合并不是“混合战略”，因为它不过是在某一战略态势中的不同具体类型的组合。

（2）不同类型的战略组合。这是指企业采用稳定、增长和紧缩战略中的两种以上的战略态势的组合，因而这是严格意义上的混合型战略。这种战略要求企业的高层管理者能很好地协调和沟通企业内部的各战略业务单位之间的关系。

按照战略组合的顺序不同，混合型战略可以分为如下几种：

（1）同时性战略组合。这是指不同类型的战略被同时在不同战略业务单位执行而组合在一起的混合型战略。战略的不同组合有好几种，最常见的如下：

1）在撤销某一战略经营单位、产品系列或经营部门的同时，增加其他一些战略经营单位、产品系列或经营部门。这其实是对一个部门采取清算战略，同时对另一个部门实施增长战略。

2）在某些领域或产品中实施抽资转向战略的同时，在其他业务领域或产品中实施增长战略。在这种情况下，企业实施紧缩战略的业务单位，可能还未到应该放弃或清算的地步，甚至有些可能是仍旧有潜力的发展部门，但是为了提供其他部门发展所需要的资源，只有实施紧缩型战略。

3）在某些产品或业务中实施稳定战略，而在其他一些产品或部门中实施增长战略，这种战略组合一般适用于资源相对丰富的企业，因为它要求企业在没有实施收缩而获取资源的前提下，以自己的积累投入需要增长的业务领域。

（2）顺序性战略组合。顺序性战略组合是指一个企业根据生存与发展的需要，先后采用不同的战略方案，从而形成自身的混合型战略方案，因而这是一种在时间上的战略组合。常见的顺序性战略组合有：

1）在某一特定时期实施增长型战略，然后在另一时期使用稳定型战略。这样做，是为了使企业能够发挥“能量积聚”的作用。

2）首先使用抽资转向战略，然后在情况好转时再实施增长战略。采用这种战略的企业主要是利用紧缩战略来避开外界环境的不利条件。

3）很多时候，企业并不一定采用单一的战略，如纯粹的稳定型战略或者增长型战略，或者收缩型战略，而是各种战略的混合使用，这就是混合型战略。

需要注意的是，企业面临的环境日趋复杂且多变，而战略一般会持续较长的时间，企业经营上的灵活性、能动性和适应性更加重要，单一的战略往往会面对来自环境的挑战而可能最终不能适应。

5.4.3 混合型战略的适用性

总体上看，混合型战略一般在以下一些情况适用：

（1）较大规模的企业或者产品系列较多的企业，可能有较多的业务单位，跨行业经营，对有的产品采用增长型战略，同时对有的产品采用收缩型战略。

（2）市场区域较为宽泛的企业，在不同的市场上可能面临不同的具体情况，因而根据不同的市场采用不同的战略，有的可能强化增长，有的可能收缩。

（3）技术进步较快的企业，例如技术领导者，相应的产品更新也快，为了推广其强势产品或者与对手拉开更大的距离，往往会对处于生命周期不同的产品实施不同的战略，或者有所抑扬。例如INTEL推出奔腾4以后，对奔腾3系列产品采用逐步收缩的战略。

（4）实力有限的企业可能也会采用混合型战略，一边致力于业务和业绩的快速增长，一边可能会做一些战略铺垫，为将来打好基础。

（5）企业处于不同的发展时期应当采用不同的战略模式，如从企业初创到壮大的各个阶段采用“增长—稳定—增长—稳定—收缩调整—增长—稳定”的顺序战略组合。

5.5 公司战略的选择工具

在确定企业业务经营范围和重点之后，企业应该确定资源如何在各业务中进行分配。企业应根据内部各项业务的优势、相应的产业特征及发展阶段，分析评估企业目前业务组合的绩效表现，帮助企业明确各项业务的现状和前景，针对不同的业务组合状况选择相应战略。

战略业务单位（SBU）是波士顿矩阵的核心概念。所谓战略业务单位是指具有单独的任务和目标，可以单独制订计划而不与其他业务发生牵连的一个业务或一条产品线、一个产品、一个品牌。战略业务单位必须在公司总体目标和战略的约束下，执行自己的战略管理过程。在这个执行过程中其经营能力不是持续稳定的，而是在不断变化的，可能会得到加强，也可能会被削弱，这取决于公司的资源分配状况。

5.5.1 波士顿矩阵

就公司的资源在不同经营单位之间的分配而言，确定公司业务组合的经典方法就是波士顿矩阵（the BCG matrix）。该方法是由波士顿咨询集团（Boston Consulting Group，BCG）在20世纪70年代初开发的。BCG矩阵将组织的每一个战略业务单位标在一种二维的矩阵图上，对已有的业务进行评估从而显示出哪个战略业务单位提供高额的潜在收益，哪个战略业务单位是组织资源的漏斗。BCG矩阵的发明者、波士顿公司的创立者布鲁斯认为：公司若要取得成功，就必须拥有增长率和市场份额各不相同的产品组合，组合的构成取决于现金流量的平衡。如此看来，BCG的实质是为了通过业务的优化组合实现企业的现金流量平衡，有助于理解多元化业务和帮助管理者建立资源分配决策的有限目标，详见4.4.1节。

5.5.1.1 问题型业务（question marks，高增长、低市场份额）

对公司而言，问题型业务是前景不明朗的业务，存在着较大的风险。这些业务市场增长率高，但是相对市场份额小。或者是因为企业通过某种创新使该项业务的产品得到了消费者认同，市场销售取得了较快的增长。但由于与竞争对手相比，该业务的市场占有率很低，如果竞争对手采取相应的策略压制这种增长，这项业务可能会夭折；如果是因为公司独特的创新而获得的发展，并通过企业采取更加强势的发展手段，这项业务可能会获得较大发展，成为企业的明星业务。往往是公司的一个新业务，如果公司对该业务市场前景充满信心，或者该项业务符合公司整体发展战略，公司需要通过种种手段促进该问题业务发展，以便跟上迅速发展的市场，并超过竞争对手，这意味着大量的资金投入。只有那些符合企业发展长远目标、企业具有资源优势、能够增强企业核心竞争力的问题业务，企业才应予以发展。获得发展的问题型业务适合于采用战略框架中提到的增长战略，目的是扩大战略业务单位的市场份额，甚至不惜放弃近期收入来达到这一目标，因为问题型要发展成为明星型业务，其市场份额必须有较大的增长。得到否定回答的问题型业务则适合采用收缩战略。

5.5.1.2 明星型业务（stars，高增长、高市场份额）

这个领域中的业务处于快速增长的市场中并且占有居支配地位的市场份额，但也许会或也许不会产生现金流量，这取决于业务开发对投资的需要量。明星型业务是由问题型业务继续投资发展起来的，是高速成长市场中的领导者，将成为公司未来的现金牛业务。但这并不意味着明星业务一定可以给企业带来源源不断的现金流，因为市场还在高速成长，企业必须继续投资，以保持与市场同步增长，并击退竞争对手。企业如果没有明星业务，就失去了希望，但群星闪烁也可能会闪花企业高层管理者的眼睛，导致做出错误的决策。这时必须具备识别行星和恒星的能力，将企业有限的资源投入在能够发展成为现金牛的恒星上。同样，明星型业务要发展成为现金牛业务适应采用增长战略。

5.5.1.3 现金牛业务（cash cows，低增长、高市场份额）

处在这个领域中的业务产生大量的现金，但未来的增长前景是有限的。这是成熟市场中的领导者、是企业现金的来源。由于市场已经成熟，企业不必大量投资来扩展市场规模，同时作为市场中的领导者，该业务享有规模经济和高边际利润的优势，因而可给企业带来大量现金流。企业往往用现金牛业务来支付账款并支持其他三种需要大量现金的业务，现金牛业务适合采用战略框架中提到的稳定战略，目的是保持战略业务单位的市场份额。

5.5.1.4 瘦狗型业务（dogs，低增长、低市场份额）

这个剩下的领域中的业务既不能产生大量的现金，也不需要投入大量现金，这些业务没有希望改进其绩效。一般情况下，这类业务常常是微利甚至是亏损的。瘦狗型业务存在的原因更多的是由于感情上的因素，虽然一直微利经营，但像人养了多年的狗一样恋恋不舍而不忍放弃。其实，瘦狗型业务通常要占用很多资源，如资金、管理部门的时间等，多数时候是得不偿失的。瘦狗型业务适合采用战略框架中提到的收缩战略，目的在于出售或清算业务，以便把资源转移到更有利的领域，应用 BCG 矩阵的战略选择见表 5-5。

表 5-5 应用 BCG 矩阵的战略选择

象限	市场	占份额	经营单位盈利性	所需投资	现金流量	战略选择
问题	成长	小	低或为负值	非常多或不投资	负值或剩余	扶持有前途的业务放弃无前途的业务
明星	高成长	大	高	多	几乎为零或微小负值	扶持发展 扩大市场占有率
金牛	成熟	高	高	少	极大剩余	维护现状或积极收获战略
瘦狗	下降	少	低或为负值	不投资	剩余	淘汰收缩或实行转移

波士顿矩阵是分析公司战略的有效方法，尤其是当企业多元化经营时。但它也有不足之处，主要体现在：市场份额和市场增长率的理解和获得较难以有统一的看法和精确的数据；仅以市场增长率和相对竞争地位来衡量业务环境也相对过于简单；没有考虑市场差别化等其他的竞争手段对业务单位运作的影响。

5.5.2 GE 矩阵

针对波士顿矩阵存在的很多问题，美国通用电气公司（GE）于 20 世纪 70 年代开发了新的投资组合分析方法——GE 矩阵。与 BCG 矩阵相比，GE 矩阵也提供了产业吸引力和业务实力之间的类似比较，但不像 BCG 矩阵用市场增长率来衡量吸引力，用相对市场占有率来衡量实力，只是单一指标；GE 矩阵使用数量更多的因素来衡量这两个变量，纵轴用多个指标反映产业吸引力，横轴用多个指标反映企业竞争地位，同时增加了中间等级。也由于 GE 矩阵使用多个因素，可以通过增减某些因素或改变它们的重点所在，故很容易使 GE 矩阵适应经理的具体意向或某产业的特殊性要求。

GE 矩阵比 BCG 矩阵在以下三个方面表现得更为成熟：

（1）市场/行业吸引力（market/industry attractiveness）代替了市场成长（market growth）被用来作为一个评价维度。市场吸引力较之市场成长率显然包含了更多的考量因素。

(2) 竞争实力 (competitive strength) 代替了市场占有率 (market share) 作为另外一个维度，由此对每一个事业单元的竞争地位进行评估分析。同样，竞争实力较之市场占有率亦包含了更多的考量因素。

(3) 此外，GE 矩阵有 9 个象限，而 BCG 矩阵只有 4 个象限，使得 GE 矩阵结构更复杂、分析更准确。

图 5-5 所示为通用矩阵的基本示例。图中横轴表示企业经营业务的竞争实力，纵轴表示市场或者产业的吸引力，这二者决定企业某项业务在矩阵上的位置。

市场/行业吸引力 \ 竞争实力	弱	中	强
高	扩大投资，寻求主导地位	市场细分，追求主导地位	专业化，谋求并购策略
中	选择细分市场，大量投入	选择细分市场，专业化	专业化，谋求小块市场份额
低	维持地位	减少投资	集中于竞争对手赢利业务，或放弃

图 5-5　GE 矩阵示例

利用 GE 矩阵比较其经营业务以及决定其资源分配方式时，必须估测竞争实力及市场（行业）吸引力。显然，这需要企业充分了解外部环境和内部资源状况。

影响市场（行业）吸引力的因素包括行业增长率、市场价格、市场规模、获利能力、市场结构、技术及社会政治因素等。评价市场吸引力的大致步骤如下：首先根据每个因素的相对重要程度定出其权重，然后根据业务定出行业竞争力因素的技术；最后用权数乘以级数，得出每个因素的加权数，并将各个因素的加权值汇总，获得整个行业竞争力的加权值。

影响竞争实力地位的因素包括市场份额、市场增长率、买方增长率、产品差别变化、生产技术、生产能力、管理水平等。评估企业竞争实力的原理，同评估市场（行业）吸引力的原理是相同的。

从 GE 矩阵的 9 个象限来看，对处于左上方 3 个象限中的业务，应该采取增长和发展的战略，企业应该对其有限分配资源；对处于右下方 3 个象限的业务，应该采取停止、转移、撤退等战略；而对处于对角线 3 个象限的业务，应该采取维持或者有选择的发展战略，保护规模，调整发展方向。GE 矩阵更加细致的标准划分使得企业能够更加仔细、更加全面地考虑行业的各个指标，充分参考外部环境和企业内部资源，从而恰当地判断并选择业务战略。

【章末案例】

联想的总体战略

联想国际化：

创建外向型高科技企业是联想早期发展的目标。为实现这个战略目标，联想制定了一个海外发展战略。这个战略主要包括“三部曲”和“三个发展策略”。

三部曲：

第一部，在海外建立一个贸易公司，进入国际流通领域，目的是了解海外市场行情，摸索商业规律，积累资金，特别是寻找开发外向型产品的突破口。1998 年 4 月，联想电脑有限公司在香港成立，开业时仅投资 90 万港币，3 个月就收回全部投资，第一年营业额高达 1.2 亿港币。

第二部，建立一个有研究开发中心、有生产基地、有国际经销网点的跨国集团公司。这是整个外向型事业的重心所在，是关键的一步。1989 年 11 月 14 日，北京联想计算机集团公司正式宣告成立，是实现这一步的重要标志。

第三部，在海外股票市场上市，形成规模经济，努力跻身发达国家计算机产业之中。这三部曲于 1993 年实现。

三个发展策略（海外发展战略）：

（1）“瞎子背瘸子”的产业发展策略。所谓“瞎子背瘸子”，即取其优势互补之意。中国香港联想公司由 3 家各有优势的公司合资而成，其中，中国香港导远公司熟悉当地和欧美市场，有长期海外贸易经验；另一家中国技术转让公司能提供可行的法律保证和坚实的贷款来源；北京联想公司的优势在于技术和人才实力在中国香港无与伦比。在海内外产业结构上，联想也运用了互补原理。中国香港是国际贸易窗口，信息灵敏、渠道畅通，适合于搞开发和贸易，而生产基地则需要建在内地，因为中国香港的地皮、劳动力昂贵。

（2）“田忌赛马”的研究开发策略。联想的做法是，摸准市场需求，选准突破点，集中优势兵力，断其一指。当时 286 微型计算机在欧美有极广阔的市场，而充斥这个市场的主要是中国台湾地区和韩国的产品。从技术上说，在国际市场上 286 属于中马、下马的范围，联想决定拿出上马来和他们对阵。于是公司投入较为充裕的资金，调动一流人才，运用先进的设计思想，选用国际通用的、集成度最高的、最新生产的元器件，使产品性能远远胜于中国台湾地区、韩国和中国香港地区当地的产品。

（3）“汾酒与二锅头酒”的产品经营策略。公司领导几次参加欧美计算机展览会，几乎没有看到中国的产品。由此他们认识到，要想跻身国际市场就必须优质低价。由于公司技术和人才实力强，国内劳动力便宜，生产成本低，完全可以做到这一点。联想 286 可以说达到了“汾酒”的质量，但卖的是“二锅头”的价格。这使联想产品挤进了国际市场。

联想多元化：

（1）进军 IT 服务业。2001 年 3 月 21 日，联想集团在中国香港召开新闻发布会，联想斥资收购国内管理咨询和 IT 服务企业——汉普国际咨询有限公司，间接进入服务业。2002 年 8 月，北京市通州区副区长、联想政府与公共服务事业部总经理共同签署了“通州区电子政务规划合作协议”，联想 IT 服务业务在电子政务领域迈出重要一步。2002 年 9 月 10 日，联想与上海浦东发展银行在上海国际会议中心举行了签约仪式，联想为上海浦东发展银行开发综合业务系统，根据协议，上海浦东发展银行将选用“联想第四代银行综合业务系统”。2002 年 10 月 29 日，联想收购中望商业机器有限公司，宣布全面进军电信 IT 服务市场。这标志着联想集团在电信领域实现了业务的重大转折，由一个电信行业的硬件设备供应商转变成为全面的 IT 服务提供商。

（2）进军移动通信业。2002 年 2 月 27 日，联想以 9000 万元的价格，在拥有手机生产牌照的厦华那里间接获得了手机生产与销售的资格。联想与厦华合资成立一家新的移动通信公司，以 GSM 和 CDMA 手机为经营范围，合资公司总投资 1.5 亿元，联想出资 9000 万元，占 60%的股份；厦华出资 6000 万元，占 40%的股份。2002 年 6 月 26 日，联想在北京中华世纪坛召开了隆重的手机新品发布会，发布了其首批全线产品。此次发布表明联想品牌手机正式问世。从 2 月 27 日与厦华签署合资协议，到 6 月 19 日增持合资公司股份，再到 6 月 26 日联想品牌手机问世，联想完成其手机业务开业三部曲。

（3）进军信息服务业。2002 年 6 月 11 日，美国在线（AOL）与联想集团在北京嘉里中心举办联合新闻发布会，并正式签约，成立一家互联网公司，开展虚拟接入信息服务。

（4）进军保险软件业。2002 年 4 月 18 日，联想以 2333 万元收购了智软公司，进入保险软件领域。

（资料来源：作者根据多方资料整理而成。）

问题思考

5-1 横向一体化战略的优势是什么？
5-2 企业多元化战略的内部动因是什么？
5-3 多元化经营的优势和劣势是什么？
5-4 稳定型战略的类型有哪些？
5-5 收缩型战略的优势和劣势有哪些？
5-6 如何实现公司增长战略？有哪些途径？
5-7 如何理解 BCG 矩阵的含义及各个象限的业务类型？

6 竞争战略：获取竞争优势

【学习要点】

（1）理解波特三种基本竞争战略并解释其差异；

（2）掌握实施三种基本竞争战略的要点及各自的适用条件；

（3）掌握分散产业与集中型产业的企业竞争战略以及选择条件；

（4）理解处于行业生命周期不同阶段的企业竞争战略的选择。

【开章案例】

优衣库："快时尚"企业的中国本土化经营之道

83.72 天，是优衣库平均库存的周转天数，比国内服务企业快到至少一半以上。即便是位于中国最"偏远"的店铺，年销售额也超过 2000 万元，旗舰店则是几亿元的规模，平均店铺销售额 3000 万元，是国内同类零售品牌的 10 倍；一款 HEATTECH，2013 年秋冬季在全球卖出 1.2 亿件，相当于国内服装同行全款全年的销售量。优衣库基本上实现了每款产品大卖，几乎"零库存"，使得不仅国内的服装零售业，甚至连小米这样的来自新经济领域的企业也纷纷效法。从研发、设计、生产、销售等环节来看，优衣库创造出一套独特的管理模式，颠覆着行业的传统常识。优衣库在中国的成功必然与它的本土化战略选择有关。

一、经典的 SPA 商业模式

SPA 自有品牌专业零售商经营模式（specialty reyailer of private label apparel）是 1986 年由美国服装巨头 GAP 公司在年度报告中，为定义公司的新业务体制而提出的一种从商品策划、生产加工到零售全部整合起来的垂直型链条，之后由优衣库成功运用并推广。优衣库在中国成功运用 SPA 商业经营模式，尽可能减少中间环节，摒弃了商品流通过程中代理商、经销商环节，同时店铺采取仓储式的零售方式，即仓库和卖场一体化的形式，彻底实现了低成本的经营管理理念。同时，优衣库的另一战略是聚焦商品的策划和营销环节，小批量地生产样式独特、追赶潮流的服装，缩短产品周期、减少库存，增加企业现金流转的同时使产品一直保持在时尚尖端，为企业带来竞争优势。优衣库 SPA 模式应用的成功体现在创造一种全新的风格和市场，在消费者心目中建立宽泛的品牌概念，将全球作为自己的供应链体系，在各个国家建立工厂，实行全球低成本调配体制，彻底实现低成本运营模式。

二、产品定位清晰

优衣库采用的价值链是从产品的研究与开发到供应链管理、生产、推广与营销、售后服务这一全程参与的过程，为顾客创造价值的组织模式，如图 6-1 所示。这种自有品牌经营模式使企业在进行产品设计—生产—销售的整个流程中全程参与，有效解决原料采购、供货、库存、物流之间的矛盾关系，降低产品成本，从而给消费者创造更大的价值。价值链：创造顾客价值的活动组织模式如下：

研究与开发 → 供应链管理 → 生产 → 推广与营销 → 售后服务

优衣库的品牌定位可以概括为平价商品+店铺选址。提供平价商品是优衣库在中国市场成功最重要的原因，优衣库向消费者提供的是“低价的高档享受”，因为生产链的全程管控能有效地控制成本，优衣库的商品大多呈现出“物美价廉”的特点，给人高端的感觉。店铺选址特别。优衣库实体店选址一般都会选择在一线城市繁华的街区、高端的商场，给顾客造成高端品牌的想象空间，以为自己在这里购物是高消费的，实际上顾客心理也会有这种感觉。

三、坚持直营模式

优衣库在中国没有加盟商，经销模式是直营销售模式，尽管企业通过组建加盟商的方式能为其带来巨大的现金流和宽阔的销售渠道，可使企业快速扩张，但却使得信息收集环节出现断层现象，不利于企业制定战略决策。在互联网信息高速发展的社会，企业需要时刻关注着变化的市场，优衣库在中国采取的直营销售模式可以与终端消费者直接接触，了解顾客信息和消费偏好，如顾客的年龄、时尚敏感度等，并及时将收集到的信息反馈，以便决策层制定战略时参考；除此之外，根据店铺当日经营信息，将产品有效送达终端门店，在为采购决策提供信息支持的同时减少库存为企业经营带来的风险。同时优衣库采用信息技术，实时跟踪各门店的销售数据，通过分析来制定生产量，调整营销方案，最终基本上做到了零库存。

四、网络营销

伴随着信息全球化的快速发展，网络营销在市场营销中的地位变得越来越重要。优衣库在进入中国后，实施了一系列成功的网络营销手段，为优衣库进入中国市场得以生存并不断发展壮大贡献了重要的力量。在线品牌社群。优衣库的品牌社群使品牌知名度不断提升的同时在宣传商品上也起了很大的促进作用。“在线社群+口碑营销”使商品推荐更容易被消费者所接受，消费者分享在日常生活中的每一个小细节或者体验，通过互动不仅可以增进新品牌社群成员之间的交流还可以起到低成本营销推广的作用。新媒体营销。随着网络不断普及，网民基数不断扩大，社交网络进一步发展，网络娱乐成为一种生活休闲方式，优衣库借助新媒体实现信息传播广、终端针对性强这一竞争优势，借助移动终端、天然的社交和位置定位等优势，为消费者进行个性化推荐，与终端客户双向互动，能够准确了解用户需求，并且及时有效地反馈，为战略决策提供依据，并且新媒体运营成本低，运营状况较好的新媒体运营平台可以使传播效率高、见效快，因此为优衣库带来竞争优势。

（资料来源：王倩，钱白．跨国公司的中国本土代营销战略研究——以日本优衣库公司为例［J］．中国商论，2017（8）.）

从上述优衣库案例可以看出，优衣库在进入我国竞争日益激烈的服装市场以后，通过其正确的定位——平价商品+店铺选址，运用SPA商业模式和直营店经营模式，以基本零库存的成本领先和用数据说话的差异化战略成功抢占服装零售业先机，以求得自身生存并不断发展壮大。可见，企业的成功与正确地选择竞争战略是密不可分的。

竞争战略属于公司业务层面或SBU（strategic business units）层面的战略，也称事业部战略、SBU战略或竞争战略。在《竞争战略》一书中，迈克尔·波特教授曾这样给竞争战略下定义：采取进攻性或防守性行动，在产业中建立起进退有据的地位，成功地对付五种竞争作用力（来自竞争对手、潜在进入者、替代品、供方、买方的作用力），从而为公司赢得超常的投资收益。从这个定义中可以看出，竞争战略其实就是指，在激烈复杂的市场竞争中，企业根据外部环境和内在条件，如何制定和实施系列克敌制胜的战略，给予顾客较之竞争对手更多的价值，从而取得相对于竞争对手的优势——竞争优势。本章将对三种基本竞争战略、零散产业和集中型产业的企业竞争战略以及处于行业生命周期不同阶段的企业竞争战略三个方面进行介绍。

6.1 三种基本竞争战略

美国哈佛商学院著名管理学家迈克尔·波特教授在《竞争战略》一书中提出了企业的三种基本竞争战略，即成本领先、差异化和集中化战略，具体如图6-1所示。这三种典型的基本战略模式因为能使企业形成超出对手的相对竞争优势而长期为企业所采用。

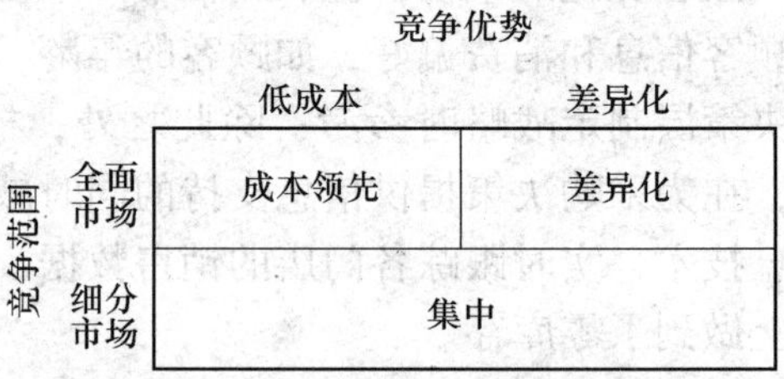

图6-1 三种基本竞争战略

6.1.1 成本领先战略

6.1.1.1 成本领先战略的内涵

成本领先战略，又称低成本战略，是企业通过有效途径降低成本，使企业的全部成本低于竞争对手的成本，甚至是同行业中最低的成本，从而获得竞争优势的一种战略。其核心是在追求规模经济效益的基础上，通过在内部加强成本控制，在研究与开发、生产、服务、销售和广告等领域把成本降到最低限度，成为行业中的成本领先者，从而获得高于行业平均水平的利润。

6.1.1.2 实施成本领先战略的条件

（1）规模化生产。只有产品大批量生产，才能从规模中获利。要想实现低成本战略，就必须实现规模经济，必须进行标准化生产。所以，大规模标准化生产是企业实现低成本战略的重要条件。

（2）较高市场占有率。只有严格控制产品定价和初始亏损，才能保证较高的市场份额，这就意味着，降低价格来获得更多的市场份额（即销售量），因此必须具有价格弹性的商品才可以采用这种战略。

（3）使用先进生产设备。这是提高生产效率、获得规模经济、进一步降低生产成本的保障。由于先进生产设备的使用，生产批量加大、经济规模加大，使市场占有率有更大的提高；随着企业市场占有率的更大提高，收益进一步增加，相应地就具备了再投资到更先进设备的能力，如此循环提升，便可保持实施成本领先战略的条件。

（4）严格控制一切开支。只有竭尽全力降低成本，最大限度地减少一切开支，包括用于研究开发、服务、推销、广告及其他一些费用，才能有效控制成本。

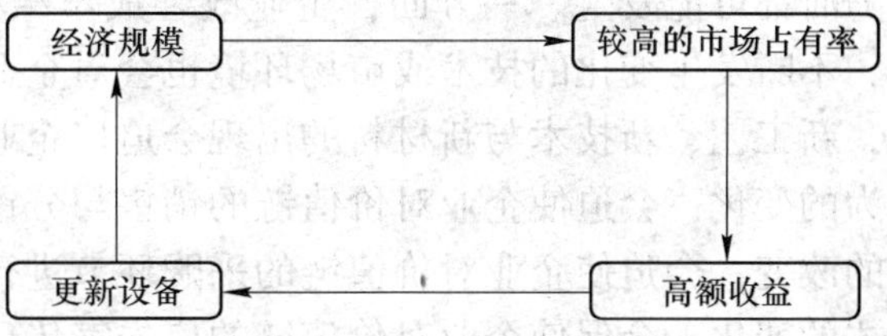

图 6-2　成本领先战略的循环

由上述四个条件可以总结归纳出成本领先战略的循环，如图 6-2 所示。

6.1.1.3　获取成本优势

企业获取成本优势，主要通过两种方法：一是控制成本驱动因素，二是企业价值链重组。

（1）控制成本驱动因素：

1）控制规模。企业选择合适的规模形式，可以获取成本优势。企业可以运用兼并、剥离、开发新产品、开发新市场、提高现有市场占有率等方式，提高或削减企业规模。

2）控制学习。企业如果把向竞争对手的溢出降到最低限度，就可以降低企业的相对成本地位。通过采取与企业员工签订保密合同、留住企业骨干、控制雇员的出版物等方式，可以提高企业学习的专有性。向竞争对手学习应特别注意分析竞争对手的价值链活动和成本构成。

3）控制生产能力的利用率，均衡生产量。利用旺季定价、淡季促销、将产品线拓展到周期性较弱的行业等方式，尽量提高平均生产能力的利用率，减少产量波动造成的恶果。

4）控制联系。利用对企业价值链活动的认识，改善价值链中各项活动的协调性，从而降低总成本。加强与供应商和分销商的合作，降低库存，提高企业与上述单位的业务配合和协调，降低企业成本。

5）控制相互关系。共享适当的活动，让企业和其他业务共享某项活动或者知识，可以降低企业的成本。此外，也可向管理类似活动的业务单位转让专门知识。

6）控制整合。系统地考察整合和反整合的可能性，它们都具有降低企业成本的潜力。

7）控制时机。充分利用先行者和后行者的优势。在一个产业中，先行者可以优先获取最佳的市场营销地点，率先获取最优秀的雇员、供应商、分销商，从而获取长期的成本优势。反过来，在某个产业中，后发者也可能具有后发优势。如可以在产业逐渐成熟时购买相关低价的技术，从而减少科研开发费用；选择市场疲软的时候购买企业资产，可以节约大笔费用。

8）控制自主政策。调整对差异化战略效果不明显且代价昂贵的政策。所谓的差异化策略指实际给企业带来的贡献远小于其付出的成本。进行技术投资改变企业成本驱动因素作用，主要包括开发低成本的工艺、推动生产的自动化、实施产品的低成本设计和研发，以降低企业办公费用。

9）控制机构因素。企业需要利用税收政策、人力成本差异、环境保护政策、能源政策、供应商因素等差异选择适合于企业的地理位置。

10）控制地理位置。企业需要考虑地理位置中涉及的文化、气候、交通、位置、物流系统、供应商等因素，权衡选择综合效益最好的地理位置，降低企业的成本。

（2）企业价值链重组。企业价值链重组，是指企业对现有价值链进行大幅调整或重新设计，以不同于竞争对手的方式来更高效地进行设计、生产、分销或销售。价值链的重组随时都可能发生。一方面，企业改善成本结构的内在动力会引发价值链重组；另一方面，不断发生变化的技术或市场环境也会对企业施加压力，迫使其进行价值链的重组。比如，新工艺、新技术与新材料的出现会迫使企业对价值链的生产环节进行重组；顾客购买行为的变化，会迫使企业对价值链的销售与分销环节进行重组；供应商的变化以及厂方设施的改变，会迫使企业对价值链的采购环节进行重组；宣传媒介的改变与消费者信息接受方式的变化，会促使企业对价值链的广告宣传环节加以重组。

6.1.1.4 实施成本领先战略的优势和风险

（1）实施成本领先战略的优势。随着人们对规模经济与学习效应认识的不断深入，20世纪70年代开始，成本领先战略逐渐被多数企业采用。而企业采用成本领先战略的优势主要体现在以下几个方面：1）形成市场障碍，抵御潜在进入者的威胁；2）增强企业讨价还价能力；3）降低替代品的威胁；4）使企业在竞争中受到保护，保持领先的竞争地位。

（2）实施成本领先战略的风险。成本领先战略，虽然具有上述优势，但也具有以下风险，如果运用不当，很有可能导致公司陷于被动地位。1）投资较大；2）行业技术的变化使企业过去大量投资和由此产生的高效率一下子丧失了优势；3）忽视需求的变化；4）对新技术的采用及技术创新反应迟钝；5）价格下降引起利润率降低；6）新加入者模仿。

成本领先企业竞争优势的持续性主要取决于其成本优势的持久性，而成本优势的持久性又取决于获取成本优势的途径及方式的可模仿性。不同成本优势来源的模仿难易程度和成本是不同的，见表6-1。

表6-1 成本优势来源的可模仿性

可模仿性	易于模仿	较难模仿	难以模仿
成本优势来源	（1）生产能力利用率； （2）规模经济/规模不经济	（1）技术优势； （2）学习曲线经济； （3）自主政策选择	（1）整合因素； （2）时机因素； （3）政府政策； （4）地理位置； （5）价值链活动的协调性； （6）与交易组织有关的成本优势来源

因此，企业不能太集中于成本的降低而削弱了自身的可持续发展能力。对此，学者们提出了“战略成本”概念，企业必须采取重要措施确保成本优势的持久性，而不能“一叶障目”，导致产品性能、质量、差异化等方面的恶化。

竞争战略专栏1：

格兰仕的成本领先战略

格兰仕是1979年在广东省成立的一家羽绒服装厂。1991年，格兰仕最高决策层普遍认为羽绒服装及其他制品的出口前景不佳，并达成共识：从现行行业转移到一个成长性更好的行业。经过市场调查，确定微波炉为进入小家电行业的主导产品。

1993年，格兰仕试产微波炉1万台，开始从纺织业为主转向家电制造业为主。自1995年始，格兰仕微波炉国内市场占有率一直居第一位，且大大超过国际产业、学术界确定的垄断线（30%），达到60%以上，1998年5月市场占有率达到73.5%。格兰仕频频使用价格策略在市场上获得了领导地位。1996~2000年，格兰仕先后5次大幅度降价，每次降价幅度均在20%以上，每次都使市场占有率总体提高10%以上。

格兰仕集团在微波炉及其他小家电产品市场上采取的是成本领先战略。格兰仕的规模经济首先表现在生产规模上。据分析，100万台是车间工厂微波炉生产的经济规模，格兰仕在1996年就达到了这个规模，其后，每年以2倍于上一年的速度迅速扩大生产规模，到2000年底，格兰仕微波炉生产规模达到1200万台，是全球第二位企业的2倍多。生产规模的迅速扩大带来了生产成本的大幅度降低，成为格兰仕成本领先战略的重要环节。格兰仕规模每上一个台阶，价格就大幅下调。当自己的规模达到125万台时，就把出厂价定在规模为80万台的企业的成本价以下。此时，格兰仕还有利润，而规模低于80万台的企业，多生产一台就多亏一台。除非对手能形成显著的品质技术差异，在某一较细小的细分市场获得微薄赢利，但同样的技术来源且连年亏损的对手又怎么研究创造出差异来？当规模达到300万台时，格兰仕又把出厂价调到规模为200万台的企业的成本线以下，使对手缺乏追赶上其规模的机会。格兰仕这样做的目的是要构成行业壁垒，要摧毁竞争对手的信心，将散兵游勇的小企业淘汰出局。格兰仕虽然利润极薄，但是凭借着价格构筑了自己的经营安全防线。格兰仕微波炉在市场上处于绝对的统治地位，低成本领先战略是其发展壮大的战略组合中的重要一环。

（资料来源：邢俊，张式思. 战略管理［M］. 西南交通大学出版社，2012：2.）

6.1.2 差异化战略

6.1.2.1 差异化战略的内涵

差异化战略又称别具一格战略，是企业为了使产品、服务、企业形象等与竞争对手有明显的区别，有一种或多种特质，从而赢得顾客、赢得市场，取得高于竞争对手的收益而采取的战略。这种战略的重点是创造被全行业和顾客都视为独特的产品和服务。实现差异化战略，可以培养用户对品牌的忠诚。因此，差异化战略是使企业获得高于同行业平均水平利润的一种有效的竞争战略。差异化示例见表6-2。

表6-2 差异化示例

差异化描述	价值链要素
酒店服务员穿溜冰鞋上菜	服务差异化
乐百氏纯净水：27层净化	产品功能差异化
海尔市场链	价值链重构
娃哈哈非常可乐在周边市场的胜利	营销渠道差异化
DELL直销	价值链重构
P&G多品牌策略	产品组合差异化

与成本领先战略不同，差异化战略与提高市场份额两者不可兼顾。因为在建立企业差异化战略的活动中伴随着较高的成本代价，即便全产业范围的顾客都了解企业独特优点，也并不是所有顾客都愿意或有能力支付企业要求的高价格。

差异化战略主要包括市场差异化、形象差异化、产品差异化和服务差异化四方面内容。

6.1.2.2 实施差异化战略的条件

（1）存在差异化的途径，且企业具备研发能力。虽然市场上所有的产品基本上具备差异化的可能，但是某些产品因为自身特殊的性质，没有必要且没有可能进行差异化，如电力等公共产品。差异化必须被消费者认为是有价值的。企业可以从很多途径来实现这种差异化，如果企业不具备这方面的实力与能力，仍无法真正切入到产品的差异化战略中。

（2）消费者对产品的需求是多样性的。消费者认为只有通过不同的途径才能满足其自身的需求，同时，消费者愿意为这种特殊的需求支付相应的价格。如果不同的产品带给消费者同一种感觉那么可以认为消费者的需求趋于一致，企业则不必在这样的产品上构建差异化。

（3）采用类似差异化的竞争者很少。当企业推出差异化的产品进入市场时，若同行业竞争对手也很快生产出类似差异化的产品，对企业而言，这种差异化的市场价值就大打折扣，甚至无法弥补差异化所付出的各类成本。

（4）企业具备足够强大的市场营销能力。当企业研发出有特色的产品后，还需要把这种差异化传递到用户心中，这就要求企业内部的研究开发、生产和制造、市场营销等职能部门之间具有良好的协调性。

（5）企业在产品或服务上要有领先的声望。企业需具有很高的知名度和美誉度，也就是在市场上具有良好的口碑。

6.1.2.3 实现差异化战略的途径

（1）产品质量差异化。产品质量差异化是指企业向市场提供竞争对手不具有的高质量产品，通过高质高价获得比竞争对手更多的利润。例如，海尔电冰箱以开箱合格率100%的高质量进入市场，从而树立起了独特的产品质量形象。

（2）产品可靠性差异化。产品可靠性差异化是与产品质量差异化相关的一种战略，其核心就是要保证企业产品的绝对可靠性，甚至在出现意外故障时，也不完全丧失其实用价值。例如以高质量、高可靠性闻名世界的奔驰汽车公司，每年用30辆新车以最高速度碰撞专设的侧筋混凝土水泥板，在测试车中模拟人的伤亡情况，不断提高奔驰车的安全可靠性。

（3）产品外观差异化。产品的外观主要表现在产品的外形设计、款式、色彩等方面。顾客接触产品，是从其外观质量再到内在质量的。外观有特色的消费类产品，往往能刺激顾客的消费欲望，使其对产品形成良好的第一印象。

（4）产品销售服务差异化。服务是企业产品的延伸，包括送货上门、安装、调试、维修保证等，企业向顾客提供的产品必须通过多层次的活动才能使产品充分发挥其功能，受到消费者的欢迎。如果更深入地分析，就会发现顾客购买消费品所关心的实质内容是产品所提供的服务，因此企业向顾客提供的产品，应该是包括各种服务承诺的完整产品。

（5）产品创新差异化。对于一些拥有雄厚研究开发实力的高科技企业，实行以产品创新为主的差异化战略，不仅可以保持企业在科技上的领先地位，而且可以增强企业的竞争优势和获利能力。例如，日本松下电器公司研制的超薄录像机的厚度只有20mm，大小相当于一本32开的书，使用起来方便轻巧，这种产品对技术的要求非常高，一般企业难以在短期内模仿制造。

（6）产品品牌差异化。产品品牌差异化战略就是通过创名牌产品、保名牌产品，使企业在同行业中富有竞争力。名牌产品是指具有较高知名度和较高市场占有率的产品。名牌不仅是社会对某产品的评价，而且是对企业整体的评价。名牌是企业实力和地位的象征，一个产品一旦成为名牌，既可以给企业带来利益，也可以给国家带来荣誉。在市场竞争的条件下，名牌战略是企业进行竞争的利器和取胜的法宝，只有勇创名牌的企业才能在竞争中取得胜利。

总之，在企业经营价值链的每一个环节上，凡是能给顾客带来新价值的举措都可能带来一定的差异化优势。

6.1.2.4 实施差异化战略的优势和风险

A 差异化战略的优势

与成本领先战略不同的是，实施差异化战略创造的竞争优势更容易保持。因为，一个企业的差异化往往都是基于企业较强的创新能力与企业文化，而竞争对手要模仿这些"软要素"的难度相对较大，需要一定的时间。这也是为什么目前很多企业都在寻找一个独特的定位并实施差异化战略的原因。具体来说，差异化战略可以为企业创造以下优势：

(1) 设置进入障碍。企业通过差异化拥有了一定的消费群体，由于产品和服务的特色，赢得了消费群体的信任和忠诚，为竞争者设置了较高的进入障碍。

(2) 降低替代品的威胁。企业可以通过性能优势来提高现有产品的性价比，降低替代品的威胁，在一定程度上不被替代品所代替，以保持自己的竞争地位。

(3) 增强讨价还价的能力。企业具有差异化的优势，可以为企业带来较高的边际收益，增强了企业对付供应者讨价还价的主动性和灵活性。同样，企业差异化的优势在增强购买者对产品品牌忠诚度的同时，也降低了购买者对产品价格的敏感程度，因而削弱了购买者讨价还价的能力。

(4) 保持领先的地位。企业的差异化优势主要体现在与行业内的竞争对手的比较上。企业面对日新月异的市场挑战，能不断适应市场的需求，在提供产品和服务的差异上一直领先于行业内的竞争者，拥有一批老顾客和吸引一批新的顾客群体，从而保持企业在行业内的领先地位。

B 产品差异化的风险

(1) 差异化的成本过高。企业要保持产品和服务的差异化，一般情况下，都要以成本的增加为前提，因此，企业如果采用产品差异化战略不能有效控制其限度和范围，便有可能使实施产品差异战略所取得的利润中的相当一部分为成本的上升所抵消，以致造成企业利润的滑坡。

(2) 竞争对手的模仿。竞争对手的模仿可以缩小顾客感觉到的产品差异，这是随着行业成熟而产生的一种普遍现象。实际上，企业能否通过差异化取得竞争优势，在很大程度上取决于其技术或产品是否容易被模仿。企业的技术水平越高，产品差异化形成时需要的资源和能力越具有综合性，那么竞争对手模仿的可能性就越小。不同差异化基础的模仿成本见表 6-3。

(3) 顾客爱好的转移。一般情况下，实施差异化战略的企业，其关注点是消费群体对产品和服务的特殊需求。如果形成差异的成本高出一定的限度，超过消费群体所能接受的价格范围，便可能造成消费群体敬而远之，使原有的消费群体的爱好发生转移，这样势必影响企业的市场竞争地位。

表 6-3 差异化的模仿成本

低成本模仿	产品特性
可能模仿昂贵	产品组合 产品定制 与其他企业的联系
通常模仿昂贵	企业内部职能部门间的联系 分销渠道 时机 地理位置 声誉 服务与支持

竞争战略专栏 2：

农夫山泉的差异化战略

农夫山泉股份有限公司原名浙江千岛湖养生堂饮用水有限公司，成立于 1996 年。2001 年 6 月改制成为股份有限公司。1997 年 6 月，农夫山泉在上海、浙江的重点城市上市；1998 年，农夫山泉在全国推广，掀起红色风暴，市场占有率跃升到全国第三；2002 年 3 月，AC 尼尔森市场研究公司发布“中国消费市场调查”结果显示，在瓶装水行业，农夫山泉是最受消费者欢迎的品牌。

在开拓市场之初，农夫山泉遇到的最大挑战就是同行业内的竞争。自 1987 年青岛崂山生产出我国第一瓶矿泉水，到 1996 年，我国矿泉水企业已发展到 1200 多家。而 20 世纪 90 年代中期开始起步的纯净水更是让水市雪上加霜。从 1995～1997 年，娃哈哈相继从国外进口纯净水生产流水线，使得它生产纯净水的能力增加到每天 30 万箱。紧随娃哈哈之后，不仅乐百氏、康师傅等大型饮料、食品企业纷纷加入纯净水生产行列中，更多的中小纯净水生产企业也如雨后春笋般地冒了出来。众多品牌的纯净水大量涌入市场，不可避免地引发了激烈的水市大战。

此时，农夫山泉看准了对手的软肋，把产品质量的差异化作为战胜对手的法宝。作为天然水，水源是农夫山泉一直宣扬的主题。天然水对水源的要求极为苛刻，它不像纯净水可以用自来水做原水，经过净化后就能达到出售的标准，天然水的水源必须是符合一定标准的地表水、泉水、矿泉水，取水区域内要求环境清幽、无任何工业污染。农夫山泉在早期的广告中就告诉大家“农夫山泉——千岛湖的源头活水”，因为国家一级水资源保护区“千岛湖”的水资源是独一无二的，而农夫山泉来源于千岛湖水面下 70m pH 值（酸碱度）最适宜的那层，因此，在农夫山泉红色的瓶标上除了商品名之外，又印了一张千岛湖的风景照片，与其他商品相比，差异性立刻凸现出来。无形中不但彰显了其来自千岛湖水源的纯净特色，红色亮眼的商标更在一摆上货架的同时，立刻抓住了众人的目光。在产品包装上，公司于 1997 年在国内首先推出了 4L 包装的农夫山泉饮用水。这种包装新颖、独特，给人以水油等价的感觉，在消费者心目中留下了农夫山泉比一般饮用水高档的初步印象。1998 年初，养生堂公司继续推出运动型包装的农夫山泉，瓶盖的设计摆脱了以往的旋转开启方式，改用所谓“运动盖”直接拉起的开瓶法。当时这在国内饮用水包装上也是独一无二的。在价格上，为了显示自己的身价，农夫山泉从进入市场以来，一直定位于高质高价，没有卷入由水业霸主们挑起的价格战之中。即使在水市价格大战打得不可开交的1999年，它依然不为所动：运动型包装2.5元/瓶，普通瓶装1.8元/瓶。这个价格几乎是同量的其他品牌饮用水价格的2倍，从而在消费者心目中树立起农夫山泉作为高档次、高品质、高品位的"健康水"的品牌形象。在品牌名称上，赋予饮用水"农夫山泉"这样一个名字，有着它深刻的内涵。"农夫"二字给人以淳朴、敦厚、实在的感觉，"山泉"给人以远离工业污染、源于自然的感觉，这正好迎合了当前都市人回归自然的消费时尚。

在上市的"农夫果园"果汁饮料，更是突出了与对手的差异。如今，市场上的果汁饮料口味繁多，橙汁、西柚汁、苹果汁、柠檬汁、葡萄汁、梨汁、芒果汁、桃汁、杏汁、猕猴桃汁不胜枚举。但这些产品一般都是单一口味，农夫果园作为一个后进的品牌，在产品设计上没有像一般的厂家那样依照现有的口味跟进，而是独辟蹊径选择了"混合口味"作为突破口，并据此屹立于强手如林的果汁市场。混合口味作为差异化营销的基础，做出这样的选择显示了农夫的勇气，因为在国内市场上"混合口味"还没有成功的先例。农夫果园走混合果汁路线避开了与先入市的几大品牌的正面冲突，并确立了在混合果汁品牌中的领导地位。农夫果园目前推出的混合果汁有橙子、胡萝卜、苹果混合和菠萝、芒果、番石榴混合两种口味，所以一上市就紧紧抓住了消费者。

（资料来源：http：/www.symabian.com/Article-132690.html.）

6.1.3 集中化战略

6.1.3.1 集中化战略的内涵

集中化战略又称聚焦战略，指把经营战略的重点放在一个特定的目标市场上，为特定的地区或特定的购买者集团提供特殊的产品或服务。成本领先和产品差别化战略是在多个产业细分的广阔范围内寻求优势，而集中战略选择产业内一种或一组细分市场，提供满足特定用户需求的产品和服务，以寻求成本优势或差异化。

集中化战略即是主攻某个特殊的顾客群、某产品线的一个细分区段或某一地区市场。正如差别化战略一样，集中化战略可以具有许多种形式。低成本与差别化战略都是要在行业范围内实现其目标，集中化战略核心是很好地为某一特殊目标服务。

波特认为，采用集中化战略的结果是，企业要么可以通过满足特定群体的需求而实现差异化，要么可以在为特定群体提供服务时降低成本，或者可以二者兼得。这样，企业的赢利潜力会超过行业的平均赢利水平，企业也可以借此抵御各种竞争力量的威胁。

这一战略依靠的前提思想是：公司业务的集中化能够以更高的效率、更好的效果为某一狭窄的战略对象服务，从而超过在较广阔范围内与之竞争的对手们。但是，集中化战略常常意味着企业难以在整体市场上获得更大的市场份额，该战略包含着利润率与销售额之间互以对方为代价。

6.1.3.2 集中化战略的适用条件

集中化战略在下列情况下能够取得最好的效果：

（1）定位于多细分市场的竞争企业很难满足目标小市场的专业化或特殊需求，或者要满足这个市场的需求需要付出昂贵的代价。

（2）没有其他的竞争企业在相同的目标细分市场上进行专业化经营。

（3）企业没有足够的资源和能力进入整个市场中更多的细分市场，企业可以选择与自己强势能力相符且有吸引力的市场。

6.1.3.3　实施集中化战略的形式

集中化战略一般有两种形式，即成本集中和差异化集中。这两种形式的集中都是面向企业选定一个特定细分市场，具体有以下几种形式：

（1）产品线的集中战略。对于产品开发和工艺装备成本较高的行业，部分企业可以以产品线的某一部分作为经营重点。例如，日本汽车厂商将经营重点放在节能的小汽车生产和销售上，我国的民营企业万向集团始终以生产汽车产品的零配件万向节为主。

（2）用户集中化战略。即企业将经营重点放在特殊需求的顾客群上。例如，当美国耐克公司基本控制跑鞋市场时，阿迪达斯公司则集中力量开发符合12~17岁青少年需要的运动鞋，以此与耐克竞争。

（3）地区集中战略。即按照地区的消费习惯和特点来细分市场。企业选择部分地区有针对性地组织生产。例如，青岛海信公司针对农村市场电压不稳而生产的宽电压电视机提高了企业的农村市场占有率；海尔公司根据西南地区农民用洗衣机洗地瓜的特点，开发出既可以洗衣服又可洗地瓜的洗衣机，都是实施的地区集中战略。

6.1.3.4　集中化战略的优势和风险

（1）集中化战略的优势：

1）便于集中企业的资源和力量更好地服务于某个目标。集中化战略便于集中使用整个企业的力量和资源，更好地服务于某一特定的目标。企业实施集中化战略，就是想在某个市场或者某个产品领域构成具有与竞争对手相抗衡的能力。在资源有限和管理能力有限的情况下，企业还不具备在大范围与竞争对手竞争的条件。

2）便于企业充分了解和研究与产品有关的技术、市场、消费者和竞争对手。将目标集中于特定的部分市场，企业可以更好地调查研究与产品有关的技术、市场、顾客以及竞争对手等各方面的情况。将资源全部用于开发某种产品或几种产品，可以有效整合资源，使得资源发挥良好的集中效益。

3）便于企业集中管理。战略目标集中明确，经济成果易于评价，战略管理过程也容易控制，从而带来管理上的简便。

4）便于企业应对具备较强竞争力的竞争对手的挑战。企业实施集中化战略，就是为了促进企业资源和管理集中于某个市场或者某个产品，在某个市场或者某个产品上具备应对竞争对手的挑战的能力。

5）便于企业获取规模效应。企业实施集中化战略，可以让企业生产流程常规化，客户目标市场规模化，能够有效降低企业单个产品的生产和营销成本，让企业获取更多的规模经济。

（2）集中化战略的风险。虽然集中化战略使企业在目标市场上拥有专业化优势，能够获得较高的市场份额，但集中化经营同样也面临着各种各样的风险。其中，有三种风险是特别需要关注的。

1）差异化优势丧失或减弱。由于技术进步、消费者偏好的变动等原因，细分市场与总体市场的需求差异减弱，致使集中化企业丧失生存空间。

2）如果竞争对手从企业目前的细分市场中找到可以进一步细分的次级市场，会降低企业的差别化优势，动摇企业的根基。

3）价格差异增大。对于集中化经营的企业来说，由于市场相对狭小，企业需要较高的盈利水平来维持生存和发展。而价差过大意味着企业所在的细分市场非常具有吸引力，会吸引其他竞争者蜂拥而入，增大企业的竞争压力。因此，维持恰当的价格水平和盈利水平，是集中化经营需要考虑的重要问题。

集中化战略需要避开强势企业的竞争，因此选好目标市场就成为集中化战略的关键。一般的原则是，企业要尽可能地选择那些竞争对手最薄弱的目标市场和最不易被替代产品冲击的细分市场。

此外，集中化战略追求更细、更专业的经营。然而细分也存在一个度的问题，过于专业的经营不仅束缚了企业的发展空间，而且不一定被市场接受。一旦细分所耗费的成本超出其所带来的经济利益，就意味着集中化战略的失败。例如，强生将洗发精分为成人和婴儿两个市场后发现婴儿市场的容量非常有限，而其针对成人市场的产品也未获成功，之后强生及时向成人市场推出婴儿洗发水，称其性质温和，也适合成年人使用。最后，该产品成为成人洗发水领导品牌之一。

竞争战略专栏 3：

格力的集中化经营

格力电器是我国家电企业中坚持集中化经营战略的大型家电企业。2005 年，格力电器股份以 7.959 亿美元的营业收入，0.33 亿美元的净利润，以及 6.461 亿美元的市值荣登该排行榜第 46 位，入选《财富》“中国企业百强”，成为连续两年进入该排行榜的少数家电企业之一。不仅多项财务指标均位居家电企业前列，而且在 2002 年空调市场整体不景气的情形下，格力空调的销售实现了稳步增长，销量增幅达 20%。

格力集团从成立之日起，就将空调作为主要经营业务，而且限于做家用空调，不生产中央空调、汽车空调等。格力进入空调产业时间较晚，当时春兰、华宝、美的等一批国内企业已经崛起，在市场份额与品牌声誉等方面占有了很大优势。

20 世纪 90 年代，国内许多家电企业出于分散风险、迅速扩张等动因，纷纷开展多元化经营，但格力集团仍然坚持专业化经营。格力在进军空调市场之初，对市场竞争环境进行了缜密的分析。

他们认为：在中国，电视机、洗衣机、冰箱等家用电器于 20 世纪 80 年代已进入普及各个家庭的成长时期，但空调市场的发育却因各种因素的制约，相对滞后。1985 年我国居民对空调器需求仅 8 万余台，1995 年城镇居民的空调器需求量增加了 33.4 倍，达到 270 万台。1997 年，全国空调器工业销售量又提高了 2.15 倍，达到 851.02 万台。当时全国居民空调器拥有率是 16.29%，还有极大的发展空间，这为格力集团的专业化经营战略提供了良好的机遇。

格力的集中化，首先体现在企业的产品开发战略。格力产出开发以市场为导向，适应市场需要，同时又根据未来发展潮流创造市场。在适应市场需求方面，格力“思消费者之所思”，先后开发出“空调王”，以制冷效果最好的空调器而著称；“冷静王”，以噪声最低的空调器而闻名；三匹窗机，以最便宜的空调器被称颂。随着企业实力的增强，格力又在产品专业化方向进行了尝试，向几个细分市场销售自己的空调产品，开发出：灯箱柜式空调——适用于酒吧饭店广告兼制冷；家用灯箱柜机——适用于三室一厅的家庭之用；三匹壁挂机、分体吊顶式空调、分体式天井空调等，适用于黄金地段的商店之用。2006年，当不少厂家都在为产品的出路犯难时，格力向北京、广州、上海、重庆等大中城市投放了一款高档豪华的空调新品——“数码2000”，以其智能化的人体感应功能、安全环保的一氧化碳监测功能和独具匠心的外观设计，受到了各地消费者特别是中高收入阶层的空前欢迎，掀起了一轮淡季空调市场少有的抢购热潮。中东地区环境恶劣，白天最高温度可达60多摄氏度，晚上却又降到零下几度，普通空调制冷设备很难发挥作用，因此中东市场一直都是欧美、日本品牌的天下。作为专业化空调企业的格力及时研制出了能在60℃的室外高温下正常运转的“沙漠空调”。投放中东市场后，立即受到了当地居民的欢迎，当年销售突破1万多台。

面对空调市场混乱无序的竞争，一贯坚持集中化经营的格力，产品已涵盖了家用空调和商用空调领域的10大类、50多个系列、500多种品种规格，成了国内目前规格最齐全品种最多的空调生产厂家。格力的集中化战略，既有自己的特色和目标市场，又形成了较为完整的产品系列，充分显示出专业化经营战略的优势。

（资料来源：http：//info. feno. cn/2006/1205/c000007000. shtml. ）

6.2 处于行业生命周期不同阶段的企业竞争战略

根据生命周期理论，可以把行业分成新兴、成熟、衰退三个阶段（图6-3）。在不同的行业生命周期阶段，企业应根据行业特点确定不同的发展战略。

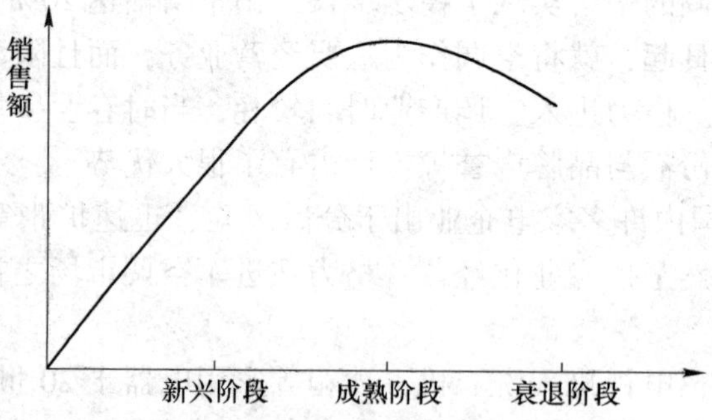

图6-3 行业在不同发展阶段的销售额情况

6.2.1 新兴行业中的竞争战略

新兴产业是新形成的或重新形成的产业。其形成的原因往往是技术创新、相对成本关系的变化、新的消费需求的出现，或经济与社会的变化使某种新产品或新的服务有了商业机会。

6.2.1.1 新兴行业的基本特征

(1) 不确定性:

1) 技术不确定性。新兴行业中有关产品的技术、工艺和操作过程都还不成熟,需要不断地调试,为使生产过程达到最有效,需要不断在生产技术上进行创新。技术的不稳定性要求企业不断投入研究和开发资本,引起企业成本构成的改变。

2) 战略的不确定性。这是与技术的不确定性紧密联系的。在新兴行业中,由于产品技术的不确定性,会导致市场的不稳定。具体而言是由于市场需求的不确定及竞争对手的不确定,企业很难获得可靠的行业销售量和市场份额等方面的信息,最终使企业在产品市场定位、营销、服务等方面无法确定相应的长远战略,而具有短期随机应变的性质。

3) 组织的不确定性。新产品的试制及生产,必然引起企业内部组织状态的变动,这种组织状态变动的作用及影响一般难以事先完全预料,而且对企业文化、企业内部利益分配格局都会产生影响。

(2) 风险性。风险性是指企业在信息约束和多种因素突变的干扰下,使企业战略的实际结果有可能与预测发生背离,从而导致收益损失。因为创新活动存在各种不确定性,当然有失败的可能性。

(3) 相对优势性。这里的相对优势性是指,技术创新活动较之常规活动所具有的多方面积极进取效应实现的可能性。尽管新兴行业存在风险,但同时也使企业面对很多发展的机会。技术创新不仅能给企业带来更高的经济效益,而且是全面加速企业发展的根本动力。例如,创新活动对企业成员素质的提高、技术管理水平的提高都是一种巨大的推动。

(4) 缺乏统一的行业标准和完善的社会协作体系。在行业处于初建阶段时,由于表现在企业规模、数量、管理以及技术等方面的多种不确定性,从而使有关行业活动、行业规则、行业关系等统一被接受的标准尚未形成。这一时期首先进入该行业的企业往往可以使自己企业的产品特征、经营方式、分销渠道、组织方式或销售组合成为行业标准的基础,从而成为该企业的特殊优势。这种优势将会成为阻碍其他潜在竞争者进入市场的有力障碍。

6.2.1.2 新兴产业中企业发展面临的障碍

新兴产业中企业发展面临上下游关系不匹配、缺乏产品或技术标准、消费者的等待观望、在金融界的形象和信誉度尚未建立、有关政府部门能否批准等障碍。

(1) 上下游关系不匹配。新兴产业常面临由于缺乏适当基础而引发的问题,如批发渠道不畅、服务设施不配套、雇员训练机制不健全、互补产品不齐全等。

(2) 缺乏产品或技术标准,产品质量不稳定。在新兴产业中由于产品和技术存在很高的不确定性,所以对产品和技术没有统一的标准,这种情况加剧了原材料供应和互补产品的问题,并可能阻碍产品成本下降。由于缺乏标准和技术不确定,在新兴产业中产品质量经常反复不定。

(3) 消费者的等待观望。在新兴产业中经常遇到令顾客困惑的问题,这种困惑来源于众多产品技术种类以及竞争者们互相冲突或相反的宣传。这些现象是技术不确定的表现,或者由于产业竞争企业缺乏在技术标准和意见等方面的一致性。这种混乱可能增加购买者的购买风险感并限制产品的销售。此外,如果购买者发现第二代或第三代技术有可能使现在的产品过时,购买者将等待技术的进步和成本的下降趋于平缓,使新兴产业的发展受到阻碍。这种情况曾在数字手表和计算机等产业中出现过。

(4) 在金融界的形象和信誉度尚未建立。作为新产业，由于具有很高的不确定性、顾客困惑和不稳定的质量等，在金融界的形象和信誉度可能较差。这种情况不仅影响企业获得低成本资金的能力，并且影响到购买者的贷款能力。这也是风险投资应运而生并大行其道的原因。

(5) 有关政府部门能否批准。新兴产业在获得有关规章制度管理部门的承认和批准方面经常遇到困难。如果新兴产业的要求与规章制度现有的条款与方式大不相同，情况更是如此。但是从另一方面来说，政府政策可以使一个新兴产业在一夜之间走上正轨。

6.2.1.3 新兴行业的战略选择

(1) 目标市场的选择：

1) 用户的需求。用户之所以要购买新产品，通常是由于新产品优于其原来使用的产品，能从中得到效益。这个效益主要表现在两方面：一是性能上的效益，新产品性能优于原来使用的产品。二是费用上的效益，使用新产品的费用支出低于原来使用的产品。新产品的最早购买者通常是那些在性能上得益的用户，因此首先应开发对新产品性能感兴趣的用户，然后再扩大至在费用上得益的用户。

2) 用户的技术状态。用户能否从早期的新产品得益，取决于用户应用新产品的技术状态，某些用户仅仅使用新产品的基本功能就可获益不小，而另一些用户却需要更复杂的结构和更完善的功能。因此，企业要确定针对哪些用户的技术状态去开发新产品。

3) 对技术和产品过时造成损失的态度。有些用户本身就是高科技企业，企业的技术进步非常迅速，因而它所使用的技术和设备也将随着科技进步而不断更新，这种企业认为，只有不断更新技术和设备才能增强企业竞争力，占领有利竞争地位。另一种用户却认为新产品的过时或技术的变革对自己是一种威胁和损失。前一种用户会早期购买，后种用户持慎重态度会晚期购买。企业在进行技术创新时应当考虑上述因素，找到自己的目标市场。

4) 对使用新产品风险的态度。当用户推测使用新产品不能取得预期效果，甚至导致很大损失时，就不会早期购买。不同用户购买决策的价值观不同，对风险的承受也会各不相同。

(2) 促使行业结构形成。处于新兴行业的企业在制定战略时，首先考虑的应是怎样促进产业结构成型。因为能促进产业结构成型的战略可以使企业在产品销售、营销方法以及价格策略等领域建立一套有利于自身长期发展的竞争规则，促进企业健康发展，便于日后成为行业领军者。

(3) 改变行业进入障碍。新兴行业具有在原材料、适用技术、分销渠道、成本优势、高风险等方面的进入障碍，但是这些障碍消失得很快。随着行业规模的扩大和技术的成熟，进入障碍的形式会发生变化。行业越是朝着发展和成熟阶段进化，进入障碍就越向资本、规模、创新等方面倾斜。因此企业必须有不断形成并确立自己在行业中独特位置的方法，逐步减少对原进入障碍的依赖。

(4) 选择适当的进入时机。面对新兴行业，企业的一个关键战略决策是何时进入最为有利，进入太早，企业承担的风险和成本比较高，但同时也意味着较低的进入障碍和获得较多的收益；若企业形象和声望对顾客至关重要，则可通过先驱者或早期进入者发展和提高声望；早期进入可以使企业较早开始学习过程；若在原材料供应、分销渠道等方面拥有成本优势亦可早期进入。但是，如果开辟市场、技术开发、分销渠道开拓等代价昂贵，而其利益无法成为企业专有，则不宜早期进入；如果技术变化将使早期投资过时，那么也不宜早期进入，这种情况下晚期进入的企业反而会因拥有最新的产品和工艺而获益。

（5）正确对待供应商与销售渠道的改变。在新兴行业中，供应商会希望满足企业某些方面的特殊需求，如产品规格、服务和交货等，而分销渠道可能更乐于作为企业合作伙伴而投资于设备、广告或其他方面。企业应及早分析这些变化形式，从而为制定战略提供依据。

（6）正确对待行业发展的外差因素。所谓外差因素是指企业效率和社会效率之间的不一致。在新兴行业中，企业的发展离不开其他企业和行业整体的发展，必要时企业需要放弃自身利益，而满足行业利益和社会效益。

6.2.2 成熟行业中的竞争战略

正如产品存在生命周期规律那样，行业也存在一个由迅速成长时期转变为增长缓慢的成熟时期的过程。行业成熟所引起的竞争环境变化，要求企业战略做出迅速反应；同时，也深刻影响着企业的组织结构，要求组织加以调整，以适应战略的转变。

6.2.2.1 成熟行业的竞争环境分析

（1）低速增长导致竞争加剧。由于行业不能保持过去的增长速度，市场需求有限，行业缓慢增长企业在保持自身原有市场份额的同时将注意力转向争夺其他企业的市场份额。这样，在向成熟转变的过程中行业内部形成两方面的竞争：一是众多企业对缓慢增长的新需求的竞争；二是企业相互之间对现有市场份额的竞争。企业应根据自己的实力，对市场份额进行重新分配。

（2）买方市场形成。在成熟期，产品供过于求，由于经验和知识的积累，用户对产品已经很熟悉，他们在做出购买选择时往往具有倾向性。由于行业的技术和产品都已定型，因此，企业竞争常常在成本、售价和服务方面展开。

（3）研究开发、生产、营销发生变化。在成熟行业中，企业面对出现的更为激烈的市场竞争、更为成熟的技术、更为复杂的购买者，必然要在供、产、销等方面进行调整，将原来适应高速增长时期的经营方式转变为与缓慢增长相协调的经营方式。有时甚至需要裁减过剩的生产能力，以节约成本。

（4）行业竞争趋向国际化。技术成熟、产品标准化及寻求低成本战略等需求使企业竞相投资于具有经营资源优势的国家和地区，从事全球性的生产和经营活动。同时，在成熟行业中，企业面临的国内需求增长缓慢而且趋于饱和，在竞争的压力下，企业转向经济发展不平衡、行业演变尚未进入成熟期的国家。在这种情况下，竞争的国际化便不可避免。

（5）企业间的兼并和收购增多。在成熟行业中，一些企业利用自己的优势进行兼并与收购，产生行业集团。同时，这种行为也迫使一些企业退出该经营领域。伴随着行业的不断成熟，即使是强有力的竞争企业也常因战略与环境的不适应而遭到淘汰。所有这些变化都迫使企业重新审视其经营战略，进行战略调整和转移。

6.2.2.2 成熟行业中企业的战略选择

成熟行业在基本结构的各主要方面较新兴阶段都发生了变化，新兴阶段行业的高速发展为多种战略的有效实施提供了条件，而到了成熟期，战略选择上的问题就显露了出来。此时，企业要重新进行战略分析与选择。

（1）调整产品结构。在以价格为主要竞争手段、以市场份额为目标的成熟行业里，原有的产品结构必须调查。在产业处于增长时期，广泛的产品系列和经常开发新产品是可行的战略选择，但是在成熟期，这种战略不再可行，成本竞争和市场占有率方面的竞争最为激烈，为此就需要进行产品结构分析，从产品系列中淘汰那些无利的产品，将企业的注意力集中于那些利润较高、用户急需的产品或项目。

（2）正确定价。在成熟的产业市场里，竞争对手之间运用价格竞争是最常见的。在产业增长期，定价通常是以平均价格或以一个产品系列为基础。但在产品成熟期，由于产品价格竞争的加剧，要求企业加强对单个产品成本进行衡量的能力并制定出相应的价格。在产业成熟期，需求主要来自重复购买者，企业或许会发现对价格略加调整就可能大幅度增加利润，这时，产品调价对企业销售额和利润的影响相当大。

（3）加强成本控制。在成熟的产业中，准确地分摊销售成本可能发现大幅度增加利润的机会。更重要的是，细致的成本分析还可以识别出那些还未明显显示出其重要性的产品和顾客。如果某些产品需要付出更多的销售努力，这就应该反映在销售的追加成本和产品价格上。如果对应的需求无法承受高价，那么还是把这些产品淘汰为好。

（4）改革工艺和革新制造方法。在产业成熟期，工艺革新的相对重要性得到提高，同样重要的是将资金投在设计制造和交货系统，以实现低成本制造和控制。日本企业很重视这点，如零库存管理、西格玛质量控制、精细化生产等。

（5）选择适当的客户。在成熟产业中，获得新顾客通常意味着扩大市场份额并与其他企业进行激烈的竞争，其代价是昂贵的。企业扩大销售额比较容易的办法就是使现有顾客增加使用量，可采取的办法包括提供边缘设备和服务、提高产品等级、扩展产品系列等。这种战略可使企业迈出原产业进入相关产业，并且与发展新顾客相比，代价通常较低。

（6）购买廉价资产进行成本扩张。当产业进入成熟时期，会出现一批经营不好或处境艰难的企业，此时如果本企业竞争地位较强，可以很低的价格购买处境艰难企业的资产，实行低成本的扩张，并在技术变化幅度不大的情况下创造成本领先的地位，进一步增强企业的竞争力。

（7）开发国际市场。当国内市场趋于饱和时，企业可以选择进入国际环境中进行竞争。因为该企业在国内进入成熟期，而在其他国家该产业也可能刚刚进入新兴期或增长期，竞争者较少，企业可以获得比较优势。

（8）退出或多元化。当企业感到继续留在成熟的产业中已经仅有微利或无利可图时，可以考虑退出该行业。可以采取如转让、被兼并等退出战略，也可以考虑采用多元化经营战略，即在努力避开产业内的激烈竞争但不脱离本产业经营的同时，进入其他领域进行经营。

6.2.3 衰退行业中的竞争战略

衰退产业是指在产业构成中处于发展迟缓、停滞乃至萎缩的行业，其中，发展迟缓和停滞是相对衰退，萎缩是绝对衰退。从时间上看，工业总体结构总是向高级化方向演进，会不断地衍生出衰退产业和新兴产业，这是时间相对性。从空间上看，同一产业在不同的工业生产力水平下会处于不同的兴衰阶段，发达国家（地区）的衰退产业可能正是次发达国家或不发达国家（地区）的新兴产业，因此具有地区相对性。

从战略分析的角度讲，衰退产业是指在相当长的一段时间里，产业中产品的销售量持续下降的产业。这种不景气不是由于经营周期或者一些短期例外事件造成的，而主要是由于技术革新创造了替代产品或通过显著的成本与质量的变化产生了替代产品；或者由于社会或其他原因改变了买主的需求和偏好，使得顾客对某种产品的需求下降。在衰退行业中同样可以有不同的战略。

6.2.3.1 行业衰退的原因、特征及影响

（1）行业衰退的动因：

1）技术上的替代性。由于技术创新产生替代产品，或由于相应的产品成本及品质的变化而产生更优的替代产品，从而使原有行业发展速度减慢，甚至停滞。例如，彩色电视机代替黑白电视机。

2）需求的变化。由于社会因素或其他原因使顾客的需求或偏好发生变化，转向那些更能适应时代特征和生活需要的新产品。

3）人口因素。如果某地区的消费者与某种行业的产品或服务联系比较密切，当该地区人口发生变化时，可能引起这一行业的衰退，从而引起该行业上下游行业的需求发生变化。

（2）衰退行业的特征：

1）整个行业产品销量急剧下降，利润水平很低。由于顾客需求的饱和或消费偏好和习惯转移，致使行业产量下降，从而影响到利润水平。

2）大批竞争者开始退出市场。由于市场需求下滑，利润水平很低，一些企业开始实施转移战略，退出该行业。

3）消费者的偏好和习惯已经转移，形成新的需求结构。但这里要注意，在行业总体衰退的情况下，企业原有的部分细分市场的需求可能会保持不变，甚至会有所增加。所以，企业可以利用这些细分市场，获得竞争优势。

4）存在退出障碍。一般来说，绝大多数处于衰退期的行业都会存在不同程度的退出障碍，而且退出障碍越高，行业环境对于衰退期间留存的企业来说就越不利。造成退出障碍的因素有：企业有成本较高的耐用资产或专门化资产；退出费用高，如安置劳动力的费用；管理上或感情上的障碍；政府或社会的障碍等。

5）行业衰退的方式和速度不确定。在衰退行业中的企业对未来需求继续衰退的估计存在不确定性。有时行业直线衰退，速度很快；有时却是渐变式的，速度较为缓慢，又被一些短期因素所影响，使得企业难以判断行业衰退是平缓的衰退，还是由于经济的周期性波动造成的短期现象，从而难以采取确定的战略。

（3）行业衰退的影响。行业衰退对本行业的企业产生的影响最大，主要是负面影响。它不仅影响到企业的利润，而且也使企业的组织结构、战略等方面受到影响，尤其是行业对一些企业造成的高退出壁垒，使企业难以转移资源，寻求更大的发展，只能停留在衰退行业中暂求生存，直至无法经营下去。从整个社会角度出发，行业衰退是生产力发展、技

术进步的结果，对社会是具有积极影响的。

6.2.3.2 行业衰退阶段竞争战略的选择

A 定位战略

企业首先要确定，在衰退行业内并非全部市场需求都处于衰退状况，至少还有一部分市场能带来一定的收益，企业应投资于那些会快速增长的细分市场，在这一市场内形成或维护一段时期较强的地位。定位战略在行业内部一些企业已经实行了领先战略的情况下，可能会收到一些成效，但最终仍需转变为收获战略或迅速撤退战略。

B 领先战略

领先战略的目标在于利用衰退中行业的结构变化，成为留在行业内唯一一家企业或少数几家企业之一，以便拥有达到平均水平以上的利润潜力，形成较优越的市场地位。一旦获得这种地位，企业可根据随后的行业销售模式转向保持低位或控制性收获战略。

有助于实施领先战略的方式如下：(1) 在其他企业把生产能力从行业内迅速撤出的领域里，以积极的竞争行动来进行投资，获得定价、营销、市场占有率等方面的优势。(2) 购买竞争者的生产能力和市场份额，降低竞争对手的退出障碍。(3) 通过为竞争对手的产品制造零部件，接受长期合同，为竞争对手生产具有私人标记的产品等方式使竞争对手得以终止生产活动。(4) 公开明确表示留在行业内的强烈信念，并以竞争行动来彰显明显的优势实力，消除竞争对手想与其进行较量的企图。(5) 发掘并透露有关对未来衰退的不确定性的可靠消息，减少竞争对手过高地估计行业的真正前景而留在行业内的可能性。(6) 通过对新产品或新工艺的再投资来提高其他竞争对手想留在行业内的壁垒。

C 收获战略

收获战略又称抽资战略。指具有一定实力的企业在考虑退出衰退行业时所采取的一种战略，即逐渐减少在衰退行业的投入，并把企业以前投资的潜力挖尽，最大限度收回资金，并获取较多的利益。

实施这一战略的途径有：(1) 消减或取消新的投资，减少生产设施的运用。(2) 缩减研发费用、管理费用和销售费用，尤其是广告费用。(3) 压缩销售渠道与某些服务项目。利用原有部分主要销售渠道和建立的信誉，继续销售产品，以获取最后的收益。(4) 减少品牌的数量，压缩产品系列。收获战略实质上是一种有控制的逐步退出的战略。

D 迅速放弃战略

迅速放弃战略指在行业衰退加剧时，企业将拥有的部分或全部固定资产通过转让或出售的方式转移，达到尽快收回投资的目的。一般来说，企业出售越早，售价越高。及早迅速地退出，固定资产立即转让，对业务的及早清理比缓慢地退出行业更有利，因为早期出售这项业务通常可以找到这项业务的最高卖价，企业可获得较高收益。一旦行业衰退形势明朗，行业内外的资产买主就处于极有利的讨价还价的位置，到那时再卖掉固定资产为时已晚。当然，早期出售固定资产，企业也会冒着对今后需求预测不准确的风险。

行业衰退阶段竞争战略的决策可用图 6-4 表示。企业在确定了产业的特性与自身的竞争地位后，通过考虑是否继续留在衰退行业中的战略需要，即可定位自己所处的坐标，采取相应的战略。

	在剩余需求上有竞争优势	在剩余需求上无竞争优势
产业结构尚佳	定位战略或领先战略	收获战略或迅速放弃战略
产业结构不佳	定位战略或收获战略	迅速放弃战略

图 6-4 行业衰退阶段竞争战略决策模型

6.2.3.3 衰退行业中的战略陷阱

（1）对行业形势估计不足：

1）没有意识到行业衰退的到来。一些企业缺乏对外部环境的了解，对行业前景过于乐观，从而采取与衰退行业完全不符的战略，例如，继续增加设备投资和广告方面的投入，导致企业经营的失败。

2）对行业发展持过于悲观的态度，过早地估计行业衰退的到来，从而错过了在该行业内获利和发展的良好机会。

（2）长期的消耗战。行业已进入衰退阶段，部分企业仍对其竞争对手的行动采取强烈的回应，与之针锋相对。如在销售、广告、研发、生产设备上继续增加投入，结果耗费了大量的资源，加速了企业的衰退。

（3）缺乏明显的实力却采取抽资战略。一般来说，实行抽资战略的前提是企业具有一定的甚至很强的实力。因为企业实行抽资战略时会失去许多顾客，而且企业的价值随着抽资战略的实施也会逐渐降低。所以，企业在选择这一战略方式前，必须对将要承受的竞争风险和管理风险做出明确的评估。

【章末案例】

小米公司差异化竞争战略

北京小米科技有限责任公司于 2010 年 4 月在北京正式成立，是一家以高端智能手机为主打产品及研发一体的互联网公司。截至 2014 年，小米公司的在市场中的价值已经到达 450 亿美元。小米公司旗下的产品小米手机能够在竞争如此激烈的“红海”中脱颖而出，所依靠的就是差异化战略。

一、产品质量差异化

就产品质量而言，小米手机的质量在国产手机中较为突出，而且其性价比极高，它的市场定位是中档机，总体来说小米手机是“配置向上看，价格向下看”，而且其手机上安装了自己开发的 MIUI 系统，使其更贴切我国消费者的使用习惯，从而获得竞争优势。

二、产品成本差异化

第一，小米手机的营销都是基于互联网直销模式完成的。因此省去了中间代理商及零售商的利润，降低了其本身的成本。

第二，大部分智能机的硬件成本占总成本的1/3，而小米手机要占到3/4，如1999元的手机其硬件要占到1500元左右，因此，小米的配置及性价比都远高于其他企业的产品。所以在当时小米手机刚发布时，立刻吸引了消费者的眼光，并获得了令人惊叹的销售业绩。

第三，因为小米公司在刚创建之时资金有限，为进一步取得成本优势进而扩大竞争优势，小米公司将其产品的硬件研发及制造进行外包，这样可以避免设立手机制造工厂，并且节约了大量资金，使得公司的沉没成本控制在最小范围，从而做到成本最小化。

三、产品定位差异化

不同于国内其他手机企业，小米手机是一款性价比极高的手机，而且以Android为基础深度开发的MIUI操作系统更符合国人的使用习惯。其定位于中档消费人群，以年轻人为主，他们更加追求“低价格、高性能”的产品，这点小米无疑满足了他们的需求。

（1）文化营销。“小米”公司的企业文化是“为发烧而生”，这点得到了许多消费者的赞同，并且催生了很多“米粉”，结果在没有花钱的情况下就做了一个能与消费者能产生共鸣的广告，可称之为最好的广告。

（2）微博营销。“小米”公司很早就与新浪微博展开了一系列合作，“小米”利用新浪微博上广阔的线上资源对自身的产品进行宣传，并听取粉丝的建议，从消费者的需求角度研发产品，使得“小米”手机更加符合消费者的需求。

（3）饥饿营销。“小米”的饥饿营销策略是其营销策略中的亮点。如小米手机曾推出预约限量抢购方式，300000部手机在短短几分钟内被人抢购一空，由此可见其饥饿营销策略的效果。

四、销售服务差异化

在销售服务方面，“小米”公司宣传的口号是“离客户更近一点，服务更细一点”，这点也符合其企业文化的内涵。由于小米公司采用的是网络销售，所以意味着其产品需要通过物流途径发到消费者手中，故在这点，“小米”公司与物流快递企业进行了深度的合作，以确保让消费者在最短的时间内收到其产品。并且小米公司在各大网络平台上建立交流论坛，以方便顾客及时反馈意见，从而使得小米公司的销售服务更加人性化。

五、小米团队差异化

小米团队主要是由国内外知名IT企业的优秀工程师组成，在技术基础上有着很强的竞争力；而且团队成员很年轻、具有活力，创业梦想是这个团队的精神支柱。大部分企业都喜欢聘请有经验的工程师，但小米公司恰恰反其道而行。因为其产品本身定位于年轻的消费群体，只有同龄人才懂得他们自己需要什么，在这些前提下才能够开发出“发烧级”产品——小米手机。小米公司当初正是凭借这样的团队，完成了从软件到硬件的转型，成功地在国内智能手机市场中站稳了脚。

（资料来源：李沛强．企业战略管理［M］．上海：上海交通大学出版社，2015.）

问题思考

6-1 简述成本领先战略、差异化战略以及集中化战略的优势与风险。

6-2 试分析成本领先战略如何使一个企业在具有强竞争力的市场上赢得超额利润?

6-3 某一具体产业为例，分析其产业分散的原因以及在分散产业中应如何竞争?

6-4 以电子信息产业为例，试分析新兴产业中企业发展面临的问题及竞争战略的选择。

6-5 简述成熟产业中的企业面临哪些变化?可以采取哪些竞争战略?应注意哪些问题?

6-6 如何根据企业所处的行业及产品状况选择基本竞争战略组合?

7 职能战略：匹配与选择

【学习要点】

（1）了解研发战略、生产运营战略、市场营销战略、财务战略和人力资源战略主要解决什么问题；

（2）领会生产运营战略在职能战略中的地位；

（3）理解市场营销战略在职能战略中的重要性；

（4）知晓财务战略的主要内容；

（5）掌握在采用不同的企业战略时，相应的职能战略如何选择。

【开章案例】

安利（中国）"赢"在何处？

一、案例背景

安利（中国）发展概览：安利 1992 年进入中国，主要生产家居护理用品和个人护理用品。1999 年 4 月，美国安利亚太区有限公司正式宣布追加投资 2100 万美元，相当于安利全球投资 1/3 的费用，用于增添化妆品及营养食品的生产线，以符合国家对转型企业必须销售本企业生产产品的规定，为安利的营销人员的安利事业注入新的动力。

2004 年安利（中国）年产值达 230 亿元人民币，为广大消费者提供了家居护理、个人护理、营养保健和美容化妆四大系列 160 多款环保、实用的优质产品。

二、案例聚焦

（一）销售渠道策略

中国政府 1998 年的一纸禁令，使安利（中国）开始了第一次转型，改变传统的经营模式为"店铺+雇佣销售员"的直复式营销模式。这种具有中国特色的"店铺销售+雇佣推销员"模式，反而为安利（中国）带来了比以前更大的生存空间，因为店铺成为公司的信誉标志和保障，而店铺销售也扩大了安利（中国）经营的透明度，这样的模式既免除了"传销"的嫌疑，又能继续开展销售业务。

（二）产品策略

众所周知，市场上并不缺少产品，缺少的是有独特眼光的商家，安利的茁壮成长就证实了这点。实践证明，在产品同质化严重的情况下，开发产品需面对的问题就是创新，而创新的最重要手段就是尊重和超越对手，就要研究透市场上的各类竞争对手的表现和趋势。安利的纽崔莱产品由于区别于一般保健食品，它的销售额占到整个安利（中国）营业额的30%以上，年销售额近10亿元。纽崔莱的营养食品是最先导入天然概念的营养食品，这体现了安利步步领先的产品创新策略。如今，无论是纽崔莱还是雅姿化妆品系列，只要是安利旗下的产品，均沿袭一贯的新产品策略——将USP（Unique Selling Proposition，独特的销售主张）进行到底。

（三）定位策略

产品的定位决定了市场地位和相关的消费群体，任何产品的定位是不可以轻易改变的，安利一直以来都遵循产品的定位来开发市场征服顾客。从单纯的家居护理用品到营养食品，从营养食品到化妆品，从化妆品到越来越多的生活用品，安利（中国）正在积极地影响着消费者的重新选择，区分中国市场不同类型的买主，将自己即将进入的、市场中的、最挑剔的消费者作为自己的目标客户来开发产品。经过市场细分后的安利产品表现为有效、环保、天然和耐用，这些卖点可以打动任何层次的消费者。在补钙产品泛滥成灾的今天，安利的钙镁片以其功效、价格等原因销售火爆，这就是准确定位带来的效应。

（四）品牌与形象战略

从伏明霞到田亮，充分利用奥运跳水冠军的健康形象来为安利（中国）传达其产品诉求——为您的生活添色彩。北京获得2008年奥运会主办权后，安利（中国）于2002年在上海赞助了“安利纽崔莱活力健康跑”活动，黄浦江沿岸超过两万人加入其中；2004年，国内规模最大的全民健身活动之一安利“纽崔莱健康跑”活动在上海、广州等八大城市举行，把“运动、营养、健康”的理念带给广大市民。“中国根”“上海梦”和“奥运缘”之后，纽崔莱还进行过“极地行”。2002年启动了“哪里有安利、哪里就有绿色”公益活动，发起全国30多家分公司员工和营销人员参与到5年植树百万棵的宏大计划中，看上去是在宣传企业文化，实际上也不动声色地为自己的环保产品做了生动的活广告。

（资料来源：百度文库。）

随着管理的日趋复杂和困难，企业职能部门的作用变得越来越重要。企业职能战略，亦称职能部门战略或职能层战略，是指为了确保顺利实施和贯彻企业总体战略和经营领域战略，由各职能部门分别对关键的、战略性的专业职能制定的战略规划或具体行动计划。制定职能战略的目的，是使企业中各职能部门的管理人员更加清楚地认识到本职能部门在实施企业总体战略中的责任和要求，通过有效地运用人力资源、市场营销、财务等方面的职能，保证企业战略目标的实现。

7.1 研发战略

企业之间的竞争，外在表现为产品与服务的竞争，内在则表现为技术的竞争。企业的研发是获取技术的重要途径，尤其是一些技术高度密集型的行业，如电子、航空、新材料、生物工程等行业，技术越来越成为企业生存的决定性因素。企业在进行研发的时候需要考虑两个因素，第一是资金，第二是时间。资金方面，根据生产过程信息管理系统（Process Information Management Systems，PIMS）研究的结论，研发经费高出行业平均水平或低于行业平均水平的企业，都具有较低的投资收益率。这说明随便将资金投向新的研发项目并不意味着能为企业带来理想的收益。时间方面，技术替代现象也时常发生。针对如何应对技术替代问题，安索夫提出要持续寻求新技术产生的源泉，这就需要企业实施研发战略。

7.1.1 研发战略的含义

研发战略是指企业在研究与开发上的愿景规划及方向。研究与开发可以使企业获得竞争优势效应，使企业获得技术垄断或技术扩散效应。研发战略有利于企业加快产品更新换代；有利于保持企业的竞争优势；有利于企业降低成本，提高经济效益。

职能战略专栏1：

中兴通讯折射出的技术创新与管理

2018年4月16日，美国商务部发布了对中兴通讯的禁止出口令，禁止时间长达7年，期间不允许美国公司向中兴通讯提供相关零部件、软件和技术，但中兴的许多重要业务如芯片、操作系统等都是与美国进行深度合作，仍需要美国相关先进技术的支持。5月9日中兴公告称，受禁令影响，公司的主要经营活动已无法进行。顿时，国内外舆论大哗，对美国欺行霸市、恣意横行的谴责，对中兴通讯哀其不幸、怒其不争的叹息不绝于耳。之后，在中国和美国高层紧锣密鼓的磋商中，美国总统特朗普要求美国商务部帮助中兴通讯恢复运营。5月15日，美国商务部长表示，愿意尽快改变对中兴通讯的销售禁令。危机似乎在逐渐隐退，但这一巨大危机触碰了中国通信产业缺乏核心技术支持的痛点，对中国通信等高科技相关产业起到了严重的警示作用。

长期以来，中兴向全球100多个国家和地区的企业网客户和电信运营商提供创新技术与产品解决方案，对技术创新可谓是相当重视。仅2017年中兴公司就投入129.6亿元人民币进行研发，占营收的11.9%。在最具应用前景的5G研发中，中兴通讯组建了超过4500人的研发队伍，每年投入约30亿元人民币。截至2017年底，已在全球60多个国家部署了110多张Pre5G网络，成为全球5G标准研究的主要贡献者，加入了几乎所有的国际主流标准组织和推进平台。但是，在运营商、芯片、ICT基础设施三大领域中，中兴战略管理和技术创新的重点一直在运营商和ICT基础设施方面，这不仅决定着30多年来中兴通讯发展的速度、发展方式、发展轨迹与公司业绩，而且也决定着中兴通讯的芯片瓶颈难以克服。中兴每年上百亿元的技术创新经费大部分都投到了“哑铃型”的两端，即上游的“ICT基础设施”和下游的“运营商”，而对“一手擎两端”的“芯片”却疏于关注。尽管中兴通讯从2010年开始已经遭到了美国对其购买的核心产品的禁售，并屡遭调查和惩罚，却仍未把自己在美国的芯片和敏感不见的ACIA、Oclaro、Lumentum等多达数十家芯片供应商列入置己于死地的对手当中。这些供应商一旦出现问题，短期内几乎无法找到能保持相同竞争力的替代产品。

（资料来源：曹淑红. 中兴通讯事件折射出来的技术创新与战略管理［J］. 河南科技大学学报（社会科学版），2018（10）.）

7.1.2 研发战略的类型

为了有效地进行研究与开发的管理，也为了制定研究与开发战略的需要，可将研发战略划分为以下三种基本类型。

7.1.2.1 基础研究

这类研究的目的在于发现新知识、探求新事物、探索自然现象的内在联系及其发展变化的规律，为开创新技术、开发新产品等提供理论基础。基础研究既能拓宽科学知识的领域，又能为新技术的创立、发明提供理论前提，因此，它具有强烈的探索性。由于这类研究成果具有很大的不确定性，因此，基础研究计划的约束性很差，时间要求不严格，费用上没有明确的标准。同样，其成果所体现的价值很难把握，但是一般来说，会产生深远的意义，影响很大，特别是对应用研究和开发研究起着重要的指导作用。基础研究的投入和产出联系最不紧密，因而无法根据其成果的效益决定投入量，一般由国家或大型企业资助基础研究。

7.1.2.2 应用研究

应用研究的目的在于科学知识和科学理论的应用，也就是将基础研究科学发现或者科学理论的研究成果应用到生产实践中去的可能性。因此应用研究具有一定的实用目的。它要解决的是具有方向性的或带有普遍性的工业技术问题，不考虑产品的具体型号或规格。应用研究一般由研究人员和工程师承担，要求具有创造能力和应用能力。它一般由集体攻关，需要各方面人员的密切配合才能完成。由于应用研究的成功率比基础研究的成功率要大一些，而且一旦成功，将影响到特定的领域，具有一定的实用价值，因此，其研究计划有一定的针对性，但变更较多；时间上有进度要求，但不严格控制；费用上能够做出大致的估算，但是控制不严。其成果的价值虽然模糊，但比起基础研究的成果容易把握得多。

7.1.2.3 开发研究

开发研究是运用基础研究和应用研究的知识和成果，对开发新产品、新生产工艺及制造技术等进行的研究工作。就产品而言，开发研究是以具体的产品为对象，对实际型号、规格的样品方案进行探索，包括从设计、试制和试验新产品定型确认可以正式交付生产或投入市场为止的全部研究开发工作。它一般由工程技术人员集体参与，要求有丰富的知识经验和实践能力。由于开发研究的针对性很强，直接针对产品的发展，面向市场需求，结合生产实标，因而其成功率较大；成果的价值完全可以估算，研究成果马上可以应用。所以，开发研究的计划比较固定，变更少；时间比较确定、不会很长；费用预算容易制定，而且很容易和研究成果定额效益结合起来考虑。

研发战略的三种基本类型见表 7-1。

表 7-1 研发战略的三种基本类型

类型	主要内容	特征
基础研究	发现新知识、探求新事物、探索自然现象的内在联系及其发展变化规律，为开创新技术、开发新产品等提供理论基础	探索性
应用研究	将基础研究所取得的研究成果应用到生产实践中，解决具有方向性或带有普遍性的工业技术问题，不考虑产品的具体型号和规格	实践性、实用性
开发研究	运用基础研究和应用研究的知识和成果，对开发新产品、新生产工艺及制造技术等进行研究，包括对产品的实际型号、规格、设计、实验等工作的研究	实践性、实用性

7.1.3 研发战略的选择

企业要根据其总体战略和竞争战略来选择研究与开发的方式，根据企业的外部环境以及内部条件来决定应该如何向研究与开发活动分配企业的资源。

7.1.3.1 进攻型战略

这种策略的目的是通过开发或引入新产品，全力以赴地追求企业产品技术水平的先进性，抢占市场，在竞争中保持技术与市场的强有力的竞争地位。这一策略可以分为三个不同的重点：第一种主要是通过科研包括基础研究和应用研究进行创新、开发新产品；第二种是集中力量，通过对市场潜在的有效需求的调查研究，促使技术知识化为新产品；第三种是企业家的创新偏好，它可以引发并促成技术创新，使企业家的主动性和创新精神得到最大限度的发挥，开发出新产品。

采用这种战略的条件是：企业应该有独立的研究和开发机构，有较强的技术研究能力和雄厚的财力。要求企业能够从技术上预见到未来市场的潜在需求。采用该策略的企业为了保持垄断地位，要对创新产品及技术进行专利保护。企业应该有能力批量生产新产品，去占领较大的市场。这种战略代价高、风险大，对企业的要求也高，但企业研制的新产品在技术上是先进的，所占领的市场不会轻易被竞争对手夺走，因此该战略成功后会给企业带来巨大的利益。

7.1.3.2 防御型战略

防御型战略又叫追随战略，这种战略的目的是企业不抢先研究和开发新产品，而是在市场上出现成功的新产品时，立即对别人的新产品进行仿造或者加以改进，并迅速占领新市场。

选择这种战略的条件是：（1）企业有高水平的技术情报专家，能够及时迅速地掌握别的企业的研究方向和研究成果。（2）企业具有效率特别高的消化吸收创新的能力，能够迅速而巧妙地对别人的研究成果加以利用、改进和提高。（3）企业有较强的研究与开发条件，企业的工程师们必须反应敏锐、行动迅速，具有理解与发挥别人科研成果的能力，采用此策略的企业其研究与开发重点应在不断提高通用技术的水平上，其研究与开发组织应该极富有弹性，当企业决策者一旦做出决定，研究与开发机构应该立即与企业内各部门合作组成研究小组，争取在短期内造出与创业厂商相当的或者更为先进的产品。

这种战略的优点是：（1）它避免了应用研究导致可能进行的基础研究的长期而又不明确研究前途的大量投资，大大减少投资的风险性。（2）该战略是对新产品加以改造后推向市场，可以克服新产品在其最初的缺陷而使企业后来居上。

采用该战略的缺点是：（1）新产品技术受到专利的影响，使得采用防御型战略的企业一时难以进入该领域经营，需专利失效。（2）市场开拓的有限性，即当企业获得情报以后，立即进行消化、吸收及创新，当制成品进入市场时，市场的很大一部分已经被领先企业所占领，因此市场占有率较小，在价格上也难以占有优势，因而企业收益也会受到相当大的影响。

7.1.3.3 技术引进型战略

这种战略的目的是利用别人的科研力量来开发新产品，通过购买高等院校、科研机关的专利或者科研成果为本企业服务。通过获得专利许可进行模仿，把他人的开发成果转化为本企业的商业收益。

选择这种战略的条件是：(1) 当企业缺乏技术专家、缺少实验设备、企业没有独立的研究开发机构时，企业应当采用技术引进型战略。(2) 当企业财力有限，或者对某一产品改进产生的利润不足以抵补研究开发费用时，企业应当采用技术引进型战略。(3) 选用该策略时企业应该具有较好的信息系统，能够迅速及时地掌握其他研究机构研究开发的动向和成果，具有参与市场竞争的能力。

这种战略的优点是：进行仿制可以达到收效快、成本低、风险小的效果。据统计，仿制所需的时间仅为独立研究开发时间的1/5，所需经费为独立研究开发的1/30，因此有时大企业往往也采用这一策略。

这种战略的缺点是：由于是仿制，因而有可能利润较少，同时企业技术水平将永远落后在技术输出的企业的后面，一般大中型企业不应在较长的时间里以此策略作为本企业研究与开发策略的主体。从长远来看，过多地依赖引进，势必逐渐削弱企业科技队伍的独创能力和活力，使企业受损，因此技术引进策略在大企业中一般只能用作辅助性的策略。

7.1.3.4 部分市场战略

部分市场战略也叫依赖型战略，这种战略主要是为特定的大型企业服务，企业用自己的工程技术满足特定的大型企业或者母公司的订货要求，不再进行除此以外的其他技术创新和产品的研究开发，只要不失去为之服务的特定的大企业，就能够安全稳定地经营。

选择这种战略的条件是：(1) 一般都是大企业的卫星企业或者子公司采用此种战略。(2) 企业研究开发机构较小，研究开发的重点是对材料技术工艺进行研究与革新。(3) 采用该种战略的企业一般其专业化生产能力很强。

这种战略的优点是：按照订货的要求或者母公司专业化的需要，在条件允许的情况下，模仿现在已有的开发成果；一般企业不进行新产品的研究开发工作，只完成专业化协作部分的生产任务；这类企业的研究开发重点是在材料及生产工艺方面进行革新以达到降低成本的目的。

这种战略的缺点是：一旦特定的大企业的产品或者生命周期进入衰退期，则为之服务的企业经营也将陷入困境，因此要求企业一定要具有适合不同用户要求的灵活性。表7-2列出了以上四种战略的特点、适用情况以及对职能部门的要求。企业采用什么样的战略，是由企业实力、传统和环境及竞争对手的情况等共同决定的，其最根本的原则是扬长避短，尤其是要考虑风险承受能力等。

表7-2 不同研发战略的特点、使用情况及其要求

项 目	进攻型战略	防御型战略	技术引进战略	部分市场战略
企业特征	在技术能力和营销方面有足够的保证，领导重视	科研能力一般，但开发工程的能力很强，有灵活的组织能力和敏捷的反应力	研发力量小或几乎没有；研发费用低，善于低成本生产	擅长生产畅销产品；有良好的工艺开发与组装能力；营销部门与研发部门配合良好

续表 7-2

项　目	进攻型战略	防御型战略	技术引进战略	部分市场战略
市场特征	市场对新产品需求迫切，推销费用低	市场容量大，被领先进入市场的企业独占	进入市场时有能力在价格上进行竞争	现有产品仍有市场，但被竞争者的改进产品所威胁；在技术上无重大突破
财务特征	成本高，但潜在利润大	成本高，但比领先者低得多	低成本和薄利润，在短期内仍可以获得较大盈利	研发费用较低，但销售费用高；利润低，但在相当长时间内销量大
研究开发	需要最先进的研究开发成果	需要灵活的反应，迅速的研发能力	需要有工艺开发和降低成本的能力	要有工程应用能力；有迎合用户需求的能力和设计新先进产品的能力
制造	重新试制与小批量生产	需要有建立中等生产规模的能力	需有大量生产能力，足以降低成本	需具备中短期生产的灵活性
营销	侧重激发初始需求	能进行多种经营，激发第二次需求	能使营销费用降到最低	能分辨并找出有利的市场
财务	需筹措用于风险投资的资金	能筹措大量资金	需筹措大量资金	需筹措一定量的资金
组织工作	强调灵活性，鼓励敢于承担风险	能将灵活性和高效率相结合	强调高效率与分级控制	能适应不同用户需求的灵活性
时机选择	早期进入，开创产品生命周期	成长早期	成长后期或成熟初期进入	成长期进入

7.2　生产运营战略

早在 1969 年，美国哈佛商学院的威克汉姆·斯金纳（Wicham Skinner）教授就在《哈佛商业评论》上提出了生产运营战略的概念，指出生产运营不仅仅是例行的执行部门，而且是企业总体战略的一个关键组成部分。随着国际商业竞争的加剧，企业生产运营的战略与管理问题受到越来越多的关注。

7.2.1　生产运营战略的内涵

所谓生产运营战略是指在企业总体战略框架下，按照选定的目标市场和确定的竞争战略，对企业经营领域生产系统的建立和运行制定全局性的规划。通过对内部、外部环境分析，构建和运行一个能使企业获得竞争优势、适应市场需求并不断发展的生产与运营系统，保证企业总体战略目标的实现。

生产运营战略作为企业总体战略下的职能战略，它着眼于通过生产运营系统的战略决策，改善产品生产的成本、质量、柔性、交货期和服务，以提高产品的销售量、市场份额和赢利水平。

7.2.2 生产运营战略的制定程序

生产运营战略的制定一般包括以下具体步骤：(1) 根据市场增长、产品战略和竞争环境明确企业的目标。(2) 通过对关键产品、市场和制造特征的分析，确定战略制造单元，以便分出相似的产品组。(3) 根据关键的市场成功因素，制定企业生产战略的战略使命。(4) 制定出有关技术、纵向体化和作业控制政策的指导方针，以支持战略制造单元。(5) 通过界定现有的资源、应用的工艺技术以及管理组织与管理理念，以确定现有的生产基础。(6) 确定衡量内外绩效的指标，如生产能力、资源利用率、运作成本、获利能力、产出量、生产率、质量、信用度和适应性等。(7) 对生产基础和战略使命做出比较，以确定差距和改进的方案。(8) 对每个方案的成本、收益、风险以及它们对长期竞争优势的影响进行评估，最后制定出个综合的战略。

7.2.3 生产运营模式与战略选择

随着市场竞争的日趋激烈及全球化市场的进一步发展，生产模式已成为影响企业竞争力的重要因素。从一定意义上说，企业间的竞争也就是生产模式的竞争。从企业的发展进程来看，生产模式大体上经历了从单件生产到大量生产再到多品种小批量生产的三次重要变革。

7.2.3.1 单件生产模式

历史上，制造业曾长期以手工作坊方式运作，即单件生产模式。此种模式下，产品质量取决于生产工人的技能，生产效率低、成本高。目前，从形式上看仍有一些企业还保存着这种生产模式，他们的目标集中在上层需求中豪华的、性能各异或独特的单件产品上，通过使用高度熟练的技工、先进的生产设备来满足大量生产方式无法向消费者提供的个性化产品的要求。

7.2.3.2 大量生产模式

在泰勒的科学管理和时间研究基础上，以福特为代表创造的大量生产模式克服了单件生产模式存在的问题。此种生产模式使用精通某一领域的专业人员设计产品，雇佣一般的工人，采用流水生产线及专用设备进行生产。这是一种以牺牲产品品种变化来换取低成本的生产模式。

7.2.3.3 多品种小批量生产模式

随着商品多样性需求矛盾的日益突出，大量生产已不能适应市场竞争的要求，从而出现了多品种小批量的生产模式。与大量生产模式相比，多品种小批量生产模式效率较低、管理复杂、难以实现自动化。但从另一角度看，此模式也可以理解为满足不同用户的大量生产，即要求企业如何用大量生产的成本来生产满足具有不同要求的大批用户的个体化多样性的产品。

7.2.3.4 当代生产运营模式

(1) 计算机集成制造系统 CIMS。自 20 世纪 60 年代以来，为适应动态、快速、多变的市场需求，计算机集成制造系统 CIMS (computer integrated manufacture system) 应运而生，它代表企业的发展方向和生产模式。计算机集成制造系统是指通过计算机硬件、软件，综合运用现代管理技术、制造技术、信息技术、系统工程技术，将企业生产全部过程中有关人、技术、经营管理三要素及信息流与物流有机集成并优化运行的复杂系统。其特点主要有关键技术集成、实现柔性管理、组织机构的变革。

（2）准时生产 JIT。准时生产 JIT（just in time）是日本制造商在 20 世纪 70 年代末石油危机的冲击下发展起来的。这种生产运营模式的基本思想是在恰当的时间生产出恰当的零部件、产成品。其依据的基本原则是“准时”，即在零件刚好被需要时，才将它生产出来并送到需要的地点，其追求的理想目标是“零库存”。准时生产模式的最大特点是它具有动态的自我完善机制，表现为“强制性暴露问题、暴露隐患”。管理人员和作业人员在分析这些问题后，提出改善的措施与设想，从根本上消除隐患，以防其再度发生，使生产系统达到新的平衡。

（3）精益生产 LP。精益生产 LP（lead production）起源于 20 世纪 80 年代日本的丰田公司，并由美国人詹姆斯正式提出。精益生产要求企业的各项活动都必须运用“精益思维”。精益思维的核心就是以最小的资源投入，包括人力、资金、材料、时间和空间，创造出尽可能多的价值，为顾客提供新产品和及时的服务。

（4）柔性生产 AM。柔性生产 AM（agile manufacturing）是 1998 年由美国里海大学和 GM 公司共同提出的，现已成为“21 世纪制造业战略”。

（5）并行工程 CE。并行工程 CE（concurrent engineering）是 20 世纪 90 年代后期提出的。它是以 CIMS 信息集成为基础，通过一系列的方法和技术，支持产品开发人员在设计一开始就考虑产品生命周期中的各种因素，其主要目标是缩短产品开发周期、提高质量、降低成本，从而增强企业的竞争能力。并行工程的核心内容包括产品开发队伍的重构、过程重构、数字化产品定义和协同工作环境。

上述生产运营模式随着经济发展的演变过程如图 7-1 所示。

图 7-1　生产运营模式的演变

7.3　市场营销战略

市场营销战略一方面服从于企业的总体战略，以实现企业的整体战略目标为出发点；同时它又是企业开展营销工作的主线，指导着企业营销部门的各项工作。营销战略的制定与实施，在企业总体战略中居于重要地位，是确保企业战略得以实现的重要保证。

7.3.1 市场营销战略的含义

市场营销战略是指企业在现代市场营销观念下，为实现其经营目标，对一定时期内市场营销发展的总体设想和规划，是一项重要的职能战略。它涉及市场营销活动的全过程，包括市场调研和预测、分析市场需求、确定目标市场和营销组合等。市场营销战略的制定和有效实施可以使企业获利并能高效率地服务于顾客，它是企业战略的集中表现，市场营销战略需要在综合考虑企业的各种资源和能力的基础上由高层管理者制定。从企业与其经营环境的关系来看，市场营销战略具有全局性、长期性、系统性、适应性和风险性的特点。其主要内容包括市场细分战略、目标市场战略和市场营销组合战略等。

7.3.2 市场细分战略

市场细分是指企业根据消费者需求的不同，在研究地理因素、人口因素、行为因素等变量的基础上，把整个市场划分成不同消费者群体的过程。

7.3.2.1 有效细分市场的条件

一个细分市场是否有实用价值，能否既满足市场现实和潜在的需求又能对企业有利，那就要看它是否符合下面的条件：

（1）可衡量性。这是指细分市场的规模和购买力可以衡量的程度。一个细分市场内的个体要有共同的特征，这些特征既要同其他细分市场有明显区别，又要能以合理的代价取得衡量这些特征的资料。例如，对某些产品而言，一些心理因素虽然在观念上可用来做市场细分，但实际上却由于难以衡量而无法采用。

（2）实质性。指细分市场规模大小或获利程度。经过细分的市场，必须存在足够的需要量，必须值得进行独立的营销活动，否则就会造成过度细分的现象。

（3）易接近性和可行动性。这是指能有效地到达细分市场并为之有效服务的程度。在按一定的细分依据确定的细分市场中，必须有一些是企业可以为之制定有特色的营销策略并有能力实现的，否则这种市场细分也无意义。

7.3.2.2 市场细分的依据

市场细分的依据可分为地理因素、人口因素、心理因素和行为因素。地理因素包括地理环境、气候条件、行政区域、自然资源和民族等。地理因素对消费者的生活方式、风俗习惯和生活需求都有较大影响。人口因素包括性别、年龄、文化程度、收入水平、家庭状况和宗教信仰等。由于人口因素直接影响消费者的需求，因而是主要的市场细分标准。心理因素包括生活方式、个性等。随着社会经济的发展，消费者的需求逐渐从生理需求转化为心理需求，因此，心理因素也成为一个重要的市场细分标准。行为因素包括品牌忠诚度、使用频率、消费者偏好、购买动机等。

7.3.2.3 市场细分的步骤

市场细分的步骤分为调查阶段、分析阶段、描述阶段和选择细分市场阶段。调查阶段是市场细分的基础，企业可以通过查找资料、问卷调查等手段获取地理因素、人口因素、心理因素和行为因素方面的信息；分析阶段是对调查阶段的数据进行分析和整理，重点在于发现消费者在需求上的共性和特性；描述阶段是根据数据分析划分每个子市场，并对子市场最详细的描述；选择细分市场是指在对每个细分市场做出评估后确定企业需要的细分市场。在选择细分市场时要注意细分市场的规模、增长潜力、竞争程度和成本等因素。

7.3.3　目标市场战略

7.3.3.1　目标市场模式的选择

目标市场是企业计划进入的细分市场。企业对市场进行细分时根据市场规模、市场潜力、竞争情况以及企业的资源情况决定进入哪个细分市场。企业考虑的目标市场模式，主要有以下六种：

（1）单一市场集中化。这是最简单的一种模式，企业只选择一个细分市场进行集中营销。例如大众汽车公司集中经营小汽车市场；理查德·D·伊尔文公司集中经营经济商业教科书市场。公司通过密集营销，更加了解本细分市场的需要，并树立特别的声誉，因此便可在该细分市场建立巩固的市场地位。但是该模式适用范围较狭窄且市场潜力不大。

（2）选择性专业化。这是指企业有选择性地进入几个不同的具有吸引力且符合企业目标和资源水平的细分市场。采用此法选择若干个细分市场，其中每个细分市场在客观上都有吸引力，并且符合公司的目标和资源。但在各细分市场之间很少有或者根本没有任何联系，影响企业的市场决策。这种多细分市场目标优于单细分市场目标，因为这样可以分散公司的风险，即使某个细分市场失去吸引力，公司仍可继续在其他细分市场获取利润。

（3）产品专业化。指企业同时向几个细分市场销售同一产品。用此法集中生产一种产品，公司向各类顾客销售这种产品。例如显微镜生产商向大学实验室、政府实验室和工商企业实验室销售显微镜。公司准备向不同的顾客群体销售不同种类的显微镜，而不去生产实验室可能需要的其他仪器。公司通过这种战略，在某个产品方面树立起很高的声誉。但如果产品——这里指显微镜，被一种全新的显微技术代替，就会发生危机。

（4）市场专业化。市场专业化是指当市场发展到一定程度，客观上要求一种与之相适应的专业化，正如随着分工不断扩大、市场化的不断成熟、人们业务能力不断提高，也就使得专业化水平不断提高，使整个市场得以稳定发展。例如，公司可为大学实验室提供一系列产品，包括显微镜、示波器、本生灯、化学烧瓶等。公司通过专门为这个顾客群体服务而获得良好的声誉，并成为这个顾客群体所需各种新产品的销售代理商。但如果大学实验室突然经费预算削减，就会减少从这个市场专门购买仪器的数量，这就容易造成公司的危机。

（5）全面进入。企业意图为所有的顾客群提供他们所需要的所有产品，这种模式可以加速品牌知名度的扩大，但是只有大公司才能采用完全市场覆盖战略，如国际商用机器公司（计算机市场）、通用汽车公司（汽车市场）和可口可乐公司（饮料市场）等。

（6）大规模定制。大企业主要通过无差异性营销和差异性营销两种途径来全面进入市场。大规模定制是指按照每个用户的要求大量生产产品，产品之间的差别可以具体到每个基本元件。

7.3.3.2　目标市场战略的选择

可供企业选择的目标市场战略主要有三种，即无差异性目标市场战略、差异性目标市场战略和密集性目标市场战略。

（1）无差异性目标市场战略。无差异性目标市场战略是指企业把选定的目标市场当作一个整体，无论是产品的设计还是各种经营活动都只针对人们的共同需求而不管人们消费需求中的差异性，以单一的营销手段和单一的产品去吸引所有的购买者。如可口可乐公司在相当长的一段时间内，由于拥有世界性的专利，只生产单一口味的品种，采用单一标准的瓶装和统一的广告宣传，长期在饮料市场占据霸主地位。

在以下两种情况下，企业可采用此战略。1）该产品的市场竞争不激烈，企业只要提高产量，降低成本就能获得较大的利润。2）目标市场营销条件的类似程度大，或产品是需求量特别大的普通日用消费品。

（2）差异性目标市场战略。差异性目标市场战略是指企业决定同时为几个子市场服务，设计不同的产品，并在定价、渠道和促销等方面都给予相应的改变，以适应各个子市场的需要。例如，某自行车厂根据消费者的性别、需求等不同特征，分别设计了轻便女车、轻便男车、加重车等，从而使男性、女性、农村、城市等子市场都得到了较好地满足。

（3）密集性目标市场战略。密集性目标市场战略是指企业只选择一个或几个细分市场作为目标市场，制定一套营销方案，集中力量实行专门营销，争取在部分市场上占有大量份额，而不是在整体市场上占有较小份额。

三种战略方式优缺点比较见表 7-3。

表 7-3 三种战略方式优缺点比较

目标市场战略	优 点	缺 点
无差异性目标市场战略	便于大量生产、储运和销售； 简化了广告和推销手段； 降低经营成本	易忽视潜在市场需求而错失良机； 易加剧企业竞争； 产品与营销手段针对性不强
差异性目标市场战略	增强消费者信任，提高复购率； 增加销售机会，提升总销售额； 有利于提高声誉，树立良好形象	资源分散，易丧失竞争优势； 增加生产成本和费用
密集性目标市场战略	集中人力、物力、财力扩大市场占有率； 降低平均成本，提高盈利水平； 提高企业知名度，创立名牌产品	易受市场变化影响

7.3.4 市场营销组合战略

市场营销组合是指企业对自己可控制的各种营销手段和方法的综合运用，以达到销售产品并取得最佳经济效益的策略组合。影响企业营销活动的因素非常复杂，营销手段多种多样，美国营销学家麦卡西教授把众多的营销手段概括为四种基本营销手段，通常也称营销策略，其具体内容如图 7-2 所示。

（1）产品战略（product strategy）。指企业提供给目标市场的商品和劳务的组合，包括产品质量、性能、式样、品牌、包装、服务等，用来满足顾客需要与欲望。

（2）价格战略（price strategy）。指提供给顾客的产品的价格，包括产品的基本价格、折扣、付款时间、信贷条件等。

（3）分销渠道战略（place strategy）。指企业为使其产品进入和达到目标市场所进行的种种活动，包括销售方式、储存设施、运输条件、库存控制等。

（4）促销战略（promotion strategy）。指企业宣传、介绍其产品的种种活动，包括人员推销、广告、公共关系、营业推广等。

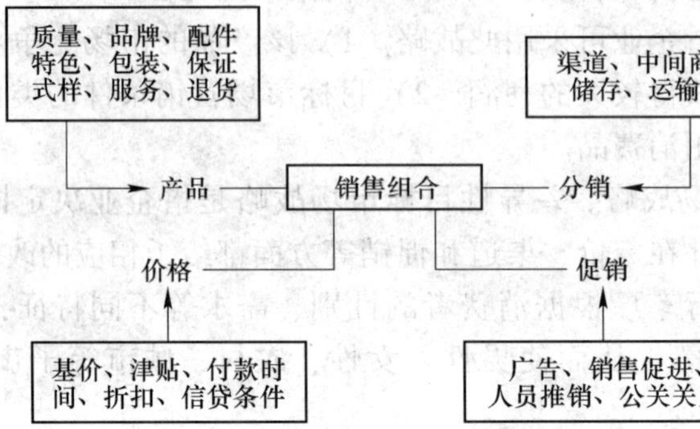

图 7-2　市场营销组合策略

7.4　财务战略

7.4.1　财务战略概述

财务是企业最集中的职能领域，企业的财务战略贯穿于整个企业战略的全过程，没有一个完善、高效的财务战略，想要使企业的总体战略得以顺利实施是不可能的。企业财务战略的主要任务就是根据企业的总体战略、竞争战略和其他职能战略的要求，分析和确定企业的资金需求量，保证企业的经营活动对资金的需要，确定融资渠道及方式，调整和优化企业内部资本结构，通过有效投资和资产管理手段提高资金的使用效率，通过对资金的最优化利用，保证企业战略目标的顺利实现。财务战略主要包括筹资战略、投资战略、资产管理战略和利润分配战略。

7.4.2　筹资战略

7.4.2.1　筹资渠道战略

筹资战略是指根据企业战略规划进行的资金安排或筹划，它要解决企业从什么渠道用什么方式获得企业发展所需资金的问题。按照资金的时间特点，一般分为短期筹资和长期筹资。

（1）短期筹资。短期资金是指使用期在一年或一个经营周期以内的资金。短期资金主要表现为现金、银行存款、应收账款等形式，筹集方式一般有商业信用、银行信用和应付费用三种。

（2）长期筹资。长期资金是指使用期在一年或一个经营周期以上的资金。企业筹集长期资金主要通过股票、债券、长期借款、融资租赁等形式，其中最常用的是长期借款、股票筹资和债券筹资，三种方式的比较见表 7-4。

表 7-4 长期筹资方式比较

融资方式	优　点	缺　点
长期借款	长期借款的资本成本较低；筹资速度快且弹性较大；利息支出可减轻企业纳税负担；发挥财务杠杆作用	长期借款筹资风险较高；限制较多且筹资数量有限；不良银行信用会影响企业商业信用；贷款的资产抵押可能影响企业经营甚至有破产风险
股票融资	募集的资金无需偿还，筹资风险小；股票的发行可提高企业的银行和社会信用	融资成本高、法律限制严格；有利润分配的压力；股份的增加会导致原有股东的控制权被稀释
债券融资	较低的利息率使融资成本低；利息支出可以从收益中抵减，减低企业的纳税负担；不存在股权稀释问题	融资能力受法律限制；严格的偿债期限可能增加企业经营风险与资金周转困难

7.4.2.2 资本结构战略

企业资本结构又称财务结构，是指企业全部资金来源中负债和所有者权益乃至各构成项目分别占资本总额的比重。优化资本结构、合理筹措资金，使各种资金来源和资本配比保持合理的比例，是企业财务战略的重要内容。

在不同的利益目标函数驱动下，管理层、权益股东和债权人有不同的资本结构优化目标，如股东财富最大化、企业价值最大化、经理效用最大化和相关者利益最大化等。由于企业最基本的发展动力是股东对资本投入回报的追求，所以可以将资本结构战略的目标归结于权衡相关利益者利益后的股东财富最大化。制定企业资本结构战略时，不仅要考虑非负债税收利益、破产成本、代理成本和社会责任支付等直接变量，而且还要考虑周期性因素对企业融资渠道和数量的影响，如商业周期、利率、通胀率、企业的成长性等。

7.4.3 投资战略

投资战略是指企业为了长期生存和发展，在充分估计影响企业长期发展的内外环境中的各种因素的基础上，对企业一定时期的投资行为所做出的整体筹划和部署。企业投资战略对企业资源的运用具有指导性，其目的是为了全面、有效地利用企业各种资源，合理科学地配置企业生产力，从而最大化企业的整体投资效益。它主要解决的是战略期间内企业的投资目标、规模、投资方式和投资时机等问题。通常，投资战略可以分为以下几种类型。

7.4.3.1 稳定型投资战略

稳定型投资战略是一种维持现有投资水平的战略。现有投资水平可以是企业现有的投资规模，也可以指现有投资的增长水平，但一般来讲是前者。企业在外部环境和内部条件变化不大的情况下，一般追求最有效率地利用现有资金和条件，继续保持现有市场，维持现有投资水平，不断降低成本，尽可能多地获取现有产品的利润，积聚资金为将来的发展做准备。这种战略实际上是产品转向的一个过渡阶段。

7.4.3.2 扩张型投资战略

扩张型投资战略是一种不断扩大现有投资水平的战略。企业通过扩大投资规模或提高投资的增长速度，来不断扩大企业的生产经营规模，增加生产和经营产品的种类，提高市场占有率，使企业得以加快发展。

7.4.3.3 紧缩型投资战略

紧缩型投资战略是一种收缩现有投资规模的战略。企业从竞争领域退出，从现有经营领域中抽出资金，缩小企业的经营范围，也就是企业收缩市场，撤出某些经营领域，减少生产经营的产品种类。这种战略可分为两种：一是完全紧缩型投资战略，就是企业受到全面威胁时，其难以持续经营，而将全部资产清算以收回资金，偿还债务；二是部分紧缩型投资战略，是将企业部分非关键产品停产，并出售相应的资产以及将非关键技术出卖，紧缩经营规模。企业在经营决策严重失误、经营优势丧失或在取得竞争优势后需要放慢竞争节奏，以及处于经营周期的衰退阶段时，可以采用这种投资战略。

此外，从时间跨度上来说，企业投资战略还可以分为长期投资和短期投资，如图 7-3 分类所示。

图 7-3 中，长期对外投资包括股权投资，利用资金、技术等直接投资，建立合资、合营企业等，拓展企业经营领域，获取经营利润的投资战略；短期投资投资期较短，短期投资具有周转性、变现性等特点。

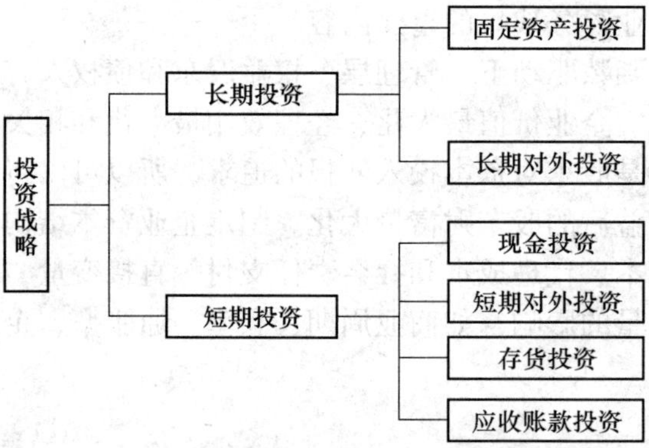

图 7-3 按时间跨度的投资战略的分类

职能战略专栏 2：

海澜之家投资战略分析

海澜之家于 2014 年借壳凯诺科技实现上市，市值超过 400 亿元，成为 A 股最大的服装企业。海澜之家上市后推行多元化的扩张型投资战略，符合公司整体扩展型战略的要求，其定位的长期收益的投资战略为其带来巨大的业务发展潜力。表 7-5 为海澜之家设立的部分子公司的情况。

表 7-5 海澜之家部分子公司情况 （万元）

公司名称	业务性质	注册资本
江阴中汇服饰有限公司	服饰销售	2000 美元
圣凯诺服饰有限公司	服饰生产	65000
海澜之家服饰有限公司	服饰销售	115000

续表 7-5

公司名称	业务性质	注册资本
江阴爱居兔服装有限公司	服饰销售	30000
江阴海一家服饰有限公司	服饰销售	30000
江阴海澜之家投资有限公司	投资管理	50000
江阴海澜之家国际商业（香港）有限公司	服饰销售	5000 港币
江阴海澜之家仓储管理有限公司	仓储管理	1000

从表 7-5 可以看出海澜之家主要通过设立全资子公司扩大公司规模，主要集中在营销网络建设、仓储物流两个方面。营销网络方面主要通过新开加盟店，2015 年新开 682 家，2016 年 1500 家，2017 年上半年新开店 527 家。尤其是 2016 年和 2017 年，是海澜之家的高速扩张之路。2017 年海澜之家增资快时尚女装，收购英氏婴童，拓展海外市场，与阿里战略合作，大力开拓市场，业务逐渐多元化，公司致力于打造中国版的优衣库。

一、增资快时尚女装

海澜之家旗下女装品牌爱居兔近两年发展迅猛，成为公司利润新的增长点，公司主要面向 20~40 岁的都市白领推出符合高性价比的产品。为了大力发展女装，海澜之家不但与新锐设计师合作，联合打造限量系列产品，拟建设爱居兔品牌研发中心，还增资快时尚品牌，全面开展女装业务。

二、收购英氏婴童

2017 年 10 月，海澜之家旗下全资子公司海澜投资以 6.60 亿元收购英氏婴童用品有限公司，成为公司第二大股东。“二胎”政策的施行使婴幼儿消费市场发展潜力巨大。英氏婴童是一家集设计、研发、销售高品质婴儿用品以及代理国内外多家知名母婴用品品牌于一体的专业公司。将大大有利于双方实现品牌互补、产品互补、渠道互补。

三、收购境外公司

2017 年 11 月，海澜之家通过全资子公司海澜之家服装有限公司收购境外公司 EMPIRO MARKETING SDN. BHD. 100%股权以及 HEILAN GROUP MARKETI（MALAYSIA）SDN. BHD. 100%股权，这标志着海澜之家开始实施全面拓展海外战略，完善公司整体布局。除了收购海外子公司，海澜之家的海外加盟店也在积极筹备中。2017 年 5 月马来西亚吉隆坡店的正式营业，标志着海澜之家开始开拓东南亚市场。

四、O2O 战略

2014 年，海澜之家全面实现 O2O 战略，实现线上线下同款、同时、同价，在整个服装行业处于领先地位。而且海澜之家通过 RFID 技术基本实现了线上下单、线下发货，门店数据达到共享和互通。

2017 年 8 月，海澜之家与阿里巴巴签订战略合作协议，阿里将在电商运营、市场营销等方面为海澜提供战略资源和支持服务，旗下天猫及相关平台将为海澜之家旗下品牌推广、挖掘新的客户资源、提升品牌的影响力提供强有力的支持，促进企业盈利能力的提升，推动海澜之家加快数字化转型。

（资料来源：马艳. 海澜之家财务战略案例研究［D］. 北京：中国财政科学研究院，2018.）

7.4.4 资产管理战略

资产管理战略是财务战略的重要组成，它担负着使企业资产保值增值的关键任务，其主要内容是企业各种资产的计划、分配及有效运用，并根据其有效的资产管理及企业发展的动态要求，不断提出对未来企业资本总额构成的改进意见，使资本结构不断优化。根据企业的财务报表，一般把企业的资产管理分为流动资产管理和固定资产管理。

7.4.4.1 流动资产管理战略

流动资产管理具体包括现金管理、存货管理、应收账款管理等，战略重点在于节省不必要的开支，提高流动资金周转率，处理好保持流动性与现金持有成本、保证供货与降低存货成本、促进销售与减少应收账款等若干矛盾。用于分析企业流动资产管理能力和状况的相应财务指标主要有存货周转率和应收账款周转率。管理流动资产的基本要求有以下几点：

（1）认真分析生产经营状况，合理确定流动资产的数量。

（2）做好日常管理工作，尽量控制流动资产的占用数量。

（3）提高资金使用效率，加速流动资金的周转。

（4）合理安排流动资产与流动负债的比例关系，保证足够的短期偿债能力和较高的资产获利水平。

7.4.4.2 固定资产管理战略

固定资产是指使用年限在1年以上，单位价值在规定标准以上，并且在使用过程中保持原有实物形态的资产，包括房屋及建筑物、机器设备、运输设备、工具器具等。固定资产管理战略的重点在于制定固定资产投资计划、保持生产能力的均衡、充分利用闲置的生产资源和能力、防止资产意外损失等。固定资产周转率是反映企业固定资产管理能力的重要财务指标。

固定资产投入运营后须加强管理，其管理必须遵循以下原则：

（1）充分使用原则。要求企业将固定资产全部投入使用，不要出现闲置不用的现象。

（2）满负荷运行原则。要求企业投入使用的固定资产都能按其设计能力高效率运行。

（3）生产最大可能性原则。要求企业的固定资产应尽可能多地用于生产经营和服务领域，使生产经营和服务的固定资产所占比重最大。

（4）更新年限的经济性原则。企业应根据经济合理性的原则确定何时更新固定资产及更新方式。

（5）归口分级管理责任制原则。要求企业把固定资产管理的权限和责任具体落实到企业各级部门，使固定资产的安全保管和有效利用得到可靠保证，保证固定资产作用的正常发挥。

7.4.5 利润分配战略

利润分配是利用价值形式对社会剩余产品进行分配。进行利润的合理分配应正确处理企业与社会各方面的经济关系，调动各个方面的积极性。在现代企业制度下，利润分配战略实际上就是股利政策，即确定公司税后利润有多少作为股利发给股东，有多少应留在公司进行再投资。一般股利政策主要有以下四种。

7.4.5.1 剩余股利政策

公司只能利用满足投资后的剩余收益作为股利。这种股利分配政策首先根据企业投资计划选择最佳投资方案，确定投资方案所需筹集的所有者权益资金，然后尽最大可能地利用留存收益来满足所有者权益资金的需要；在投资方案所需的所有者资金全部得到满足以后，如果尚有剩余，则将剩余部分作为股利发放。这种分配方式适合于业务高速成长的企业，其股东更多的是从股票的增值中获益。

7.4.5.2 固定股利或稳定增长股利政策

每年发放固定的股利数额，只有当公司认为未来收益的增加足以使其能够维持更高的股利水平时，才会提高股利的发放额。这种股利政策的根本原则是：绝对不要降低年度股利的发放额。如果存在通货膨胀，固定股利政策将转变为稳定的股利增长政策。这种情况下，一般要先制定股利目标增长率，然后再依此比率发放股利。对那些业绩优良且稳定的大企业，实施这种政策常能建立“蓝筹股”形象。

7.4.5.3 固定股利支付率政策

即从公司利润中提取固定的比例作为股利，每年发放的股利数额随利润的波动而波动。在这一政策下企业的股利支付同企业的盈利状况保持稳定关系，企业获得较多盈余的年份，股利额也较高，反之亦然。这种股利政策股利波动大，不利于稳定股票价格，不利于企业良好的市场形象的树立。

7.4.5.4 固定低股利加额外分红政策

这是介于固定股利或稳定增长股利政策与固定股利支付率政策之间的一种折中政策。在这种政策下，公司将每年发放的股利固定于低水平，然后根据经营情况决定年末是否追加额外分红。这种股利政策灵活性较大，对于维护投资者的信心与股票市价有一定的积极作用，因此被许多企业采用。

筹资战略、投资战略、资产管理战略和利润分配战略并不是相互割裂、互不相关的，而是相互联系、相互依存的。上述四个既有联系又有一定区别的战略构成了完整的财务战略活动。因此，财务工作者应综合各种财务比率的分析，确定最有利于企业总体战略目标实现的最佳财务结构，保证企业偿债能力、盈利能力与资产管理能力在整体协调的基础上不断优化与提高。

7.5 人力资源战略

与古典管理理论不同，现代管理理论包含了更多的人力资源的内容。自从 1981 年 Devanna、Fombrum 和 Tickey 首次提出人力资源战略以来，人力资源战略管理作为提高企业绩效的重要手段得到了快速发展。在战略管理的时代，人力资源不再是单纯注重个体的作用，更强调群体的力量。追求人力资源在知识、经验、技能、年龄、数量等方面达到优化是企业实行人力资源战略管理的主要目的。在企业战略管理中，人力资源战略对这种资源进行筹划，配合企业总体战略和其他职能战略的实现。

7.5.1 人力资源战略概述

人力资源战略是指企业根据总体战略目标制定必要的人力资源获取、利用、保持和开发策略。确保企业在发展过程中对人力资源在数量上和质量上的需求，是企业发展战略的重要组成部分。

7.5.2 人力资源开发战略

人力资源开发战略，就是指为有效地发掘企业和社会上的人力资源，积极地提高员工的智慧和能力而进行的长远性的谋划和方略。可供选择的人力资源开发战略方案主要有以下几种：

(1) 引进人才战略。这一般主要是指从国内外企业或科研机构、高等院校、设计院所引进企业所需的各种专家和高级技师，帮助企业掌握从国外引进的硬件技术和软件技术。这个战略实质上是一种同硬件和软件技术引进相配套的智力引进战略，通过外国专家的帮助指导，使我国管理人员能够管理好引进技术的生产过程，充分发挥引进技术的效益。

(2) 借用人才战略。这是指企业缺乏某方面或某些方面的人才，通过各种正当的途径和有效形式，从其他企业或科研单位、大专院校、设计院所暂借所需人才的战略。这是中小企业，尤其是严重缺乏人才的乡镇企业普遍采用的人才战略。

(3) 招聘人才战略。这是指企业根据生产经营活动发展的需要，对所缺人才在社会上公开招聘、竞争择优、录用所需人才的战略。实施这一战略的关键在于企业在某一方面或某些方面对社会上的人才有较强的吸引力，或是待遇优厚，或能让人才施展才智，实现抱负。没有一定的吸引力，企业很难招聘到急需的理想人才。

(4) 自主培养人才战略。这是企业根据中长期发展规划对各方面人才的需要，有针对性采用多种形式，自主进行培养的战略。例如，企业自办职工大学或业余大学，培养一批具有大专和本科学历的人才；通过自办中专，解决所需要的技术员一级人才；通过自办技校，解决所需的技术工人后备队伍。实施自主培养人才战略的关键在于企业要形成完善的职工培训中心和组建水平较高的师资队伍，以及对所培养人才的有效使用和正确的激励。

7.5.3 人才使用战略

人才使用战略是企业人力资源战略的重要组成部分，它是指企业为发挥人才的最大潜力而采用的措施和方法，包括图 7-4 所示的几种战略方案。

(1) 任人唯贤战略。这是指在人才的选拔和使用上必须坚持德才兼备的战略，既要重才，又要重德。对于为企业长远发展辛勤工作，努力发挥自己聪明才智的人，企业要大胆使用，决不能提拔那些阿谀奉承、无德无才的人。

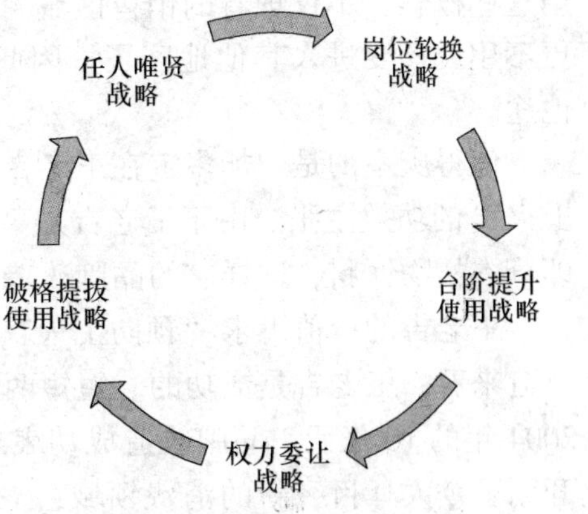

图 7-4 人才使用战略组成

(2) 岗位轮换战略。让人才在多种岗位工作，定期轮换，可以使他们比较深入和全面地了解和掌握企业生产的全过程或企业经营管理的全过程，成为生产技术或经营管理的多面手。这些人一旦被提拔到层次比较高的管理岗位或技术工作岗位，就能较快地担当领导工作的要求。

(3) 台阶提升使用战略。这是在正常情况下对骨干人才逐级提拔到领导岗位的使用战略，即在众多的人才中，有一部分杰出的人才作出了显著的成绩，企业根据事业发展的需要，应把他们提拔到各级行政指挥系统的领导岗位。但这种提拔一般应逐级提拔，这种方式可以对人才起到很好的激励作用。

(4) 权力委让战略。这是上一级领导把本职范围内的某一工作及其相应的权力委让给下一级领导，使之承担更重的任务、得到更大的锻炼的一种使用战略。这一战略的一个重要特点是委让权力给下一级领导，但不下放责任。也就是说，下一级干部如果出现差错，不由他们承担责任，而仍由上一级领导承担全部责任。这样做的目的是放手让下级干部大胆探索；使他们不怕出错。但权力委让要适当，如果交给下级的任务大大超过其现有的能力，下级挑不起来，工作做不出成绩，容易使人垂头丧气。

(5) 破格提拔使用战略。对于企业人才队伍中非常出类拔萃、作出杰出贡献的中青年人才，企业可实施越级提拔、放到更高层次予以重用的战略。多数人才的成长规律是一个渐进的过程，但对于少数中青年人才来说，他们成长很快，才华横溢，贡献突出。因此，企业要打破论资排辈的传统做法，敢于破格提拔他们，使他们能较快地承担更重大的责任，为企业的长远发展作出更大的贡献。

【章末案例】

王老吉的品牌突围

一、王老吉的品牌改造

加多宝的王老吉罐装饮料在实施品牌改造之前，消费者对王老吉的认识存在着两种截然不同的看法。两广地区是把王老吉饮料作为广东凉茶的典型代表来识别的。

资本追索高额利润的特性，促使加多宝在品牌租赁期余下的时间内力求创造奇迹。这时加多宝面临一个严峻的问题，对王老吉的品牌识别如何进行改造。当然，品牌改造的最终目标无外乎是：(1) 提高现有产品覆盖地区内的市场占有率；(2) 跨区域将现有产品扩张到其他地区乃至全国市场。一个明显的事实，作为广东凉茶典型代表的王老吉，诞生于潮湿炎热的广东，因具备显著的降暑，预防气候并发症的功效被广东人广泛称道，因当地环境和气候而生、因当地居住人群而活的产品，就像生长在广东的荔枝树一样，移植到北方是不能存活的。所以加多宝非常清楚不能植入广东凉茶的概念、特征和功效。如果使用这些概念，不仅现有的销售区域内的福建、浙江已有的忠诚消费者会感到迷茫而迟疑，更不用说还要进入其他地区了。因此，想要达到这两个品牌改造目标，加多宝只能另寻他途。

值得庆幸的是，加多宝在王老吉品牌改造方面做对了一件关键的事，即导入“预防上火”的功效主张。由于王老吉是草本植物煎熬而成，因此只能把自己定位于新的类别，即草本植物饮料，这样它的品牌改造有了正确坚实的起点。

王老吉的价值诉求“预防上火”，虽然还需要进一步技术鉴定和临床试验，但从品牌改造来看，王老吉是成功的。短短两年时间，销售额从 1 亿元增长到 2003 年的 6 亿元和 2004 年的 10 亿元。品牌改造成功表现在以下三个方面：（1）品牌定位于草本植物饮料，开创了令人耳目一新的消费领域；（2）价值体现于广泛被中医文化认可的“预防上火”功能；（3）消费者出于好奇，还没有进行严格的逻辑验证。

二、王老吉跨区域扩张的手段

王老吉的品牌改造，为自己找到了一个进入全国市场的缺口，但是如果没有强大的资源支持，即使有一个好的起点和机会，若品牌的知名度、品牌联想和让消费者随时便利购买的渠道网络这些形成前期市场环境的要素没有建立起来，是无法支撑销售份额的节节攀升的。

为了创造与目标市场关联密切的品牌联想，加多宝制作了一个让消费者尽情享受生活的电视广告片。于是王老吉的购买理由由此推论而成，“预防上火，请喝王老吉”。王老吉虽然脱胎于广东凉茶，但它的广告片完全看不到广东凉茶的任何影子，打造了一个相容现代生活，没有任何地域和气候特色的新品牌形象。

要让王老吉的功能性效用和相融于各地习惯差异的休闲式都市生活被更多的人群知晓、熟悉和赞同，剩下的关键问题就是强大的财力支持了。加多宝为了推广这一新概念，刚开始广告投入 1000 万元，到 2003 年底广告投入增加到 4000 万元，2004 年广告费用扩大到 1 亿元，广告费用在两年时间内急剧增长。媒体选择也是大手笔，主要是中央电视台的黄金段位和销售火爆的地区（如温州的地方电视台）。强大和快速的广告费用追加，一时间创造出高的品牌知名度和既定的品牌联想。此外，使用红色的易拉罐包装，在超市陈列，产生独特鲜明的视觉冲击，使消费者在形色各异的产品陈列中，很快能找到广告宣传片里的王老吉。另外，开辟餐饮渠道，选择湘菜馆、川菜馆和火锅店作为王老吉的诚意合作店，并于 2004 年 8 月进入肯德基点餐牌，中西餐馆结合，扩大了消费者直接接触王老吉的机会，增加了首次饮用的可能。当然，还有一些针对渠道成员和消费者的销售促进活动，对快速跨区域推广产生了积极的作用。

（资料来源：百度文库。）

问题思考

7-1 地理品牌有何特性？举例说明。

7-2 请说明强势品牌与弱势品牌之间的差异。

7-3 试分析职能战略在企业实施不同的总体战略阶段该如何选择。

7-4 以某一具体产业为例，分析各个职能战略给企业带来的优势。

7-5 简述企业在初创期、成长期、成熟期以及衰退期阶段企业职能战略有什么变化。

8 战略实施：模式与保障

没有战略的企业就像一艘没有舵的船，只会原地转圈。

——乔尔·罗斯

【学习要点】

（1）了解战略实施的基本概念；

（2）理解战略实施的主要任务；

（3）掌握组织结构与战略的关系；

（4）熟悉企业文化与战略的关系；

（5）了解战略实施与资源配置。

【开章案例】

柳钢低成本战略的实施

柳州钢铁集团公司（简称“柳钢”）于1958年建厂，经过50多年的艰苦奋斗，现已发展成为以钢铁冶金（焦化、烧结、炼铁、炼钢、轧钢）为主业，以环保、旅游、汽车运输、机械制造、房地产等非钢产业为辅业，拥有资产300多亿元的国家大型钢铁联合企业。2004~2008年排名广西50家强优企业首位。2007年实现钢材年产量600万吨、主营业务收入262亿元、利润14.88亿元、利税30.5亿元，在全国钢企排名第19位，2009年铁、钢、材产能达到800万吨，2013年铁、钢和钢材产量齐超1000万吨。

2008年底，为了克服金融危机带来的困难，柳钢开展了战略转型、再次创业，实施低成本战略，2009年实现扭亏为盈，2010年起开展的优质增效工作降本增效成效显著。这些工作的重点是实施低成本战略，以降低成本为重要目标，这也是战略成本管理方面的一个重要体现。目前，钢铁行业形势严峻，柳钢还面临着许多困难，柳钢各工序成本与行业先进水平比有很大差距，因此，必须采取强有力的措施来改变现状，尽快走出困境。

柳钢近年来管理水平有了较大的提高，但跟先进企业相比还有较大的差距，因此从柳钢的实际情况出发，对柳钢实施低成本战略进行探讨是有必要的，而开展战略成本管理是一个有效的管理模式。战略成本管理是战略思想在成本管理中的具体运用，是在进行成本管理的同时提高企业竞争优势。企业的战略成本管理实施分为三个阶段：战略成本的预测与决策、战略成本计划与控制及战略成本绩效评价。

柳钢实施战略的成本管理是要不断优化企业内部价值链、行业价值链，减少不增值作业，提高效率，这与“优化采购结构、优化品种结构、优化过程控制”内容是相符的。

（资料来源：张小雨．柳钢实施低成本战略的探讨及建议［J］．柳钢科技，2014.（5）.）

8.1 战略实施的概念及主要任务

8.1.1 战略实施的概念

战略实施即战略执行，是指整个企业运营等计划活动都按照既定的战略予以实施的全部活动过程。战略管理的根本任务不仅在于制定准确、适宜的方案，更在于使之转化为企业的经济效益。战略实施不是一个简单容易的过程，它是一个自上而下的动态管理过程。它涉及从高层到基层工作目标的分解、落实，需要在“分析—决策—执行—反馈—再分析—再决策—再执行”的不断循环中达成战略目标。在这个过程中需要大量的工作安排和资源配置，同时，也需要企业的每个人员都参与其中以有效地保证战略的实施。

8.1.2 战略实施的主要任务

战略实施的主要任务：

（1）编制战略计划。战略计划就是将战略分解为重大方案和项目、政策和预算、职能层战略，等等。组织中的各个管理层级要按照自上而下的原则对战略目标进行分解，在每个层面上制定出详细的战略计划。彼得·德鲁克指出，高层管理的首要任务就是制定与实施战略。他认为要通过企业的使命来思考管理的任务，要随时思考我们的企业是什么样的企业，它应该是什么样的企业？战略计划不仅可以避免实施过程中出现混乱局面，而且可以让企业所有人员有明确、具体的工作目标。在编制战略计划时，必须为每个战略实施阶段制定分阶段目标，并相应地制定每个阶段的措施和策略等。通常战略计划包括以下内容：第一，制定任务进度安排。包括企业总体战略目标的分解，明确进度计划和分阶段目标，并分析论证既定时间框架下的可行性。第二，制定分战略。在对总体战略目标分解后，就需要制定各事业部和各职能部门的分战略，并进一步制定出相应的实施措施和策略。第三，明确工作重点和工作难点。明确企业在不同时期、不同阶段和企业各个部门的工作重点和难点，明确工作的先后顺序，以便有针对性地重点推进企业战略的实施，保证战略目标的实现。

（2）建立与战略相适应的组织结构。“组织”是战略执行中最重要、最关键的要素之一。完善而有效的组织结构不仅为资源或要素的运行提供最为适当的空间，而且可以部分地补足或缓解资源、要素等方面的缺陷。一个好的企业战略只有通过与其相适应的组织结构去执行才能起作用，因此，战略决定组织结构，组织结构必须按照战略目标的变化进行调整。如今的企业处在动态变化的环境之中，企业面临的内外部环境越来越复杂，经营战略调整或变革的步伐更加紧凑，在这样的环境下，企业更应该根据新的战略来调整旧的组织结构，以期获得更大的效益。

（3）配置企业资源。资源配置是战略实施的重要内容，企业在战略实施过程中必须保证资源的优化配置。企业资源的配置包括外部资源配置和内部资源配置两个方面。外部资源配置是指企业利用外部资源保证战略实施，比如外部的公共关系资源、物力资源等。内部资源配置包括两部分；第一，是在组织不同部门之间，如不同的子公司、分公司、分厂以及不同业务或部门之间如何分配资源；第二，是在同一部门内部如何分配资源。内部资源包括人力资源、物力资源和财务资源。由于资源的配置受到诸多因素的限制，而且很难具体量化，这就造成企业的资源配置和战略实施不匹配的情况。因此，在战略实施过程中如何根据企业战略和实际情况配置合适的资源也是一个很关键的问题。

（4）发挥领导者的主导作用。企业领导者的能力和作用是战略得以有效实施的重要保证。领导是决定一个组织兴衰的关键因素，同时也是战略计划贯彻实施的决定性因素。发挥领导者的作用具体表现在两个方面；首先是领导者对战略实施的支持。这种支持包括制定战略计划、配置企业资源、改进组织结构等。其次是领导者能力与战略的匹配。由于不同的战略对战略实施者的知识、价值观、技能及个人品质等方面有不同的要求，因此，只有领导者的能力与所选择的战略相匹配才能促进战略的有效实施。这种匹配包括总经理的能力与战略类型的匹配和总经理班子中每个成员能力的相互匹配。

（5）处理好战略实施与企业文化的关系。从战略实施的角度看，企业文化既要为战略实施服务，又有可能制约了企业战略的实施。一方面，企业文化的特点要求企业战略必须符合企业的文化背景，否则会妨碍企业战略方案的实施；另一方面，原有的企业文化可能不适合现有的战略，从而制约战略的实施。到底是“企业文化追随战略”还是“战略追随企业文化”，在这一问题上，一种观点认为企业为实施战略而改变企业文化需要付出巨大的代价；另一种观点认为企业特别是发展迅速行业中的企业必须改变企业文化，使之适应战略实施的需要，并成为企业发展的动力之一。

（6）适当的战略调整或战略变革。如果新制定的战略在战略实施中出现的偏差较大，企业应考虑采取纠正措施或实施权变计划。在战略实施过程中，一旦推断出公司外部环境带来的机会或威胁可能造成的后果，则必须对战略进行调整或变革。

8.2 组织结构与战略实施

8.2.1 组织结构的基本概念

组织结构（organizational structure）就是企业正式的报告关系机制、程序机制、监督和治理机制及授权和决策过程。一个成功的企业不仅要有一个好的战略，而且要能有效地实施它，而战略的成功实施不仅需要好的领导，更需要组织上的保证。事实上，组织结构不仅是战略实施的主要工具，而且从一开始就影响了战略的形成和选择过程，正因为如此，组织结构与战略的关系一直是战略管理研究的中心课题之一。适当的组织结构有助于改善企业内信息传递的质量，同时可以将高层管理人员的决策有效地反馈给组织的各个层次。这种组织结构将确定哪些活动由谁负责、人员和任务如何分配，以及由谁来领导谁等。换句话说，组织结构设计的任务是要确定在组织内如何划分部门、需要多少个控制层次，以及如何处理集权与分权的关系等。很显然，很好地解决以上这些设计问题，不仅是成功地实施企业战略的重要保证，还会对未来企业的战略选择和组织结构调整产生重要影响。

8.2.2 组织结构与战略的关系

结构和战略的关系，通常如钱德勒所写——“结构跟随战略”。20 世纪 60 年代，钱德勒深入研究了美国100多家公司的发展情况，收集了大量、详尽的史料和案例后，出版了《战略与结构》一书，提出环境决定战略，组织结构适配战略的思路，开创了企业战略与组织结构关系的研究。此后，组织理论界一大批学者不断地丰富和发展了钱德勒的理论，并使其系统化、规范化。总的说来，组织结构与战略是相互作用的。

（1）结构是战略的基础。稳定的结构使企业具备了管理日常常规工作的程序性，灵活地给公司提供了不断发掘新的核心竞争力的能力，并使公司能够保持持续竞争优势。有效的组织结构支持企业战略的成功实施；反之，无效的组织结构只会阻碍战略的顺利实施和最终的成功，企业资源也不能达到很好的协同效应。

（2）结构能反作用于战略。有部分学者认为当前的结构能影响当前战略的行动以及对未来战略的制定。结构追随战略是当今学术界的主流观点，本书的讨论也正是基于此基础上的。战略与组织结构的有效结合是企业生存和发展的关键因素。一个成功的企业就在于制定适当的战略以达到其目标，同时建立适当的组织结构以贯彻其战略。但是，在目前实际的经营管理中，战略与组织结构的不协调仍然是限制许多企业发展的重要因素。企业虽然也很重视战略的制定和组织结构的设计，但却往往忽略战略与组织结构之间的协调配合，使经营陷入困境（图8-1）。

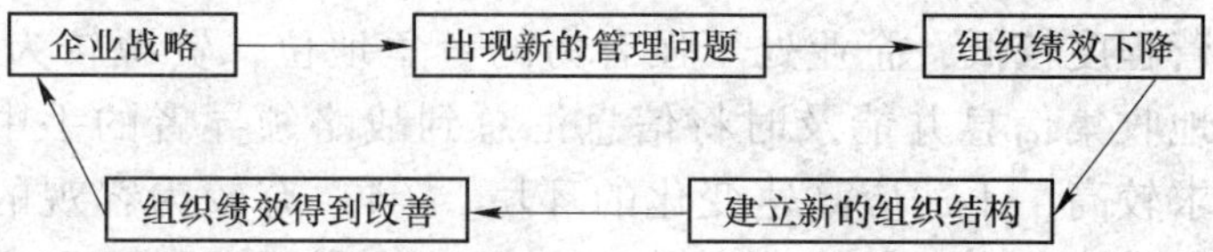

图8-1　钱德勒战略—组织结构关系图

虽然人们一致认为，组织结构应当适应和服从于企业战略，但对最优的组织结构设计却缺乏一致的意见。以前相当适合某些公司的组织结构，现在可能不再适用。处于同一行业的企业倾向于以相类似的方式来组织企业的结构。人们发现，在美国，汽车制造商倾向于模仿通用汽车公司（GM）的分权式事业部结构，而生产消费品的企业倾向于抄袭普罗克特-甘布尔公司的结构模式。因此，一般认为，寻求类似战略的企业倾向于采用类似的组织。

结构企业战略的变化将导致组织结构的变化，组织结构的重新设计又能够促进公司战略的实施。企业战略与组织结构是一个动态变化、相互影响的过程。孤立地制定战略或进行组织结构设计都是无效的，也是不可能成功的。只有将两者视为一个有机整体，放在激烈变化着的环境中去考察，才可能有效地促进企业持续健康的发展。

由上可以看出，组织结构要服从企业战略。这就是说，企业战略决定着组织结构类型的变化。

8.2.3　战略与组织结构实施匹配模型

组织结构是部门划分、管理层次与管理幅度的确定、集权与分权关系的确立等一系列管理决策的产物和结果。确立组织结构各要素的不同方式，会使组织结构呈现出不同的形式，即组织结构形式。战略和组织结构的发展模式如图8-2所示。

图 8-2 战略和组织结构发展模式走向图

8.3 战略实施模式

战略实施模式是指企业领导者在战略实施过程中采用的手段，David Brodwin 和 Lagos 研究了许多企业的不同实践，确定了五种战略实施的模式。

8.3.1 指令型

在这种模式中，企业的引导者考虑的是如何制定一个最佳的战略。在实践中，计划人要向战略领导者提交企业经营战略报告，根据该报告完成战略的制定，一旦战略制定好了，就会强制下层管理人员执行。这种模式存在以下约束条件：（1）战略领导者要有较高的权威，靠其权威通过发布各种指令来推动战略实施。（2）战略比较容易实施，这要求战略制定者与战略执行者的目标比较一致，战略对企业现行运作系统不会构成威胁：企业组织结构一般都是高度集权制的体制，企业环境稳定，能够集中大量的信息，多种经营程度较低，企业处于强有力的竞争地位，资源较为宽松。（3）企业能够准确、有效地收集信息并能及时将信息汇总到战略领导者的手中。因此，这种模式对信息条件要求较高，不适应高速变化的环境。（4）有较为客观的规划人员，因为在权力分散的企业中，各事业部常常因为强调自身的利益而影响企业总体战略的合理性。因此，企业需要配备一定数量的有全局性眼光的规划人员来协调各事业部的计划，使其更加符合企业的总体要求。

这种模式的缺点是把战略制定者与执行者分开，即高层管理者制定战略，强制下层管理者执行，因此，下层管理者缺少了执行战略的动力和创造精神，甚至可能拒绝执行战略。

8.3.2 变革型

在这种模式中，企业的战略领导者考虑的是如何实施企业战略。此时，通常一个好的战略已经建立。在该战略实施过程中，战略领导者需要对企业进行一系列的变革，如改变组织结构、改变管理人员、改变组织优先考虑的事情、改变计划和控制系统等，以促进战略的实施。为进一步增强战略成功的机会，战略领导者往往采用以下三种方法：（1）利用新的组织机构和参谋人员，向全体员工传递新战略优先考虑的战略重点是什么，企业的注意力集中于战路重点所涉及的领域中。（2）建立战略规划系统、效益评价系统，采用各项激励政策以支持战略的实施。（3）充分调动企业内部人员的积极性，争取各部门人员对战略的支持，以此保证企业战略的实施。

这种模式在许多企业中比指令型模式更加有效，但它并没有解决指令型模式存在的如何获得准确信息的问题，也没有解决各事业单位和个人利益对战略计划的影响问题以及战略实施的动力问题，而且还产生了新的问题，即企业通过建立新的组织机构及控制系统来支持战略实施的同时，也失去了战略的灵活性，在外界环境变化时使战略的变化更为困难。从长远观点来看在环境不确定性的企业，应该避免采用不利于战略灵活性的措施。

8.3.3 合作型

在这种模式中，企业的战略领导者考虑的是如何让其他高层管理人员从战略实施之初就承担有关的战略责任。为利用集体的智慧，战略领导者要和企业其他高层管理人员一起对企业战略问题进行充分的讨论，形成较为一致的意见，制定出战略，并进一步落实和贯彻战略，使每个高层管理者都能够在战略制定及实施的过程中做出各自的贡献。

协调高层管理人员的形式多种多样，如有的企业成立由各职能部门领导参加的“战略研究小组”，专门收集在战略问题上的不同观点，并进行研究分析，在统一认识的基础上制定出战略实施的具体措施等。战略领导者的任务是要组织好一支合格胜任的制定并实施战略的管理人员队伍，并使他们能够很好地合作。总的来说，该类型战略领导者的主要作用是协调整个管理团队的力量，并鼓励具有不同观点的人员作出各自的贡献。

合作型模式克服了指挥型模式及变革型模式存在的两大局限性，使战略领导者接近一线管理人员，可获得比较准确的信息。同时，由于战略的制定是建立在集体考虑的基础上的，从而提高了战略实施成功的可能性。

该模式的缺点在于战略是不同观点、不同目的的参与者相互协商折中的产物，有可能会使战略的经济合理性有所降低，同时仍然存在着战略制定者与执行者的区别，仍未能充分调动全体管理人员的智慧和积极性。

8.3.4 文化型

在这种模式中，企业的战略领导者考虑的是如何动员全体员工都参与战略实施活动，即战略领导者运用企业文化的手段，不断向企业全体成员灌输这一战略思想，建立共同的价值观和行为准则，使所有成员在共同的文化基础上参与战略的实施活动。一旦战略制定，战略领导者就作为一个教练，帮助和鼓励不同的职能和工作区对实现战略目标的具体细节做出决策。由于这种模式打破了战略制定者与执行者的界限，力图使每一个员工都参与制定和实施企业战略，因此企业各部分人员都在共同的战略目标下工作，使企业战略实施迅速、风险小、企业发展较快。

文化型模式也有局限性，表现为：

（1）这种模式是建立在企业职工都是有学识的假设基础上的，而在实践中职工很难达到这种学识程度，受文化程度及素质的限制，一般职工（尤其是劳动密集型企业中的职工）对企业战略制定的参与程度有限。

（2）极为强烈的企业文化可能会掩饰企业中存在的某些问题，企业要为此付出代价。

（3）采用这种模式要耗费较多的人力和时间，而且还可能因为企业的高层不愿意放弃控制权，从而使职工参与战略制定及实施流于形式。

8.3.5 增长型

在这种模式中，企业的战略领导者考虑的是如何激励下层管理人员制定和实施战略的积极性及主动性，为企业效益的增长而奋斗，战略领导者要认真对待下层管理人员提出的一切有利于企业发展的方案，只要方案基本可行，符合企业战略发展方向，在与下层管理人员探讨了解决方案中具体问题的措施以后，就应及时批准这些方案，以鼓励员工的首创精神。采用这种模式，企业战略不是自上而下的推行，而是自下而上的产生，因此，战略领导者应该具有以下的认识：

（1）战略领导者不可能控制所有的重大机会和威胁，有必要给下层管理人员以宽松的环境，激励他们帮助自己从事有利于企业发展的经营决策。

（2）战略领导者的权力是有限的，不可能在任何方面都把自己的愿望强加于组织成员。

（3）战略领导者只有在充分调动并发挥下层管理者积极性的情况下，才能正确地制定和实施战略，一个稍微逊色但能够得到人们广泛支持的战略，要比那种“最佳”的却根本得不到人们热心支持的战略有价值得多。

（4）企业战略是集体智慧的结晶，靠一个人很难做出正确的战略。因此，战略领导者应该坚持发挥集体智慧的作用，并努力减少集体决策的各种不利因素。在20世纪60年代以前，企业界认为管理需要绝对的权威，这种情况下，决断型模式是必要的。钱德勒在60年代的研究结果指出，为了有效地实施战略，需要调整企业组织结构，这样就出现了变革型模式。合作型、文化型及增长型三种模式出现较晚，但从这三种模式中可以看出，战略的实施充满了矛盾和问题，在战略实施过程中只有调动各种积极因素，才能使战略获得成功。上述五种战略实施模式在制定和实施战略上的侧重点不同，指令型更侧重于战略的制定，而把战略实施作为事后行为；变革型、合作型、文化型及增长型则更多地考虑战略实施问题。实际上，在企业中上述五种模式往往是交叉或交错使用的。

与上述五种战略类型相对应，企业的战略领导者也可以归纳为五种类型：决策者、制定者、协调者、运动者和激励者。战略实施与战略领导者类型对照见表8-1。

表8-1　战略实施与战略领导者类型对照

战略类型	领导者研究的企业战略问题	领导者扮演的角色
指令型	如何制定最佳战略	决策者
变革型	如何推行制定好的战略	制定者
合作型	如何使战略管理人员对企业战略承担起自己的责任	协调者
文化型	如何使全体员工都参与到实施活动中	动员者
增长型	如何激励战略管理人员执行战略	激励者

8.4　战略执行与实施工具

8.4.1　六西格玛管理

六西格玛管理（six sigma management）是20世纪80年代末首先在美国摩托罗拉公司发展起来的一种新型管理方式。推行六西格玛管理就是通过设计和监控过程，将可能的失误减少到最低限度，从而使企业可以作到质量与效率最高、成本最低、过程的周期最短、利润最大、全方位地使顾客满意。因此，六西格玛管理是一种近乎完美的管理策略。

六西格玛（six sigma）是在20世纪90年代中期开始被GE从一种全面质量管理方法演变成为一个高度有效的企业流程设计、改善和优化技术，并提供了一系列同等地适用于设计、生产和服务的新产品开发工具，继而与GE的全球化、服务化、电子商务等战略齐头并进，成为全世界上追求管理卓越性的企业最为重要的战略举措。目前，六西格玛已逐步发展成为以顾客为主体的确定企业战略目标和产品开发设计，追求持续进步的一种管理哲学。六西格玛（6σ）概念作为品质管理概念，最早是由摩托罗拉公司的比尔·史密斯于1986年提出，其目的是设计一个目标：在生产过程中降低产品及流程的缺陷次数，防止产品变异，提升品质。

六西格玛真正流行并发展起来，是其在通用电气公司的实践。杰克·韦尔奇于20世纪90年代发展起来的六西格玛管理是在总结了全面质量管理的成功经验，提炼了其中流程管理技巧的精华和最行之有效的方法基础上，成为一种提高企业业绩与竞争力的管理模式。该管理法已被摩托罗拉、通用电气、戴尔、惠普、西门子、索尼、东芝、华硕等众多跨国企业的实践证明是卓有成效的。为此，国内一些部门和机构在国内企业大力推行六西格玛管理工作，引导企业开展六西格玛管理。如图8-3所示。

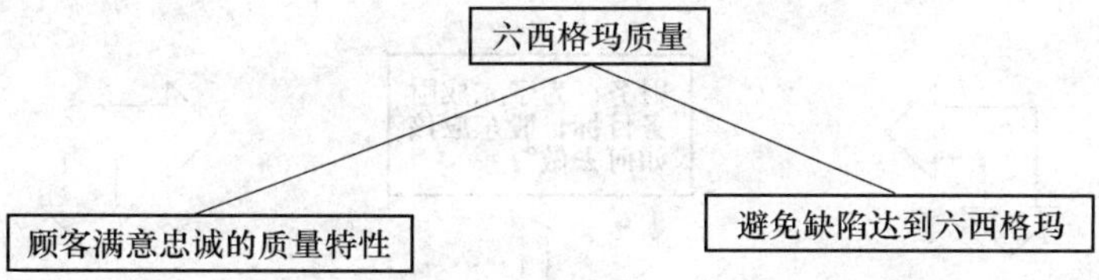

图8-3 六西格玛质量管理示意图

8.4.2 平衡计分卡

平衡计分卡是从财务、客户、内部运营、学习与成长四个角度，将组织的战略落实为可操作的衡量指标和目标值的一种新型绩效管理体系。根据解释，平衡计主要是通过图、卡、表来实现战略的规划，平衡计分卡发展经历三代发展。

8.4.2.1 平衡计分卡创建绩效

平衡计分卡能有效解决制定战略和实施战略脱节的问题，堵住了“执行漏斗”。平衡计分卡系统包括战略地图、平衡计分卡以及个人计分卡、指标卡、行动方案、绩效考核量表。在直观的图表及职能卡片的展示下，抽象而概括性的部门职责、工作任务与承接关系，变得层次分明、量化清晰、简单明了。

8.4.2.2 平衡计分卡时期

Robert Kaplan与David Norton研究的结论《平衡计分卡：驱动绩效的量度》发表在1992年《哈佛商业评论》1月与2月号。平衡计分卡强调，传统的财务会计模式只能衡量过去发生的事项（落后的结果因素），但无法评估企业前瞻性的投资（领先的驱动因素），因此，必须改用一个将组织的愿景转变为一组由四项观点组成的绩效指标架构来评价组织的绩效。此四项指标分别是财务（financial）、客户（customer）、内部运营（internal business processes）、学习与成长（learning and growth）。

借着这四项指标的衡量，组织得以明确和严谨的手法来诠释其策略，它一方面保留了传统上衡量过去绩效的财务指标，并且兼顾了促成财务目标的绩效因素之衡量；在支持组织追求业绩之余，也监督组织的行为应兼顾学习与成长的面向，并且透过一连串的互动因果关系，组织得以把产出（outcome）和绩效驱动因素（performance driver）联系起来，以衡量指标与其量度作为语言，把组织的使命和策略转变为一套前后连贯的系统绩效评核量度，把复杂而笼统的概念转化为精确的目标，借以寻求财务与非财务的衡量之间、短期与长期的目标之间、落后的与领先的指标之间，以及外部与内部绩效之间的平衡。

8.4.2.3　平衡计分卡的五项平衡

实际上，平衡计分卡方法打破了传统的只注重财务指标的业绩管理方法。平衡计分卡认为，传统的财务会计模式只能衡量过去发生的事情（落后的结果因素），但无法评估组织前瞻性的投资（领先的驱动因素）。在工业时代，注重财务指标的管理方法还是有效的。但在信息社会里，传统的业绩管理方法并不全面，组织必须通过在客户、供应商、员工、组织流程、技术和革新等方面的投资，获得持续发展的动力。正是基于这样的认识，平衡计分卡方法认为，组织应从四个角度审视自身业绩：学习与成长、业务流程、顾客、财务。如图 8-4 所示。

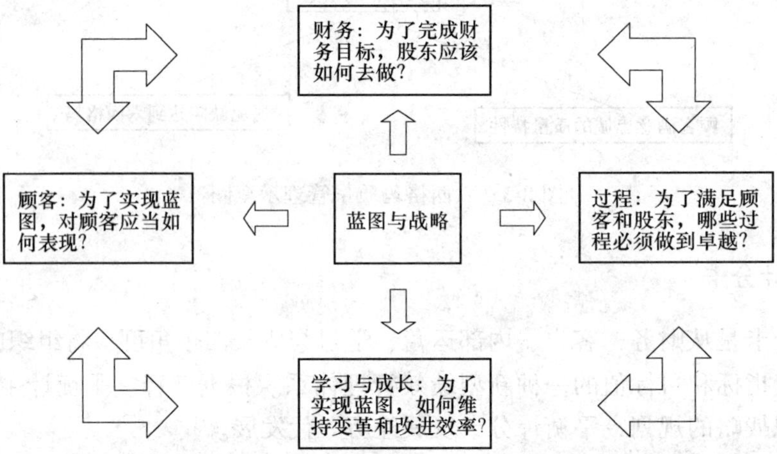

图 8-4　平衡计分卡示意图

其中，平衡计分卡包含的五项平衡为：（1）财务指标和非财务指标的平衡。企业考核的一般是财务指标，而对非财务指标（客户、内部流程、学习与成长）的考核很少，即使有对非财务指标的考核，也只是定性的说明，缺乏量化的考核，缺乏系统性和全面性。（2）企业的长期目标和短期目标的平衡。平衡计分卡是一套战略执行的管理系统，如果以系统的观点来看平衡计分卡的实施过程，则战略是输入，财务是输出。（3）结果性指标与动因性指标之间的平衡。平衡计分卡以有效完成战略为动因，以可衡量的指标为目标管理的结果，寻求结果性指标与动因性指标之间的平衡。（4）企业组织内部群体与外部群体的平衡。平衡计分卡中，股东与客户为外部群体，员工和内部业务流程是内部群体，平衡计分卡可以发挥在有效执行战略的过程中平衡这些群体间利益的重要性。（5）领先指标与滞后指标之间的平衡。财务、客户、内部流程、学习与成长这四个方面包含了领先指标和滞后指标。财务指标就是一个滞后指标，它只能反映公司上一年度发生的情况，不能告诉企业如何改善业绩和可持续发展。而对于后三项领先指标的关注，可使企业达到领先指标和滞后指标之间的平衡。

8.4.3 绩效棱柱模型

绩效棱柱模型是由克兰菲尔德学院 Andy Neely 教授与安达信咨询公司于 2000 年联合开发的，是一个三维绩效框架模型，其用棱柱的五个方面分别代表组织绩效中存在内在因果关系的五个关键要素：利益相关者的满意、利益相关者的贡献、组织战略、业务流程和组织能力。

该模型以现存的绩效测量框架和方法为基础，通过对它们进行创新和整合，进而提出一种更为全面的并且易于理解的绩效管理框架，来弥补上述方法的局限性，从而更好地为企业管理服务。

与平衡计分卡相比，绩效棱柱模型改变了从仅关心一个或两个利益相关主体的观念，逐步关心所有重要的利益相关主体，在从利益相关主体那里得到贡献的同时，还关注利益相关主体的满意度。该模型创新之处在于既强调了利益相关主体的价值取向，又测量了利益相关主体对组织所做的贡献。

绩效棱柱模型的三个基本前提在绩效棱柱这一绩效管理框架中起着支撑作用。

首先，对于组织而言，如果他们希望长期生存和繁荣的话，那么把注意力仅仅放在一个或两个利益相关者（股东和顾客）身上是不可取的，甚至是不可行的。

第二，如果一个组织想将真正的价值传送给股东的话，那么它的战略、流程及能力就必须进行整合。

第三，组织及他们的利益相关者应该认识到它们之间的关系是互惠的，如果利益相关者期望得到一些利益的话，他们也应该为组织贡献自己的力量。绩效棱柱展示的是全面的绩效衡量结构，它是建立在那些已经存在，并且在一直寻求弥补其不足的结构的基础之上，为洞察公司绩效管理的真正难题和面对现实的挑战提供了一个有效的、全面的框架。

【章末案例】

吉利汽车竞争战略的实施

吉利汽车作为我国国产汽车的主导品牌之一，在国内市场占有不小的份额。吉利主要的竞争对手是比亚迪、奇瑞、上海通用、丰田。2009 年比亚迪在中国市场的占有率为 3.55%，奇瑞的市场占有率为 4.7%，上海通用在中国的占有率是 8.3%，丰田的市场占有率是 8.6%。由此可知国内市场这些主要的竞争对手在低中高端都健全，而且极具竞争力的产品与吉利抗衡。以丰田为首占据着中国市场。但丰田的优势并不明显，而且在中国汽车市场上基本形成垄断竞争的局面。

对于吉利来说，低端市场的主要竞争对手是比亚迪和奇瑞，消费者对奇瑞的质量和品质都给予了相当的肯定，吉利中高端的主要竞争对手是上海通用和丰田。这两个企业都具有品牌优势，在消费者心中也确立了高品质高品位的形象，但是价格偏高。

从 2007 年 5 月开始，吉利全面进入战略转型期，核心是从“价格取胜”转向“技术领先”；从“成本领先”向“品牌创新”转变，从“低价取胜”向“技术领先、品质优先、客户满意、全面领先”转变，从“老百姓买得起的好车”转型为“造最安全、最环保、最节能的好车”。

从吉利品牌知名度和品牌认可度来说，吉利汽车形成了多系列的品牌矩阵，成为中国自主品牌的典型代表。消费者对国内汽车的自主品牌具有强势需求。再加上最近几年，国家提倡自主创新，鼓励支持自主品牌，所以，在品牌上，吉利应该也可以与其他合资品牌一决高下。

吉利于2010年收购沃尔沃后，沃尔沃的资产也成了吉利主要的一部分。吉利收购沃尔沃后可以获得它的核心技术，帮助吉利或国产汽车更好地走向国际市场，为使吉利自主品牌走向高端提供了更好的平台。吉利的竞争优势真正在逐步加强。

问题思考

8-1 分析平衡计分卡在战略实施中的价值及应用过程。
8-2 简述如何增强企业的战略领导能力。
8-3 与战略制定相比，战略实施在思维上有什么不同？
8-4 在战略实施过程中对于组织结构应当考虑哪些方面的问题？为什么组织结构的变化常常滞后于战略？
8-5 战略实施过程中，资源配置应遵循怎样的原则？
8-6 企业文化对战略实施有什么影响？

9 战略控制：维度与方法

在任何组织中，真正的控制，是关于人和对人的激励的重要举措。在企业的绩效与人的组织之间建立联系，是一件非常困难的事，但这是基本建设。公司并没有产生绩效的既定程序。要靠公司领导者有这样的想法，把它具体化，并使它更加有效。经济成果不是由经济力量产生的，它是由人创造的。

——彼得·德鲁克

【本章要点】

（1）了解战略控制的概念；

（2）理解战略控制的过程；

（3）掌握战略控制的方法和手段；

（4）熟悉进程控制。

【开章案例】

“小肥羊”现象

一、连锁模式成气候

1999年夏天，张钢在和合作伙伴一起品尝四川风味传统涮火锅时突发奇想：北方的涮羊肉能不能像四川火锅一样，可以“不蘸小料”呢？这样，既节省时间，满足现代人快捷的生活方式，又不失原有风味，将方便与美味结合起来，独树一帜。他们以北方涮羊肉的传统食法为蓝本，以草原民族餐饮文化特色为切入点，引进四川火锅的吃法和药膳调味的原理，通过广泛挖掘民间锅底料配方，倾心研究“不蘸小料涮羊肉”的技术，经过广泛而深入的市场调研和多次实验，食客蜂拥而至的小肥羊火锅诞生了。

凭着小肥羊火锅的特色美味，1999年，首家小肥羊火锅店在包头一面市就赢得了大众的一致称赞。2001年起，小肥羊相继现身上海、北京、深圳。2002年，小肥羊火锅成都店的火爆开业更是征服了火锅之乡——四川成都的消费者。就这样，小肥羊迈着矫健的步伐，开始了连锁经营之路，走出了内蒙古，跨过黄河，越过长江，遍布于东西南北中的华夏大地。“小肥羊”的知名度也越来越高。

二、特色经营铸品牌

俗话说，没有特色别开店，“小肥羊”的成功得益于它的特色：第一，采用当归、草果、枸杞、桂圆等二十余种滋补调味品精心配制成“小肥羊”锅底汤料。分为精汤锅和麻辣锅两种。第二，精选放心羊肉。“小肥羊”身处内蒙古大草原，而享誉世界的锡林郭勒大草原是亚洲最大的天然牧场之一，所产肥羊可称“放心羊”，正好迎合了现代消费者的首选。第三，方便、卫生、快捷、经济实惠，适合不同层次的消费群体。

三、奇迹背后看威胁

企业的生命历程应是具有持久竞争优势，“小肥羊”是从草原走向全国的，有绿色食品和独特风味优势，虽前景可喜，却也有发展中的障碍。

第一，原材料供应断档，生产基地吃紧。包头总公司出现了原材料供应不足，肉品断档现象；河北的总代理也出现物流配送不顺畅的问题，引起多家加盟连锁店不满意，甚至投诉。在全国的小肥羊加盟连锁店达到350家的时候，小肥羊公司总经理说：“除了‘打假’以外，眼下最着急的便是向呼伦贝尔等地借羊，因为锡林浩特的基地快供应不上了。”他还透露了一个鲜为人知的消息：他们的十几家羊肉生产厂一年总共销售了1万吨羊肉。以一只羊产肉30kg计，1万吨羊肉大概需要300多万只羊，“整个锡盟的羊都让‘小肥羊’吃完了”。

第二，假“羊”横行，扰乱经营秩序。在“小肥羊”的“领地”中，石家庄市的假“羊”是最多的。小肥羊公司总经理兰建欣对一位记者举例说，石家庄市与小肥羊沾亲带故的“假肥羊”至少100家以上。有文章称，石家庄市至少有1000多家“小肥羊”。假“羊”横行，严重地扰乱了小肥羊的经营秩序，侵害了消费者的权益。由于“小肥羊”三个字的店名不受商标法的保护，使得打假无力。

第三，品牌运作失控，管理不到位。小肥羊总公司在开业不久便推出了加盟连锁，靠品牌输出来实现盈利的经营方式，省会城市的加盟者每年交纳20万元即可获得品牌使用权，地、县级市及欠发达地区相应降低费用。总公司负责羊肉和配料的供应，进行半个月的员工培训。各地的经营者申请加盟时，仅需向代理商交纳费用即可，形成一种很松散的关系，管理鞭长莫及。有些连锁店缺乏品牌意识，只顾眼前利益，不严格按照合同约定经营，甚至自立门户，擅自设立新品牌，与总公司分庭抗礼；有的连锁店人员素质差，管理水平低，环境脏乱，服务态度生硬，有的连锁店技术人员知识掌握不牢固或责任心不强，汤料勾兑失误、以次充好现象时有发生，严重损害了小肥羊的品牌形象。

（资料来源：张国良．战略管理［M］．杭州：浙江大学出版社，2009.）

企业战略方案付诸行动后，如何保证战略的顺利落实就成为决定战略成败的关键。企业内外部环境不断地发生着变化，当这种变化积累到一定程度时，原有的战略便会过时，尽管战略的制定在很大程度上依赖于对未来的预测，然而这种变化是无法完全预知的；同时，即使战略基础没有发生变化，战略方案也非常正确，但由于种种原因，战略在执行的过程中也经常会有偏差。调查表明，70%的企业战略失败不是由于笨拙的战略，而是笨拙的执行，是由于没有很好地应对战略实施过程中计划与实际的种种偏差，最终导致战略实施的力度及效果远低于企业的预期。因此战略制定者应该系统地审视、评价和控制战略的实施，把不确定性因素的影响限定在一个可以接受的范围内，使企业朝着预定的战略目标前进。

9.1 战略控制的概述

9.1.1 战略控制的概念

战略控制是战略实施的保证，它是指监督战略实施进程，及时纠正偏差，确保战略有效的实施，使战略实施结果基本符合预期计划的必要手段，即是企业根据战略决策的目标、标准对战略实施的过程进行的控制。

企业战略管理中的一个基本矛盾是既定的战略同变化着的环境之间的矛盾。企业战略的实施结果与预定的战略目标会产生偏差，主要有以下三方面的原因：

（1）内外环境变化。制定企业战略的内外环境发生了新的变化，例如：外部环境出现了新的机会或意想不到的情况、企业内部资源条件发生变化等，使原定企业战略与新的环境条件不相匹配。

（2）战略设计存在问题。企业战略本身有重大的缺陷或者比较笼统，在实施过程中难以贯彻，企业需要修正、补充和完善。

（3）战略实施偏离。在战略实施的过程中，受企业内部某些主客观因素变化的影响，偏离了战略计划的预期目标。如企业领导采取了错误的措施，致使战略实施结果与战略计划目标产生偏离等。

出现上述偏差，就需要进行战略控制。控制是对各项活动进行监督，保证各项行动按计划进行并纠正各种显著偏差的过程。所有管理者都应当承担控制的职责，即便他的部门完全按照计划行动。因为管理者对已经完成的工作与计划所要达到的标准进行比较之前，他并不知道他部门的工作进行得是否正常。企业活动与预定的战略目标偏离时，如果不及时采取措施加以纠正，企业的战略目标就无法顺利实现。要使企业战略能够不断顺应变化的内外环境，除了使战略决策具有应变性外，还必须加强对战略实施的控制。

一般来说，对战略进行选择并实施后，需按图 9-1 的程式对战略环境以及既定战略的执行情况进行监控，并对战略方案或企业经营活动进行调整，保证战略的实用性和高效性。

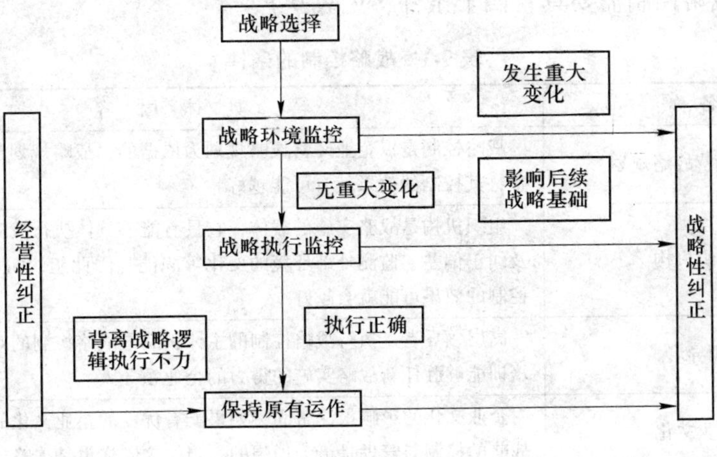

图 9-1 战略控制流程

9.1.2 战略控制的特征

企业的战略控制是一个动态的过程。这个过程有如下特征：

（1）可行性。可行性是指公司一旦选定了战略，就必须认真考虑企业能否成功地实施。公司是否有足够的财力、人力或者其他资源、技能、技术、诀窍和组织优势，换言之，企业是否有有效实施战略的核心能力。如果在可行性上存在疑问，就需要扩大战略研究的范围，并将能够提供所缺乏的资源或能力的其他公司或者金融机构合并等方式包括在内，通过联合发展达到可行的目的。特别是管理层必须确定实施战略要采取的初始的实际步骤。

（2）整体利益和局部利益、长期利益和短期利益的不一致性。企业的整体是由局部构成的。从理论上讲，整体利益和局部利益是一致的，但在具体问题上，整体利益和局部利益可能存在着一定程度的不一致性。企业战略控制就是要对这些不一致性的冲突进行调节，如果把战略控制仅仅看作是一种单纯的技术、管理业务工作，就不可能取得预期的控制效果。

（3）多样性和不确定性。战略具有不确定性。公司的战略只是一个方向，其目的是某一点，但其过程可能是完全没有规律、没有效率和不合理的，因此这时的战略就具有多样性。同时，虽然经营战略是明确的、稳定的且是具有权威的，但在实施过程中由于环境变化，战略必须适时地调整和修正，因而也必须因时因地的提出具体控制措施，这即是说战略控制具有多样性和不确定性。

（4）伸缩性。战略控制中如果过度控制，频繁干预，容易引起消极反应。因而针对各种矛盾和问题，战略控制有时需要认真处理，严格控制，有时则需要适度的、弹性的控制。只要能保持与战略目标的一致性，就可以有较大的回旋余地而具有伸缩性。所以战略控制中只要能保持正确的战略方向，应尽可能地减少干预实施过程中的问题，尽可能多地授权下属在自己的范围内解决问题，对小范围、低层次的问题不要在大范围、高层次上解决，这样反而能够取得有效的控制。

9.1.3 实施战略控制的条件

企业实施战略控制需要具备四个条件，见表9-1。

表9-1 战略控制的条件

条件名称	具体内容
完整的企业经营战略规划	战略控制是以企业经营战略规划为依据的，战略规划越是明确、全面和完整，其控制的效果就有可能越好
健全的组织机构	组织机构是战略实施的载体，它具有能够具体执行战略、衡量绩效、评估及纠正偏差、监测外部环境的变化等职能，因此组织机构越是合理、完善，控制的效果可能就会越好
得力的领导者	高层领导者是执行战略控制的主体，又是战略控制的对象，因此要选择和培训能够胜任新战略实施的得力的企业领导人
优良的企业文化	企业文化的影响根深蒂固，如果能有优良的企业文化的利用和诱导，对于战略的控制与管理是最为理想的，当然这同样也是战略过程中的一个难点

战略控制专栏 1：

王府井百货，谁之过？

王府井百货，作为新中国成立后国家投资兴建的第一座大型百货零售商店，王府井百货大楼获得了太多的奖项。可是如今，它虽然还在竞争日益激烈的零售市场中艰难地前进，但在国外零售巨头和国内零售新贵的夹击下，已渐渐褪去了“新中国第一店”的光环。事实上，作为中国传统国有零售企业的代表，王府井百货一直在谋求变革，力图突围。1994 年公司股票在上海证券交易所上市；1996 年请麦肯锡设计集团公司的主业连锁经营方案；同年请安达信咨询公司开发计算机管理信息系统；1997 年请麦肯光明广告有限公司进行市场营销及广告的总体策划。最具有代表性的是王府井百货花费 500 万元请麦肯锡所做的战略规划方案，洋洋洒洒，豪言壮语，但是，它所做的种种变革并没有在事后跟进、控制，成为“洋咨询”失败的典型案例。

（资料来源：龚荒．企业战略管理［M］．北京：中国矿业大学出版社，2006.）

9.2 战略控制的方法

9.2.1 战略控制方式

战略控制一般涉及这样两类问题：一是在变化的环境中，战略是否还适用？二是既定战略方案的执行效果如何？由于战略关乎企业整体的以及长远的行动，对于战略控制而言，战略的正确性和适用性是最重要的因素。实际上，这两方面的控制工作一般是依次进行的，首先求证当初制定战略时的一些因素假设，在确认战略制定无重大失误之后，仍需不断监测环境的变化，以及早发现不利于企业战略的变化因素，尽早作出应对措施。

具体来说，战略控制可以从控制的时间、控制主体的状态和控制的切入点进行分类。不同的控制方式，有不同的控制重点，会产生不同的控制效果。

9.2.1.1 按控制时间分

从控制时间来看，企业的战略控制方法可以分为以下几类：

（1）事前控制。在战略实施之前，要设计好正确有效的战略计划，该计划要得到企业高层领导人的批准同意才能执行，其中重大的经营活动必须通过企业领导人的批准才能开始实施，所批准的内容往往也应考核经营活动绩效的控制标准多用于重大问题的控制，如任命重要的人员、重大合同的签订、购置重大设备等。

由于事前控制是在战略行动成果尚未实现之前，通过预测发现战略行动的结果可能会偏离既定的标准，因此，管理者必须对预测因素进行分与研究。包括投入因素，即战略实施投入因素的种类、数量和质量将影响产出的结果；早期成果因素，即依据早期的成果可预见未来的结果；外部环境和内部条件的变化，对战略实施的控制因素等。

（2）随时控制。它又称为过程控制，是指企业高层领导者要控制企业战略实施中关键性的过程或全过程，随时采取控制措施，纠正实施中产生的偏差，引导企业沿着战略的方向进行经营，这种控制方式主要是对关键性的战略措施进行随时控制。过程控制的具体操作方法见表9-2。

表9-2 过程控制的具体操作方法

方法名称	具体内容
直接指挥	企业管理者根据控制标准，对战略行动进行直接指挥，发现偏差及时纠正，确保有关行动符合控制标准
自我调节	执行者在具体工作过程中，通过正式的或非正式的沟通，按照规定的控制标准主动调节自己的行为，保持与协作者的默契配合
共同愿景	各职能部门及职能人员，对企业战略目标应在认识上保持一致，并在各自的岗位上表现出使命感，从而减少战略实施过程中的阻力，达到有效控制的目的

（3）事后控制。这种控制方式发生在企业的经营活动之后，将战略活动的结果与控制标准相比较，这种控制方式工作的重点是要明确战略控制的程序和标准，把日常的控制工作交由职能部门人员去做，即在战略计划部分实施之后，将实施结果与原计划标准相比较，由企业职能部门及各事业部定期地将战略实施结果向高层领导汇报，由领导者决定是否有必要采取纠正的措施。事后控制的具体操作方法见表9-3。

表9-3 事后控制的具体操作方法

方法名称	具体内容
联系行为	对员工战略行为的评价与控制直接同他们的工作行为挂钩。他们比较容易接受，并能明确战略行动的努力方向，使个人的行动导向和企业经营战略导向接轨；同时，通过行动评价的反馈信息修正战略实施行动，使之更加符合战略的要求；通过行动评价，实行合理的分配，从而强化员工的战略意识
目标导向	让员工参与战略行动目标的制定和工作业绩的评价，这样既可以看到个人行为对实现战略目标的作用和意义，又可以从工作业绩的评价中看到成绩与不足，从中得到肯定和鼓励，为战略推进增添动力

应当指出，以上事前、事中、事后三种控制方式所起的作用不同，因此在企业经营中它们是被采用的。

9.2.1.2 从控制主体的状态来分

从控制主体的状态来看，战略控制可以分为避免型控制和开关型控制。

（1）避免型控制。避免型控制即采用适当的手段，使不适当的行为没有产生的机会，从而达到不需要控制的目的。避免型控制有表9-4所示几种方式。

表9-4 避免型控制的方式

项目	具体内容
自动化	企业运用计算机或其他自动化手段减少控制的问题。这是因为计算机等自动化手段可以按照预期的目标恰当的工作，保持工作的稳定性，使控制得到改善

续表 9-4

项 目	具 体 内 容
集中化	企业将各个管理层次的权力集中到少数高层管理人员手中，避免分层控制造成的矛盾。不过，高层管理人员如果在进行决策时都采取集中化的形式，其他人员都不介入则不存在相关的控制问题
与外部组织共担风险	企业将内部风险与企业外的组织共同分担。例如，企业与保险公司签订合同，分担某种风险。这样，企业即使将某些职工放在风险较大的岗位上，也完全不必担心他们的行为会严重损害公司的利益
转移或放弃某种经营活动	企业的管理人员可能会由于没有很好地理解某些生产经营活动的过程而感到难于控制某些活动。在这种情况下，管理人员可以采取外包或完全放弃该项生产经营活动，将潜在的利益和相应的风险转移出去，消除有关的控制问题

(2) 开关型控制。开关型控制又称为事中控制或行与不行的控制。其原理是，在战略实施的过程中，按照既定的标准检查战略行动，确定行与不行，类似于开关的开与止。

9.2.1.3 从控制的切入点来分

从控制的切入点来看，企业的战略控制可以分为以下几类：

(1) 财务控制。这种控制方式覆盖面广、用途极广，是战略控制中非常重要的形式，包括预算控制和比率控制。

(2) 生产控制。它是指对企业产品品种、数量、质量、成本、交货期及服务等方面的控制，可以分为产前控制、过程控制及产后控制等。

(3) 销售规模控制。销售规模太小会影响经济效益，较大会占用较多的资金，也影响经济效益，为此要对销售规模进行控制。

(4) 质量控制。它包括对企业工作质量和产品质量的控制。工作质量不仅包括生产工作的质量，也包括领导工作、设计工作、信息工作等一系列非生产工作的质量。因此，质量控制的范围包括生产过程和非生产过程的其他一切控制过程，质量控制是动态的，着眼于事前和未来的质量控制，其难点在于全员质量意识的形成。

(5) 成本控制。通过成本控制使各项费用降低到最低水平，达到提高经济效益的目的。成本控制不仅包括对生产、销售、设计、储备等有形费用控制，而且还包括对会议、领导、时间等无形费用的控制。在成本控制中，重要的是建立各种费用的开支范围、开支标准并严格执行，要事先进行成本预算等工作。成本控制的难点在于企业中大多数部门和单位是非独立核算的，因此缺乏成本意识。

(6) 人员控制。这种控制能使人员为企业做出最大的贡献。在必要的时候，人员控制系统还可以对这些人员提供帮助。在控制出现问题时，该系统可以通过以下途径解决：实施员工培训计划，改善工作分配，提高关键岗位上人员的能力；改进上下级之间的沟通，使企业员工更清楚地知道与理解自己的作用，将自己的工作与企业中的其他群体的工作很好地加以协调；成立具有内在的凝聚力、目标共享的工作小组，促使同事间的相互控制。

9.2.2 战略控制过程

将实际的成果与预定的目标或标准进行比较，比较结果可能会出现三种情况：第一种是超过目标和标准，即出现偏差，在没有做特定要求的情况下，出现正偏差是一种好的结果；第二种是正好相等，没有偏差，也是好的结果；第三种是实际成果低于目标，出现负偏差，这是不好的结果，应及时采取措施纠偏。

战略发生偏差（负偏差）的主要原因可归纳为目标不现实、为实现企业目标选择的战略有错误、用以实施战略的组织机构的错误、主管人员或作业人员不称职或玩忽职守、缺乏激励、组织内部缺乏信息沟通、环境压力。

战略控制过程一般由以下五个方面的活动组成：

（1）设定绩效评价标准。评价标准采用定量和定性相结合的方式。无论是定量还是定性指标，都必须与企业的发展过程做纵向比较；与行业内竞争对手、产业内业绩优异者，参照其他企业进行横向比较；再根据战略目标，结合企业内部人力、物力、财力及信息等具体条件，确定企业绩效标准，作为战略控制的参照系。

（2）绩效监控与偏差评估。通过一定的测量方式、手段、方法，监测企业的实际绩效，并将企业的实际绩效与标准绩效对比，进行偏差分析与评估。实际工作成果是战略在执行过程中实际达到的目标水平的综合反映。要获取实际的准确成果，必须建立管理信息系统，通过信息系统把各种战略目标执行的信号汇集起来。

（3）偏差纠正。设计并采取纠正偏差的措施，以顺应变化着的条件，保证企业战略的圆满实施。

（4）监控外部环境的关键因素。外部环境的关键因素是企业战略赖以存在的基础，这些外部环境的关键因素的变化意味着战略前提条件的变动，必须给予充分的注意。

（5）控制激励。激励战略控制的执行主体，调动其自控与自评的积极性，以保证企业战略实施的切实有效。

这五个方面结合在一起，形成一个战略控制网络，如图 9-2 所示。

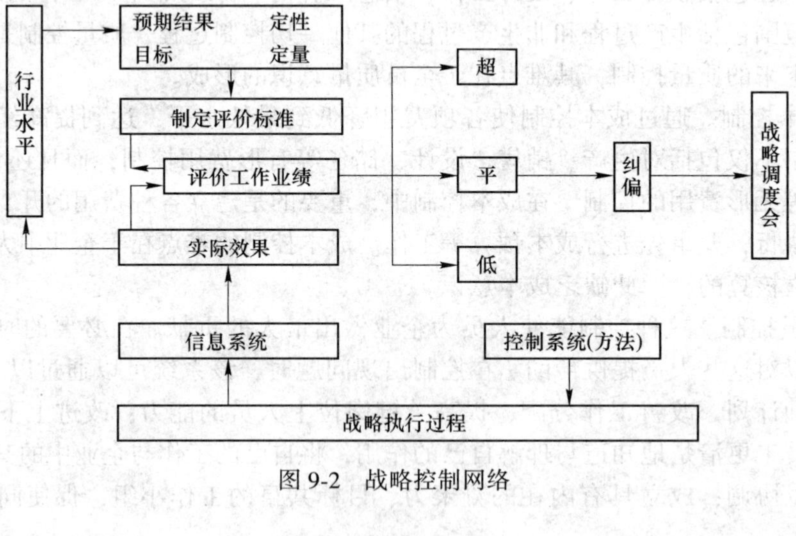

图 9-2 战略控制网络

9.2.3 战略控制的手段

企业常用的战略控制手段有以下几种：

（1）预算。预算是一种以财务指标或数量指标表示的有关预期成果或要求的条件，它起着分配企业资源的作用，同时它也是企业广泛采用的战略控制手段。它通过财务部门的开支记录、定期报表等来表明预算的实际收支以及两者的差额，然后报给所涉及的不同层次的负责人进行偏差分析，找出原因，确定纠正行为。

（2）统计分析。统计分析是指通过搜集反映企业活动的各种数据，运用统计报表形成统计资料，显示实际与标准的差别程度，以确定纠正措施。

（3）专题报告与分析。根据企业领导者的要求，由专门人员对特定问题进行调查研究，并在深入分析的基础上形成文字报告。这种手段能分析统计资料、会计资料所未能分析的更深层的问题及其产生的原因。

（4）审计。审计是通过客观地获得对经济活动和有关事件进行判断的论据，经过评价弄清所得判断与标准之间的符合程度，并把结论报告给用户或相关负责人，以采取纠正措施。

（5）经营审计。经营审核是在弄清经营成果的基础上，深入到企业政策、程序、职权应用、管理质量、管理方法等方面的综合分析研究和专门分析研究，分析它们的效果，作出正确评价，全面推动经营管理工作的改进，保证战略目标的实现。

（6）个人现场观察。这是指企业各级领导深入到生产经营现场，进行直接观察。一个有经验的领导者即使偶然到车间或办公室走马观花地走一下，也能从中得到许多有用的信息。

9.3 实施进程控制

控制作为一种管理职能，对企业战略实施有着十分重要的影响。战略实施过程控制是指管理者按照战略目标去衡量战略实施的进程，纠正战略实施进程中的偏差，从而确保企业战略目标的实现，涉及战略实施过程控制的类型；战略实施过程控制的原则与步骤。

9.3.1 战略实施进程控制的基本类型

战略实施过程控制侧重于对已发生或将发生战略问题的重要部门、项目、活动进行控制，关注企业长期经营业绩，保证企业内部各项活动以及企业内外部环境之间的平衡，改善企业的市场地位。战略实施过程控制在不同的时间和空间有着不同的行为要求和特点，因此，可以按照时间和空间分别对战略实施过程控制进行分类。

根据涉及的层次和范围控制可以分为三类，即战略控制、业务控制和作业控制。战略控制层次最高，负责监测和调整环境变动与组织战略实施的关系，对组织的经营方向和发展态势有决定作用；业务控制处于中间层次，主要监控战略计划的执行情况和实施情况；作业控制为基础层次，检查和调整生产环节的具体战略活动。企业组织中的控制结构如图9-3所示。

在图9-3中，横坐标为组织内部不同层次的机构或部门，即总公司、独立业务单位或事业部和职能部门。纵坐标为三种控制的相对重要性。虚线分割的面积越大，控制的重要程度越高。比如，图中战略控制区域左边大、右边小，表明沿着“总公司—独立业务单位或事业部—职能部门”，战略控制的重要性递减，作业控制的重要性递增。战术控制区域，从左到右变化不大，表明战术控制无论在总公司层次、独立业务单位或事业部层次，

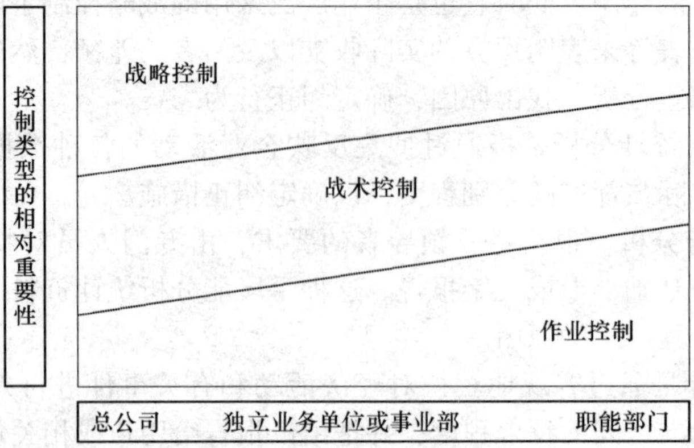

图 9-3　企业控制的层次

还是职能部门层次，都具有重要性。

战略实施过程控制的目的是通过信息反馈，发现偏差，分析原因，采取措施予以纠正，从而保证战略目标的实现。但是在实际的控制过程中，得到的往往是“时滞信息”，因此，在信息反馈和采取纠正措施之间经常会出现时间延迟，以至于纠正措施往往作用在实施过程中的不同环节上，没能与实际发生偏差的环节相吻合。根据控制所对应的时间和阶段不同，实施过程控制类型可以分为三类，即事前控制、事中控制和事后控制，三类控制方式已在第二节介绍，此处不再赘述。

9.3.2　战略实施进程控制步骤

战略控制的目标就是使企业战略实施效果尽量符合战略预期目标。为了达到这一点，战略控制过程可以分为四个步骤，即制定效益标准、衡量实际效益、评价实际效益以及纠正措施和权变计划。战略控制过程如图 9-4 所示。

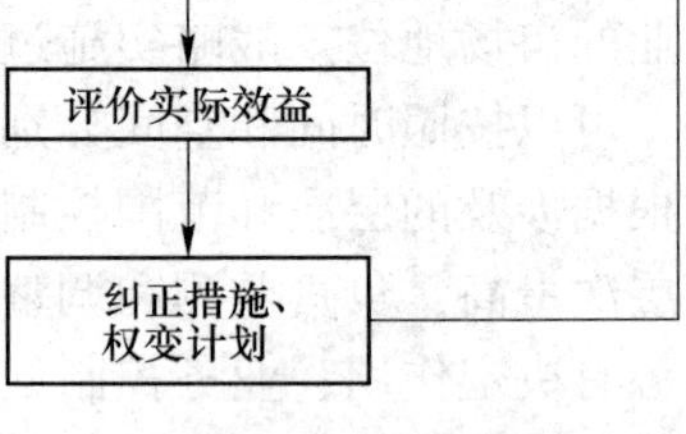

图 9-4　战略控制过程

9.3.2.1　制定效益标准

战略控制过程的第一个步骤就是根据预期的战略目标计划确定的应当实现的战略效益，制定出效益的标准。在这之前，企业需要评价已确定的计划，找出企业目前需要努力的方向，明确实现目标所需要完成的任务。其重点应放在那些可以确保战略成功实施的领域里，如组织结构、企业文化和控制系统等。经过一系列的评价，企业可以找出成功的关键因素，并据此作为企业实际效益的衡量标准。企业常用的衡量标准有销售额，销售增长额、净利润、资产、销售成本、市场占有率、价值增值、产品质量及生产率等。

9.3.2.2　衡量实际效益

在战略控制的第二步，企业主要是判断和衡量实现企业效益的实际条件。管理人员需要收集和处理数据与信息，进行具体的智能控制，并且监测外部环境和内部条件变化时产生的信号。

外部环境信号比较重要，它们较难预测到，而且它们产生的影响也较难确定；内部条件则比较容易控制，而且时间也较短。

变化的信号还可以分为强信号和弱信号两种。所谓强信号，指变化的信息全面而且明确，企业可以做出反应的时间和选择的余地都很小。这种强信号出现时常常事先没有征兆。出现以后，企业也多不熟悉产生的状况与原因。在这种情况下，企业一般都会突然感到有重大的战略机会或威胁。弱信号常常会在强信号之前或伴随着强信号出现，企业管理人员在判断和衡量实际效益时，应尽可能及早而且正确地捕捉到弱信号，对此进行监控，并制定采取反应措施的计划。此外，为了更好地衡量实际效益，企业还要制定出具体的衡量方法及衡量范围，保证衡量的有效性。

9.3.2.3 评价实际效益

企业战略绩效度量与偏差分析，是将战略规划中的目标与实际结果进行比较，找出实施战略规划过程中已取得的成绩，分析实际成果与评价标准的差距及其产生原因。这是发现战略实施过程是否存在问题和存在什么问题，以及为什么存在这些问题的重要步骤。

发现偏差之后，企业首先要做的是分析偏差的性质：偏差是否可以被接受？如果偏差不大，或者偏差无关大局，或纠正它要花太大的成本，那么最佳的选择是作适度微调。此外，在评价工作业绩时，企业不仅要将本企业的业绩与评价标准或目标进行比较，而且应当将自己的实际工作业绩与竞争对手相比较。这将有助于企业发现自身的弱点，以采取适当的纠正措施。

评价后，应分析产生偏差的原因，作为拟定纠偏措施并付诸行动的依据。实践证明，在原因不明的情况下拟定和实施纠正措施，常会事倍功半；或者是即使这次纠正了以后还会重现此类偏差。偏差出现的原因是多方面的，需要认真分析。偏差可能是战略目标和战略本身的问题，即战略目标、战略规划与控制标准本身定得不科学；也可能是由于客观环境发生了始料未及的变化，使原来被认为正确的目标、战略或实施计划不再适应新形势的需要；偏差还可能出在战略实施过程中，这时就需要把承担责任的部门识别出来。总之，偏差分析需要把战略本身的问题与战略实施中的问题区分清楚。对属于战略实施或实施计划本身的原因造成的偏差，需要通过调整战略和修改标准加以纠正。

9.3.2.4 纠正措施和权变计划

战略控制的最后一个步骤，企业应考虑采取纠正措施或实施权变计划。在生产经营活动中，一旦企业判断出外部环境的机会或威胁可能造成的结果，则必须采取相应的纠正或补救措施。当然，当企业的实际效益与标准效益出现很大的差异时也应及时采取纠正措施。

企业在采取纠正措施时可以选用表 9-5 所列三种模式。

表 9-5 纠正措施的模式

模　式	特　点
常规模式	企业按照常规的方式去解决所出现的差距，花费的时间较多

续表 9-5

模 式	特 点
专题解决模式	企业就目前所出现的问题进行重点解决，反应较快，节约时间
预先计划模式	企业事先对可能出现的问题有所计划，从而减少反应的时间，增强处理战略意外事件的能力

权变计划是指企业在战略控制过程中制定的在发生重大意外情况时必须采用的备用应变计划。这种计划也是一种及时的补救措施，可帮助企业管理人员及时处理意外情况。

战略控制专栏 2：

金山变阵，意图打造软件帝国

2002 年 3 月 21 日，就在金山公司所在的翠宫饭店，金山公司新的高层管理团队第一次全部站到了媒体的面前。金山公司董事局主席求伯君和总裁雷军也一起亮相，向近百名记者宣布了金山公司历史上最大规模的一次改组：金山公司成功引进了事业团体制。至此，在金山内部持续了三个月的结构调整终于尘埃落定。

"公司改组的目的是要建立以事业部为主体的运营管理体系，这与我们所强调的以业务为核心是完全相一致的。"金山公司总裁雷军表示。

进行结构调整的原因之一在于金山目前的发展规模已经越来越大，产品也越来越多，产品中心思想使研发和营销疲于奔命，应付不同产品系列的发展变化，无暇顾及整个业务线的长远规划与发展。改组是金山内部的自觉要求。

而更为重要的是，进入 2002 年，政府在大量采购正版软件的同时，加大了对盗版市场的打击力度，同时各大企事业单位的信息化建设加快，这对于国内的软件产业来说无疑提供了一个更有利的政策环境和市场空间。软件市场，尤其是通用软件市场即将迎来一个突飞猛进的发展过程，在市场总体盘子扩大的基础上产生的进一步市场细分使得金山更加需要在每一个业务线集中自己的精力，关注长远发展。可以说，金山的改组正是巨大市场的诱惑和激烈竞争的压力共同促使而成的。

2003 年 8 月，金山又完成新一轮业务结构调整，改原先的事业团体制为业务群组制。调整后的金山分为办公软件与相关软件群组、数字娱乐群组以及安全工具类产品群组。办公群组下辖 WPS、OA 以及电子政务解决方案；数字娱乐群组即不久前以《剑侠情缘》（网络版）为标志的在线娱乐；安全工具类包括毒霸词霸等应用类软件。

金山对业务和组织架构的大调整注定不是一朝一夕能完成的事情。中国人民大学经济企业管理专业博士王林认为，金山此次变革，是对原先组织单位进行重新组合和角色转换，这将打乱当初事业制内的汇报次序，金山在调整上面临的阻力可能比当初引入事业制时还要大。而金山此前的频繁调整也对现在的调整产生了阻力。

和外界评价金山为"市场导向"不同，金山对自己的定位是"业务导向型"。金山同时也不回避从"技术导向"中脱身出来的事实。金山淡化"技术导向"始于 1997 年涉足词霸、1998 年启动"红色正版风暴"，老总求伯君从那时起把金山转化成一家产品公司。

确如金山所言，金山的转变是历史选择的结果。“如果金山果真按照大家说的那样，坚持 WPS 单一产品线的道路，UCDOS 那些死掉的操作系统就是前车之鉴。在 2000 年之前，我们必须有能活命的业务，如果仅为坚持理想、发扬自己的技术特色一条路走到黑，最后公司倒掉，其实是对投资人最大的不负责任。”从 1998 年，金山作价 3000 万美元、接受联想 900 万美金至今，“我们没有再接受新的投资，不仅没有死掉，品牌还越做越大。”王锋说。

金山的历史不算很长。必须承认金山控制核心策略确有其“历史原因”，但在整个行业都向规范化、专业化转变时，金山策略能否成功最终还需市场来证明。

（资料来源：李敬，陈收. 企业战略管理［M］. 长沙：湖南大学出版社，2011.）

9.4 业绩标准控制

9.4.1 战略业绩控制体系

战略业绩标准是战略目标的具体化，是测定可以接受的业绩成果的尺度。每项标准一般具有一个允许的范围，在此范围内的业绩被视为可接受。标准不只限于最终的产出，对于战略活动过程中间阶段的产出以及过程的投入，都需要建立标准。战略实施过程控制的最终目的是确保企业战略目标的有效实现，而战略业绩标准的确定是战略实施过程控制顺利进行的保证，在战略实施过程中，一个企业往往会先制定一系列的业绩目标，由于业绩目标能够反映企业的方向而成为员工行为的导向。一套有效的业绩考核标准体系应该具备考核内容、考核目的、考核程序和方法、考核客体及考核时间等。确定考核内容必须依据考核目标而定，主要是解决考核什么的问题。由于战略业绩是一种多维的复合变量，是科技水平、制度安排、营销整合、市场环境等一系列组织内外因素耦合作用的结果，也由于考评对象有员工个人业绩、团队业绩和组织总业绩，以及不同的对象具有不同的任务、业绩体现的方式不同，因此，考核的内容也应不同。表 9-6 是不同业绩维度考核指标设计例子。

表 9-6 不同业绩维度考核指标举例

业绩维度	考 核 指 标
工作成果量	产量、市场占有率、销售额、利润额、获专利数
工作效率或效益	单位产品的原材料消耗量、资金利润率、日接待客人数等
工作行为表现	出勤率、上交及时性、典型事件、发生事故数
工作主观能动性	态度是否认真、组织责任感强弱、协作意识、合作能力

战略考核的目的必须明确。目的不明确、考核工作没有针对性是考核工作失败的关键原因。考核标准一般要有战略导向、提高业绩和培训开发三方面的目的。

业绩标准必须具有战略一致性。与组织战略要求相匹配，有利于把员工的行为统摄和导向战略目标上来。业绩考核标准的最主要和最直接的目的是用于检验组织战略实施的有效性，激励机制的有效性，从而提高组织经营业绩。通过考核和改进工作业绩，激励员工和进行人力资源的开发与优化配置。

评价的重点要放在那些对企业最具决定性影响的因素上。对于那些十分重要又很难定量评价和衡量的因素，决不能排除在外，也不能用其他可量化的内容替代，而应该想方设法对其加以适当衡量。根据这一思想，应该将企业运行中费用支出比例最高与出现问题最多的领域作为战略评价的重点。

考核标准是否有效，一方面与考评的方法和技术有关，另一方面涉及具体的考评实践。一般有效的考评标准应有科学性和适用性要求。科学性要求根据已确定的考评目的，选择和设计相应的评价体系，具备准确性、可靠性、灵敏性。准确性要求评价指标含义和传达的信息明确，能与评价目的挂钩，使人们能够判断什么结果是组织所期望的，什么是可接受的和不可接受的；准确性高意味着考评标准具有最大限度的代表性，与实际业绩高度重叠。可靠性要求考核标准的指标之间相互衔接、一致性水平高，评价指标与对象的业绩维度及分布高度契合；可靠性高意味着具有较高的重测信度，即使不用这套指标考评的结论也具有高度一致性。灵敏性标准要求能够甄别员工实际工作的差异，对组织关注的业绩考评差异信息做出灵敏的反映。由于情感、心理、伦理等原因，在实际工作中评价结果往往拉不开档次，形成不符合实际的集中态势，好的评价标准要能够很好地避免这种错误发生。适用性标准要求评价指标具有经济合理性，受性和操作的可行性。

9.4.2 战略业绩标准体系

业绩考评标准制定还需确定考核的程序和方法，是考评有效性的标准之一。即要回答“谁来考评？”“什么时候考评？”“考评后怎么办？”等问题。首先是考评的主体与客体，这要看考评的目标和情况，与考评内容相关。通常有上司对下属的考评、下属对上司的考评、同事之间的考评、自我考评、外部相关人员考评、专家委员会考评，等等。在企业实践中，较新的考评方式有360度业绩考评、平衡计分法（BSC）业绩考评、KPI技法。

9.4.2.1 360度业绩考核法

360度业绩考核法，又称“360度评估反馈”或“全方位考核法”，是指由员工自己、上司、直接部属、同仁同事甚至顾客等从全方位、各个角度来评估人员的方法。评估内容可能包括沟通技巧、人际关系、领导能力、行政能力……

如图9-5所示，360度业绩考核法的具体考核内容如下：

（1）自我评价。让员工针对自己在工作期间的绩效表现，或根据绩效表现评估自己的能力并据此设定未来的目标。当员工对自己做评估时，通常会降低自我防卫意识，从而了解自己的不足，进而愿意加强、补充自己尚待开发或不足之处。

（2）同事的评价。指由同事互评绩效的方式，来达到绩效评估的目的。对一些工作而言，有时上下级相处的时间与沟通机会反而没有下属之间多。在这种上级与下属接触的时间不多，彼此之间的沟通也非常少的情况下，上级要对部属做绩效评估也就非常困难。但相反的，下属彼此间工作在一起的时间很长，所以他们相互间的了解反而会比上级与部属更多，此时，他们之间的互评反而能比较客观。而且，部属之间的互评可以让彼此知道自己在人际沟通这方面的能力。

（3）下属评价。由部属来评价上司，这个观念对传统的人力资源工作者而言似乎有点不可思议。但随着知识经济的发展，有越来越多的公司让员工评估其上级主管的绩效，此过程称为向上反馈。而这种绩效评估的方式对上级主管发展潜能上的开发特别有价值。管理者可以通过下属的反馈，清楚地知道自己的管理能力有什么地方需要加强。若自己对自己的了解与部属的评价之间有太大的落差，则主管亦可针对这个落差深入了解其中的原因。因此，一些人力资源管理专家认为，下属对上级主管的评估，会对其管理才能的发展有很大的裨益。

（4）上级评价。主管的评价是绩效评估中最常见的方式，即绩效评估的工作是由主管来执行。因此身为主管必须熟悉评估方法，并善用绩效评估的结果作为指导部属、发展部属潜能的重要武器。

通过这种理想的评估，被评估者不仅可以从自己、上司、部属、同事甚至顾客处获得多种角度的反馈，也可通过这些不同的反馈清楚地知道自己的不足、长处与发展需求。由于这种方法具有多维性，且上司、下属、同事、外部人员的视角不同，所以采用360度业绩考核法更加全面、客观，业绩反馈环节有助于员工的自我认知和发展，但在操作上很复杂，尤其对于人际关系复杂、文化氛围不宽松的组织中更加不宜。

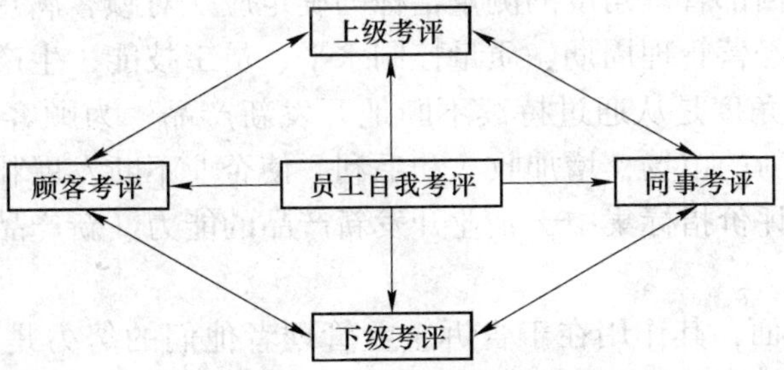

图9-5 360度考核示意图

9.4.2.2 KPI技法

KPI（key performance indicator），即关键绩效指标。它是组织战略目标的最直接表述，通过组织中团队和个人的业绩来实现。该方法通过对战略实施过程中的关键成功因素的提炼和归纳，通过制定可行性目标，对目标进行量化，然后通过跟踪和验证体系进行考核，其核心内容就是从纵向目标一致的理念中衍生的关键绩效指标（KPI），既保留了目标管理从上到下的指标分解过程，也结合了有形财务指标和无形指标（如工作态度、公共责任等）的思路。其优势就是可以有效地将企业的管理和经营目标较为直观的转化，成为自上而下的全体管理参与，通过制订目标，下放目标，然后考核的思路，使得每一位参与者的动态绩效都处于管理活动的约束和指导之内，并对工作绩效产生重大影响，同时成为每位员工的KPI选择标准，成为每一位管理参与者的工作核心内容。

关键绩效指标KPI指出企业业绩指标的设置必须与企业的战略挂钩，其优点是简单易于操作，可以对不同工作内容和效益目标的内容进行参照性界定，选取考核目标和业绩体现数值，进行有效的量化，比如对销售人员KPI可以选择包含并不限定于销售额、利润率或市场份额等可以精确良好的指标进行分析和类比，对于规模较小、经营模式单一、业务单元不重复的企业来说易于操作。尽管KPI的标准和配比权重随机确定，可能在客观评价的同时具有随意性的缺点，但仍然具有较大的可操作性和实用性，在目标管理体系中常常应用。

9.4.2.3 BSC 法

BSC 法，也称平衡计分卡方法（见 8.4.2 节）。人们通常称平衡计分卡是加强企业战略执行力最有效的战略管理工具，它打破了传统的只注重财务指标的业绩管理方法。平衡计分卡认为，传统的财务会计模式只能衡量过去发生的事情（落后的结果因素），但无法评估组织前瞻性的投资（领先的驱动因素）。在工业时代，注重财务指标的管理方法还是有效的。但在信息社会里，传统的业绩管理方法并不全面，组织必须通过在客户、供应商、员工、组织流程、技术和革新等方面的投资，获得持续发展的动力。

（1）企业价值是通过与外部社会进行交换体现出来的，顾客角度这一类指标可以反映出企业价值中最为根本的要求。企业要实现自身价值，首先要为顾客提供价值。所谓顾客价值，就是顾客关注的一系列需求的总和。一般而言，顾客关心的事情有四类：成本、性能和服务、质量、时间。因此，顾客角度类的衡量指标可以从这四个方面来进行设计。

（2）内部管理角度与企业价值之间虽然不是直接的一一对应关系，但它却是企业价值持续提升的必要条件，很难想象一家管理混乱的企业能维持长久的盈利和发展。由于顾客角度的基础地位，内部管理角度的测量指标的确定应从对顾客满意影响最大的业务程序入手。一般包括各种经营管理周期、质量控制水平、员工技能、生产率等。

（3）创新与学习角度是从通过持续不断地开发新产品、为顾客提供更多价值并提高经营效率出发，开发新的市场，增加收入和毛利，使企业不断发展壮大，从而增加股东的价值。创新与学习的评价指标集中于企业开发新产品的能力、新产品在企业业务中的比重和工作流程的改进等。

（4）财务角度方面，其作用在于告诉企业管理者他们的努力是否对企业的经济效益产生积极的作用。财务指标是企业价值最直接的反映，是衡量企业价值最重要的指标。有人会认为财务绩效是经营活动的结果，通过改善基础的经营性活动，自然会得到理想的财务数据，因此，应该停止使用财务评价指标。但持这些批评观点的批评家忘记了关键的一点，经营性指标与财务指标之间并非一种确切的逻辑关系，完全忽略财务指标会走向另一个极端，使人忘记了企业的根本目的而过于关注过程性指标。

图 9-6 所示为平衡计分卡实例。

平衡记分卡与传统的绩效管理系统相比，有以下四个特点：

第一，以战略为核心，平衡计分卡绩效管理系统的产生不仅为企业提供了一种全新的绩效管理系统框架，同时也为企业的战略管理与绩效考核之间建立系统的联系提供了思路与方法。其方法主要是通过与企业关键成功因素和关键绩效指标相结合来设置绩效管理系统，描述企业的战略框架，并通过财务、顾客、内部管理、学习与创新四方面指标之间相互作用的因果关系链来表现组织的战略管理轨迹，从而实现绩效考核与绩效改进。在一定程度上讲，平衡计分卡既是一个绩效管理系统，又是一个战略管理系统。

第二，过程管理与目标管理并重，平衡计分卡绩效管理系统的另一本质特征是既注重对经营目标完成程度的管理，又注重对经营目标实现过程的管理。过去，以财务指标为主的绩效管理系统主要侧重于对短期目标完成程度的管理，而忽略了对目标实现过程的管理，因而会伤害企业整体、长远的利益，妨碍企业整体战略的贯彻、落实与调整。因此，一个良好的绩效管理系统应该是过程管理与目标管理并重。平衡计分卡绩效管理系统一方

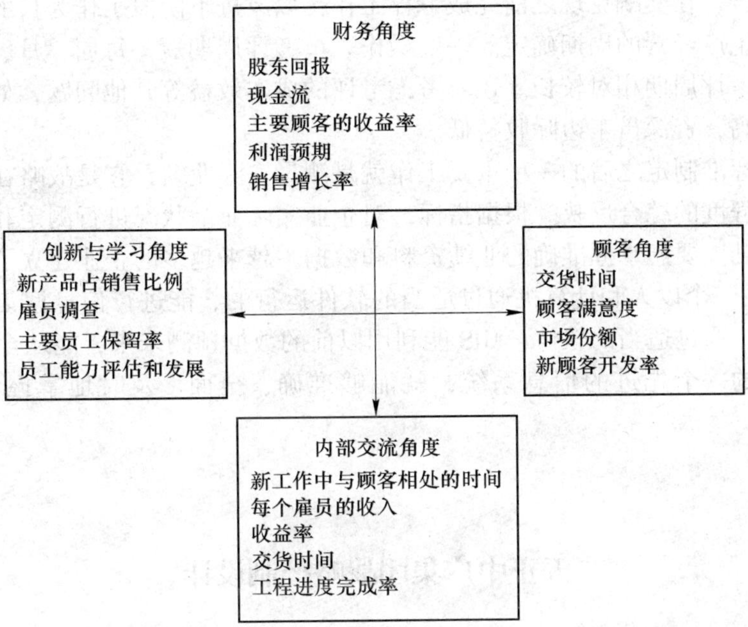

图 9-6 平衡计分卡实例

面通过财务方面的指标对企业目标完成程度进行管理；另一方面以目标实现过程中的因果关系链为基础分别设置顾客、内部管理和学习与创新等三方面非财务指标，从而对企业目标完成过程进行管理，进而达到过程管理与目标管理并重的效果。

第三，财务指标与非财务指标并存，由传统的会计设计和基本原则所决定，财务指标不可避免地带有滞后性、片面性和短期性的缺陷，这使得单纯依靠财务指标的传统绩效管理系统已不能够适应信息社会的要求。平衡计分卡绩效管理系统在吸收原有绩效管理系统优点的基础上，又增加了客户、内部管理及学习与创新等非财务指标来补充财务指标，以弥补其不足。财务与非财务指标的并存，一方面有助于企业通过财务视角，保持对企业短期业绩的关注；另一方面可以通过非财务视角，明确指出企业如何实现其长期的战略发展目标。

第四，短期目标与长期目标平衡。对于一些企业来说，它们不善于在分析企业内外环境的基础上，制定出有利于自身发展的战略目标，只是习惯将目光投入到短期的经营目标上。但是对另外一些企业来说，它们一般能够制定出正确的战略目标，清楚应该以何种方式管理企业，但是它们却不知如何将企业战略正确地转化为具体的行动，将长期战略目标分解为短期目标。由于平衡计分卡绩效管理系统使用非财务指标和因果关系链，因此它能够帮助企业寻找导致其成功的关键因素和相应的关键绩效指标，在此基础上确定企业可付诸行动的长期战略目标，使其不脱离实际，具有可行性，并通过因果关系链将长期目标层层分解为短期目标，使其不偏离长期目标。这样，当企业实现了经过自上而下分解的短期目标时，实质上也是向企业长期战略目标靠近了一步。因此可以说，平衡计分卡绩效管理系统，克服了单一财务指标的短期性和片面性，达到了兼顾短期和长期目标的目的，保持了两者之间的平衡。

需要指出的是，考评的时机选择要与考评目的相一致，以激励为目的的考评周期应与激励期限相契合，在奖酬兑现之前完成考评工作；以改进下阶段工作为目的的考评则应根据工作性质与生产经营的周期确定。一般操作人员考评周期短，每周、月、季、年都有考评，经理人员考评周期相对较长。还要考虑考评的成本效益等其他问题，如新员工的频繁考评边际收益高，资深员工边际收益低。

战略业绩标准制定之后的一项重要工作就是测量实际业绩，它是战略在实现过程中实际完成的目标程度的综合反映。根据指标，对企业实际业绩状况进行测定和记录，能为战略控制奠定基础。要想掌握准确的业绩资料和数据，越来越多的企业建立了管理信息系统（MIS），MIS 是一个以人和计算机通过适当的软件运行的，能进行信息搜集、传送、处理和储存的系统。通过适当的软件，MIS 能利用以前的数据预测未来，能从全局出发辅助决策。有了这样的一个先进的信息系统，就能够准确、全面、及时地掌握企业实际业绩水平。

【章末案例】

天正中广集团战略控制设计

一、战略控制需求分析

天正中广集团（以下简称集团）是一家多元化企业，创建于 1993 年，业务涵盖不动产投资和开发销售、矿产资源、能源产业、文化产业、经贸物流、物业服务等领域。集团在房地产开发领域具有较强的实力，在全国多地拥有房地产项目，在 2008 年名列中国房地产开发企业 500 强。

由于经营环境的快速变化，集团感到传统的战略控制模式弊端日益显著。

首先，集团战略目标不能有效反映到企业生产经营之中，各部门为了短期绩效指标，将主要资源和精力放在项目开发上，但由于在总体布局缺乏统领，项目布局呈现散、乱、小等局面。其次，集团资源配置具有明显的市场投机倾向，基本上是“哪个行业热门就投资哪个”，先后设立了 19 个公司，遍及矿产、能源、化工、文化、物流等行业，造成了资源的严重分散。最后，集团战略控制管理处于粗放状态，战略规划处于“墙上一挂”状态。但当各地政府不满足卖土地开发房地产，而是站在城市开发的角度统筹土地、产业、就业、商业等因素进行统筹开发，集团由于在系统规划、产品设计、资金运作等方面能力建设不足，导致项目开发无法及时升级。战略控制系统弊端导致集团经营绩效呈现下滑趋势，2009 年、2010 年集团业务收入增长率仅为 12% 和 8%，低于同期行业平均增长率，差距不断加大。为了应对由于战略控制缺位产生的弊端与挑战，集团经过广泛的调研，决定基于战略地图理论构建自身的战略控制系统，以期构建更加灵敏的环境预警能力，从而对资源实行更加有效的配置，实现经营的重大突破。

二、战略控制系统构建

集团通过发展战略进行重新定位，将发展目标定位为“国内一流的专业化房地产提供商”，致力于专业从事房地产开发和运营，并将万科作为标杆企业。围绕着新的战略定位，集团战略实施系统在发展目标“国内一流的专业化房地产提供商”指引下，从四个层面展开，即组织成长层面、内部流程层面、客户层面、财务层面。

（一）财务层面

财务层面设置五个监控指标，分别是净资产回报率、主营业务收入增长率、土地储备面积、可利用资金数量、重点地区市场占有率。

（1）净资产回报率。净资产回报率指标贯彻了内涵式发展理念，没有直接采用营业收入总额和利润额等衡量规模指标，用以衡量发展质量。重点针对集团过去一段时期行业成长性高产生的资源利用率低、费用支出随意等现象。

（2）主营业务收入增长率。经营收入增长率是为了监控集团成长速度，使之保持高于行业平均增长率。该指标设置前期应偏低，以利于集团内部战略结构调整，保证集团能够形成高成长性机制。

（3）土地储备面积。土地储备面积是衡量集团主营业务成长的基础指标，鉴于国内现行的土地管理制度，适当的土地储备是保证集团成长的关键保证。

（4）可利用资金数量。重点地区市场占有率是指集团目标市场的占有率，主要是为了避免行业领导者发生正面冲突，财务层面各指标数值的确定需要综合考虑国内外经济形势、房地产行业竞争态势、标杆企业绩效水平、国内政策方针，以及集团自身发展任务等多个方面。

（二）客户层面

客户层面重点考虑了集团目标市场，以重点地区住宅地产客户为主体，分析目标客户群体的需求特征，提炼形成了客户价值主张，分别是以下几点：

（1）高品质的居住服务体验。居住服务体验是客户价值主张的核心，是基于居住获得的总体体验。居住是一个涵盖多环节、涉及多因素的过程，不仅要有高品质的建筑质量、科学的设施配置、人性化的空间布局，还要有良好的居住环境、浓厚的人文氛围、周全的物业服务，能够使客户产生强烈的归属感和幸福感。

（2）快速交付。快速交付是客户重要的价值主张，体验了客户希望能够尽早获得高品质居住服务体验的要求。作为重大购买决策，住宅承载了客户强烈改变生活品质的期盼。

（3）可靠的物业服务保障。物业服务是客户持续获得高品质居住服务体验的重要保证，已经成为竞争优势的核心因素。随着居民消费升级，客户关于物业服务的需求正在发生深刻转变，已经不再是安保、维修、保洁等基础服务，而是对社区文化形成强烈诉求，希望能够住在温馨、人文的环境，具有幸福感和归属感。

（三）内部流程层面

内部流程层面主要是从集团业务价值链角度明确了四个流程模块，分别是产品创新、运营管理、客户管理和公共关系。

（1）产品创新。加大住宅产品开发，针对重点地区目标市场设计小户型住宅产品；开发标准化预制建筑构件，提高住宅建造速度；针对客户体验需求增强，开发基于高品质居住体验的住宅产品整体解决方案；延长住宅业务价值链，开发高品质物业服务产品。

（2）运营管理。重新组建产品设计部门，加大资源投入力度，保证设计水准达到国内一流；重组财务部，引入高端融资人才，拓宽融资渠道，加大土地和现金储备；缩减业务线，从非住宅领域战略退出，提高资源集中度。

（3）客户管理。设立市场部，加大目标市场定位水平；开展住宅产品需求调研，为设计部提供准确的市场信息；建立客户关系管理系统，对客户实行全过程服务；增加对重点市场广告投放力度，提高品牌影响力；开展用户体验活动，提升客户关于集团住宅产品的口碑。

（4）公共关系。提高项目管理，提高项目周边环境的环保、卫生、噪声、交通服务水平；开展重点市场的公益慈善活动，提升集团美誉度。

（四）组织成长层面

组织成长层面主要涵盖三个方面，分别是组织资本、文化资本和人力资本，主要支撑内部流程运行。

（1）组织资本。按照扁平化、垂直化方向推进组织机构调整，对分支机构进行扁平化再造，缩减分（子）公司，推进事业部制改革，探索矩阵式组织架构；推动管理者结构由金字塔式转变为哑铃式；提升重点地区大城市的战略地位，加大组织资源配置力度等。

（2）文化资本。积极开展亚文化建设，以经营专业化为主题，构建专业导向的企业文化体系，并开展系列宣贯活动；积极推进创新文化建设，全面支撑集团产品创新、制度创新和经营创新。

（3）人力资本。加大住宅产品设计人才和融资人才配置力度，弥补业务链薄弱环节；制定科学的职业发展规划，倡导全行人才内部合理流动，增强人才资源配置效率。

（资料来源：刘志英．天正中广集团战略控制设计研究［J］．中外企业家，2016(7).）

问题思考

9-1 为什么需要战略控制？有几种类型的战略控制？
9-2 战略控制的过程包括哪些基本步骤？基本要素是什么？
9-3 讨论每种战略控制方法的适用条件。
9-4 简述战略控制与业务控制（战术控制）的区别。
9-5 如何设计一个有效的控制系统？
9-6 结合一个你熟悉的企业，探讨适合的战略控制类型。

参考文献

[1] 宝贡敏．战略管理新视野新思维新进展［M］．北京：中国经济出版社，2013.

[2] 曹淑红．中兴通讯事件折射出来的技术创新与战略管理［J］．河南科技大学学报（社会科学版），2018，36（5）.

[3] 崔辰．“钻石模型”框架下北方稀土竞争力分析［J］．内江科技，2019，40（5）.

[4] 崔丹．优衣库：颠覆库存［J］．宁波经济：财经视点，2014（3）.

[5] 丁川芮．新能源汽车比亚迪公司的国内竞争对手分析——基于波特的竞争对手分析框架［J］．科技经济导刊，2018，26（4）.

[6] 费雷德·R·戴维．战略管理（第13版）［M］．徐飞，译．北京：中国人民大学出版社，2012.

[7] 顾天辉，谭春华．企业战略管理［M］．北京：经济科学出版社，2010.

[8] 郭焱，战略管理案例——模块化撰写理论及应用［M］．天津：天津大学出版社，2014.

[9] 韩莹．基于力帆集团案例的人力资源战略分析［J］．北方经贸，2013（5）.

[10] 胡大立，陈明．战略管理［M］．上海：上海财经大学出版社，2013.

[11] 黄旭．战略管理思维与要径［M］．北京：机械工业出版社，2017.

[12] 霍春辉．战略管理［M］．北京：清华大学出版社，2016.

[13] 蒋秀芳，周刚，陈才．台湾民宿发展关键成功因素及其对海南的启示［J］．台湾农业探索，2016（3）.

[14] 李方华，李金钟，华乙铃，等．顺丰上市后竞争环境及发展战略的研究——基于波特五力模型［J］．中国集体经济，2018（14）.

[15] 李计，罗荣华．基于“中兴事件”案例视角的中美经贸未来发展［J］．中国流通经济，2019，33（7）.

[16] 李敬，陈收．企业战略管理［M］．长沙：湖南大学出版社，2011.

[17] 李乐安．关于当前环保政策对发电企业煤炭购销的影响探析［J］．中国物流与采购，2018（17）.

[18] 李沛强，蒋洪印，李文娜．企业战略管理［M］．上海：上海交通大学出版社，2015.

[19] 李沛强．企业战略管理［M］．上海：上海交通大学出版社，2015.

[20] 李相瑞．煤炭行业生命周期引发的思考［J］．内蒙古煤炭经济，2019（3）.

[21] 刘辉．企业战略管理理论与实务［M］．北京：北京理工大学出版社，2016.

[22] 刘天慧．“一带一路”战略下企业对俄投资法律风险与防范［J］．知与行，2017（8）.

[23] 刘翔宇，李新建，魏海波．基于人力资源管理战略匹配性和双元柔性的柔性组织创建过程——海尔集团的纵向案例研究［J］．软科学，2018，32（7）.

[24] 刘雪飞，张善良，王萃英．“好伙伴”会有“好绩效”吗？——一项战略联盟案例的追踪［J］．河南科技大学学报（社会科学版），2017，35（2）.

[25] 刘志刚，谭云清．战略管理理论、案例与盈利模式［M］．上海：上海交通大学出版社，2010..

[26] 罗玉明，刘莉芳，企业战略管理——理论、实务、案例、实训［M］．北京：中国传媒大学出版社，2015.

[27] 马艳．海澜之家财务战略案例研究［D］．北京：中国财政科学研究院，2018.

[28] 苗莉．企业战略管理［M］．北京：清华大学出版社，2010.

[29] 钱艳，任宏．公私合作模式下绿色社区项目利益相关者共同治理研究［J］．城市发展研究，2018，25（3）.

[30] 任浩．战略管理——现代的观点［M］．北京：清华大学出版社，2008.

[31] 邵一明，蔡启明．企业战略管理［M］．北京：立信会计出版社，2005.

[32] 谭白英，熊莎莎．企业战略管理［M］．武汉：武汉大学出版社，2014.

[33] 谭力文，吴先明. 战略管理（第 2 版）[M]. 武汉：武汉大学出版社，2011.
[34] 谭亮. 基于企业核心竞争力理论视角的企业战略管理研究 [M]. 成都：四川大学出版社，2018.
[35] 汪长江. 战略管理 [M]. 北京：清华大学出版社，2013.
[36] 王昶. 战略管理：理论与方法 [M]. 北京：清华大学出版社，2010.
[37] 王方华，吕巍. 战略管理（第 2 版）[M]. 北京：机械工业出版社，2011.
[38] 王怀栋，艾云辉. 战略管理 [M]. 广州：暨南大学出版社，2012.
[39] 王建民. 战略管理学（第 2 版）[M]. 北京：北京大学出版社，2006.
[40] 王倩，钱贞. 跨国公司的中国本土化营销战略研究——以日本优衣库公司为例 [J]. 中国商论，2017 (24).
[41] 王义高. 战略管理 [M]. 北京：中国经济出版社，2006.
[42] 王迎军，柳茂平. 战略管理（第 2 版）[M]. 天津：南开大学出版社，2013.
[43] 王玉，王琴，董静. 企业战略管理教程 [M]. 上海：上海财经大学出版社，2013.
[44] 武志军. 创"芯"行动 [J]. 中国品牌，2019 (7).
[45] 肖平，马建威. 稳定型战略的应用及风险防范——以方兴地产为例 [J]. 财务与会计（理财版），2010 (8)：17-18..
[46] 谢佩洪，甄杰. 战略管理 [M]. 上海：复旦大学出版社，2014.
[47] 邢俊，张式思. 战略管理 [M]. 成都：西南交通大学出版社，2012.
[48] 徐飞. 战略管理（第 2 版）[M]. 北京：中国人民大学出版社，2013.
[49] 徐浩华. 企业外部环境分析报告探究——以珠海格力电器股份有限公司为例 [J]. 中国市场，2019 (20)..
[50] 徐君. 企业战略管理 [M]. 北京：清华大学出版社，2013.
[51] 闫艳，杨雅娟，张凌丹，等. 关于中国北京同仁堂（集团）有限责任公司（600085）的战略选择（公司层战略）分析 [J]. 现代经济信息，2015 (24).
[52] 杨刚. 企业稳定型战略新探 [J]. 技术与市场，2007 (9).
[53] 尹元元. 营销战略与管理 [M]. 厦门：厦门大学出版社，2016.
[54] 朱沛. 创业战略管理 [M]. 厦门：厦门大学出版社，2015.
[55] 朱伟民，李玉辉，牛树海. 战略管理 [M]. 大连：东北财经大学出版社，2013.